독자의 1초를 아껴주는 정성을 만나보세요!

세상이 아무리 바쁘게 돌아가더라도 책까지 아무렇게나 빨리 만들 수는 없습니다.

인스턴트 식품 같은 책보다 오래 익힌 술이나 장맛이 밴 책을 만들고 싶습니다.

땀 흘리며 일하는 당신을 위해 한 권 한 권 마음을 다해 만들겠습니다.

마지막 페이지에서 만날 새로운 당신을 위해 더 나은 길을 준비하겠습니다.

랭체인 & 랭그래프로 AI 에이전트 개발하기

현직 AI Specialist에게 배우는 LLM Agents!
랭스미스, 오토젠, AutoGPT, 크루AI, 라마인덱스, M365 코파일럿 에이전트까지

초판 발행 • 2025년 3월 20일

지은이 • 서지영
발행인 • 이종원
발행처 • (주)도서출판 길벗
출판사 등록일 • 1990년 12월 24일
주소 • 서울시 마포구 월드컵로 10길 56(서교동)
대표 전화 • 02)332-0931 | **팩스** • 02)322-0586
홈페이지 • www.gilbut.co.kr | **이메일** • gilbut@gilbut.co.kr

기획 및 책임 편집 • 이원휘(wh@gilbut.co.kr) | **편집** • 이원휘 | **표지·본문 디자인** • 박상희
제작 • 이준호, 손일순, 이진혁 | **마케팅** • 임태호, 전선하, 박민영, 서현정, 박성용
유통혁신 • 한준희 | **영업관리** • 김명자 | **독자지원** • 윤정아

교정교열 • 강민철 | **전산편집** • 박진희 | **CTP 출력 및 인쇄·제본** • 정민

ISBN 979-11-407-1279-3 93000
(길벗 도서번호 080456)

정가 29,000원

독자의 1초를 아껴주는 정성 길벗출판사

(주)도서출판 길벗 | IT단행본&교재, 성인어학, 교과서, 수험서, 경제경영, 교양, 자녀교육, 취미실용 www.gilbut.co.kr
길벗스쿨 | 국어학습, 수학학습, 주니어어학, 어린이단행본, 학습단행본 www.gilbutschool.co.kr

페이스북 • www.facebook.com/gbitbook
예제소스 • https://github.com/gilbutITbook/080456

랭체인&랭그래프로 AI 에이전트 개발하기

서지영 지음

길벗

LLM에 이어 AI 에이전트에 대한 관심이 뜨겁습니다. 사람들은 왜 AI 에이전트로 눈을 돌렸을까요? 바로 자동화 때문입니다. LLM 자체는 언어 모델로서 콘텐츠 생성에 특화되어 있습니다. 물론 인간의 활동은 콘텐츠 생성에서 시작합니다. 콘텐츠를 생성해서 홍보 영상을 만들거나, 이메일을 보내거나 강의를 합니다. 혹은 RAG를 활용하여 주문에 대한 배송 상태를 조회하거나 예약 가능한 항공권을 조회합니다. 그런데 LLM만으로 항공권 예약 같은 '작업 실행'들이 가능할까요? 이때 AI 에이전트를 활용하면 가능합니다.

이 책에서는 이러한 AI 에이전트를 구현하는 가장 기초적인 방법들에 대해 다루려고 합니다. 그리고 AI 에이전트를 구현할 수 있는 다양한 프레임워크를 소개합니다. 랭체인, 랭그래프, AutoGPT, 오토젠 등 다양한 프레임워크에서 AI 에이전트를 구현하는 방법을 소개합니다.

✔ 대상 독자

이 책은 다음과 같은 분들을 위해서 만들었습니다.

- AI 에이전트가 무엇인지 이해하고 싶은 사람
- LLM에 대해 이해하고 있으면서 확장성에 대해 고민하는 사람
- LLM과 AI 에이전트를 활용하여 서비스를 개발하고자 하는 사람

✔ 무엇을 배울 수 있나요?

이 책에서 다루는 내용은 다음과 같습니다.

- AI 에이전트의 개념
- 개념을 활용하기 위한 프레임워크
- 프레임워크에서 파이썬 코드로 AI 에이전트를 구현하는 방법

AI 에이전트의 개념에서는 LLM이 등장한 이후 AI 생태계가 어떻게 변화했는지 살펴보고, AI 에이전트의 개념과 더불어 디자인 패턴에 대해 알아봅니다.

이후 AI 에이전트를 구현하기 위한 다양한 프레임워크를 소개하고, 이것들을 이용한 파이썬 코드도 알아봅니다. 특히 코드는 누구나 쉽게 따라 할 수 있도록 별도로 환경을 구성하지 않고 코랩에서 동작하는 기초적인 예제들로 구성했습니다.

- 랭체인, 랭그래프, 오토젠 등의 프레임워크 소개
- 각 프레임워크에서 AI 에이전트를 구현하는 방법
- 랭스미스를 이용한 디버깅 및 모니터링 방법

마지막으로 마이크로소프트 365 코파일럿에도 에이전트가 있습니다. AI 에이전트가 마이크로소프트 365 코파일럿 에이전트와 어떻게 다른지도 비교해보겠습니다.

AI 에이전트는 LLM과 더불어 AI 생태계를 이끌어가는 중심축이 되었습니다. AI 에이전트가 왜 필요한지 이해하고, 어떤 서비스에 접목하면 좋을지 생각해볼 수 있는 계기가 되었으면 합니다. 더불어서 제가 하는 모든 일을 지지해주시는 어머니, 송금자 여사님께 감사드리며, 좋은 책이 나올 수 있도록 편집해주시고 피드백을 주신 이원휘 차장님께도 감사드립니다.

서지영

✔ 예제 파일 내려받기

책에서 사용하는 예제 코드는 길벗출판사 웹사이트에서 도서명으로 검색하여 내려받거나 다음 저장소에서 내려받을 수 있습니다.

- **길벗출판사 웹사이트**
  https://www.gilbut.co.kr
- **길벗출판사 깃허브**
  https://github.com/gilbutITbook/080456

✔ 예제 파일 구조

각 장의 진행에 맞춰 주제별로 코드를 제공합니다. 디렉터리 이름은 영문으로 되어 있습니다. 실습에 필요한 PDF 파일도 코드와 함께 제공합니다.

1부 | LLM 트렌드 이해하기

2부 | AI 에이전트 이해하기

4부 | M365 코파일럿 에이전트

1부

LLM 트렌드 이해하기

CHAPTER

1

LLM의 등장과 AI 생태계의 변화

ChatGPT가 등장한지 2년이 넘었지만 그 인기는 여전합니다. 오히려 기업들은 AI(Artificial Intelligence, 인공지능)에 더 많은 투자를 하겠다고 밝혔으며, 우리의 삶도 예전과 많이 달라졌습니다. 대부분의 사람들이 궁금한 것이 있을 때면 ChatGPT를 먼저 찾고 있으니까요. 1장에서는 ChatGPT를 포함한 LLM의 등장 배경 및 이로 인한 생태계 변화에 대해 알아보겠습니다.

1.1 SECTION LLM의 탄생

LLM(Large Language Model, 거대 언어 모델)은 기존 언어 모델과는 달리 방대한 양의 데이터와 엄청난 규모의 연산 능력을 바탕으로 학습된 모델을 의미합니다. 수십억 개에서 수조 개의 파라미터[1]를 가지고 있으며, 이를 통해 언어의 구조와 의미를 더욱 깊이 이해할 수 있습니다.

▼ **표 1-1** LLM의 특징

특징	설명
거대한 학습 데이터	인터넷에 있는 방대한 텍스트 데이터를 학습해, 다양한 주제와 문맥을 이해합니다
매우 많은 파라미터	파라미터는 모델의 복잡성과 학습 능력을 나타내는 지표입니다. LLM은 수십억~수조 개의 파라미터를 가집니다
다양한 작업 수행	단순히 문장을 완성하는 것을 넘어 글쓰기, 번역, 요약, 코딩 지원 등 다양한 작업을 수행할 수 있습니다

먼저 LLM이 탄생하게 된 과정을 간단히 살펴보겠습니다.

1 AI가 문제를 해결하기 위해 사용하는 일종의 규칙을 말합니다.

(1) 트랜스포머 모델의 등장

LLM은 2017년에 발표된 트랜스포머(Transformer)라는 모델 구조에서 시작되었습니다. 트랜스포머는 데이터를 처리하기 위해 어텐션 메커니즘(Attention Mechanism)이라는 기술을 활용하여, 문맥을 더 잘 이해할 수 있도록 설계되었습니다. 기존 모델보다 훨씬 효율적이고 강력한 성능을 보여주는 이 기술은 GPT 모델의 기반이기도 합니다.

어텐션 메커니즘에 대해 좀 더 자세히 알아볼까요? 어텐션 메커니즘은 AI가 데이터를 처리할 때, 데이터에서 중요한 부분에 더 집중할 수 있도록 하는 기술입니다.

예를 들어 읽어야 하는 책이 있다고 가정해봅시다. 이때 두꺼운 책을 처음부터 끝까지 모두 읽는 대신, 중요한 문장이나 단어에만 집중해서 읽으면 시간을 절약하면서도 내용을 빠르게 파악할 수 있습니다. 이 과정에서 '어디를 집중해서 봐야 할지'를 결정하는 게 바로 어텐션 메커니즘입니다.

좀 더 구체적인 예를 들어보겠습니다. 누군가 "오늘 아침에 맛있는 커피를 마셨어요"라고 말했을 때, 핵심 단어는 '맛있는'과 '커피'겠죠? 대화에서 이런 핵심 단어에 AI가 더 집중하도록 돕는 것이 어텐션 메커니즘입니다.

▼ 그림 1-1 핵심 단어

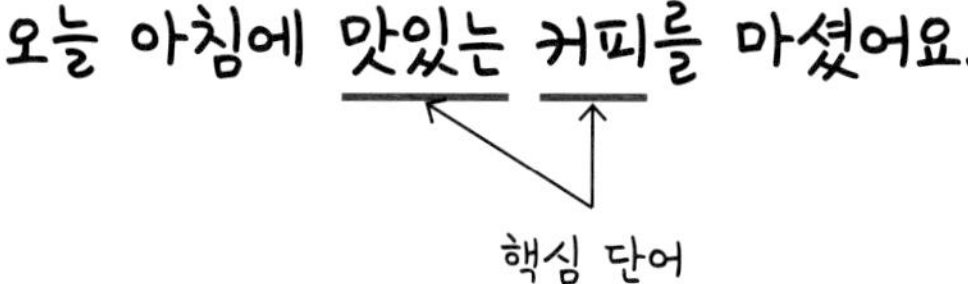

이번에는 어텐션 메커니즘이 작동하는 방식에 대해 알아봅시다. 예를 들어 다음과 같은 문장을 입력으로 받았다고 가정해봅시다. AI는 먼저 입력 데이터를 분석합니다.

```
나는 오늘 아침에 커피를 마셨다.
```

이제 문장에서 어떤 단어가 중요한지 계산합니다. '커피'와 '마셨다'는 중요도가 높고, '나는'은 중요도가 상대적으로 낮을 것입니다.

▼ **그림 1-2** 중요도가 높은 단어 추출

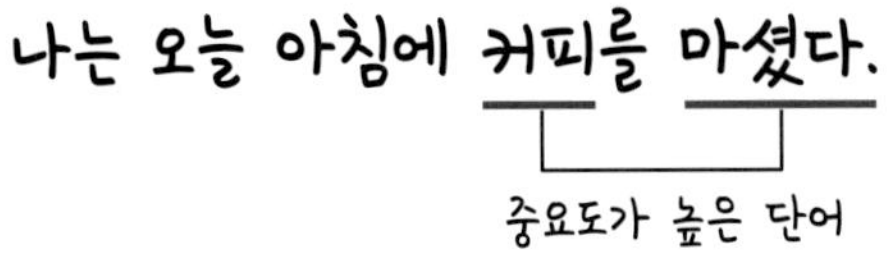

나는 오늘 아침에 커피를 마셨다.

중요도가 높은 단어

중요도를 계산했다면 단어에 가중치(weight)를 부여합니다. 가령 1.0이 만점인데, '커피'에는 0.8을, '마셨다'는 0.7을, '나는'에는 0.1을 부여합니다.

▼ **그림 1-3** 가중치 부여

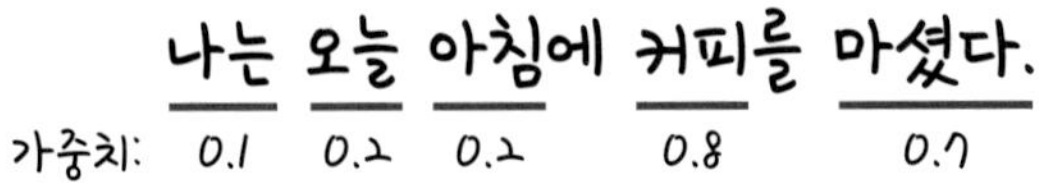

	나는	오늘	아침에	커피를	마셨다.
가중치:	0.1	0.2	0.2	0.8	0.7

마지막으로 AI가 가중치를 바탕으로 중요한 단어에 더 많은 비중을 두고 작업을 수행합니다.

이와 같은 과정을 거치는 어텐션 메커니즘은 자연어 처리(Natural Language Processing, NLP)[2]나 컴퓨터 비전(Computer Vision)[3]과 같은 분야에서 활용됩니다.

(2) GPT 시리즈의 발전

LLM의 대표적인 사례는 OpenAI의 GPT(Generative Pre-trained Transformer) 시리즈입니다. GPT의 핵심 모델이 출시한 연도와 특징을 알아보겠습니다.

2 사람이 사용하는 언어인 자연어를 이해하고 생성하며 활용하는 기술을 말합니다.

3 컴퓨터가 이미지나 비디오 같은 시각적인 데이터를 보고 이해할 수 있도록 하는 기술입니다.

▼ **그림 1-4** GPT 핵심 모델이 출시한 연도와 특징

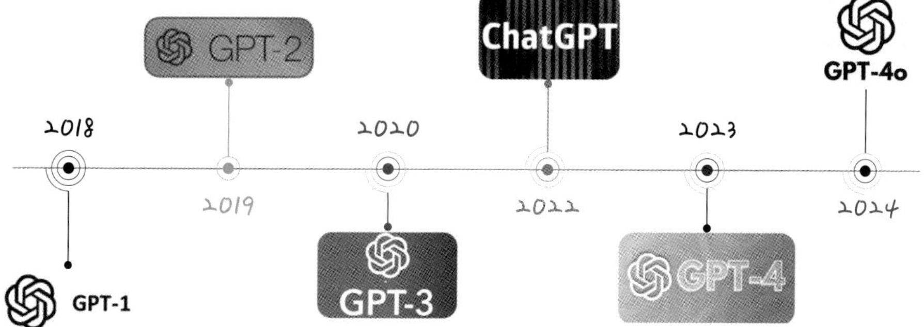

- **GPT-1(2018년)**: 트랜스포머 구조를 활용한 최초의 언어 모델입니다.
- **GPT-2(2019년)**: 더 많은 데이터를 학습하고, 더 정교한 텍스트를 생성합니다.
- **GPT-3(2020년)**: 1,750억 개의 파라미터를 가진 모델로, 인간처럼 자연스러운 글쓰기와 대화 능력을 선보였습니다.
- **ChatGPT(2022년)**: GPT-3 기반으로 대화에 최적화된 형태로 만들어졌습니다.
- **GPT-4(2023년)**: 더욱 많은 파라미터와 멀티모달(Multimodal)[4] 기능을 갖춘 모델입니다.
- **GPT-4o(2024년)**: 모델 이름에서 'o'는 '모든', '전체의'를 뜻하는 'Omni'의 약자입니다. 즉, GPT-4o는 텍스트뿐만 아니라 이미지, 음성 등 '모든' 형태의 입력을 이해하고 처리할 수 있는 능력이 있다는 의미이기도 합니다.

(3) 경쟁과 협업

OpenAI 외에도 구글(Google)의 버트(BERT), 메타(Meta)의 라마(LLaMA), 그 외 다양한 오픈소스 모델들이 등장하며 LLM의 발전이 가속화되었습니다. 특히 오픈소스 프로젝트는 많은 연구자와 개발자가 모델을 개선하고 다양하게 응용할 수 있는 환경을 제공했습니다.

4 텍스트, 이미지, 음성, 영상 등을 결합하여 이해하고 분석하는 AI 기술입니다.

▼ **그림 1-5** 구글의 버트와 메타의 라마

앞에서 예로 든 AI 모델을 서비스하고 있는 여러 기업들은 LLM을 정기적으로 업데이트하고 있습니다. 최근 들어서는 업데이트 주기가 점점 짧아지고 있는데요.

예를 들어 OpenAI는 2024년 5월에 GPT-4o 모델을 공개하였고, 같은 해 12월에 o1 모델을 정식으로 선보였습니다. 메타(Meta)는 2024년 4월에 라마(LLaMA, Large Language Model Meta AI) 3을 출시한 후, 같은 해 7월에 라마 3.1을 선보였습니다. 이후 9월에는 멀티모달 기능을 갖춘 라마 3.2를 공개하였습니다. 이렇듯 빠르면 2~3개월, 늦어도 4~5개월 간격으로 출시가 이루어지고 있습니다.

1.2 SECTION LLM의 발전: 멀티모달 LLM

초기 LLM은 텍스트 데이터를 중심으로 작동했습니다. 방대한 텍스트를 학습하여 글쓰기, 요약, 번역 등 다양한 작업을 수행할 수 있지만, 세상의 정보를 온전히 이해하기에는 한계가 있었습니다. 우리가 일상적으로 사용하는 정보는 단순한 텍스트뿐만 아니라 이미지, 음성 등 여러 형태를 포함하므로 다음과 같이 제약들이 있기 때문입니다.

- 이미지를 보고 의미를 이해하거나 설명하지 못했습니다.
- 음성에서 정보를 추출하지 못했습니다.
- 텍스트 외의 데이터를 통합적으로 처리하지 못했습니다.

멀티모달 LLM은 이러한 한계를 극복하고, 단순히 텍스트와 이미지를 통합하는 것을 넘어 음성, 기타 데이터 등 여러 형태의 데이터를 동시에 이해하고 상호 연결 및 융합하는 기술로 발전했습니다. 예를 들어 다음과 같은 형태의 상호 연결을 생각해볼 수 있습니다.

(1) 음성과 텍스트의 통합

음성 데이터는 사람의 말, 음악, 소리 등으로 이루어져 있습니다. 멀티모달 LLM은 음성을 텍스트와 연결하여 두 가지를 함께 처리할 수 있습니다. 예를 들어 AI가 음성을 듣고 내용을 텍스트로 변환하거나 인터뷰나 강연을 텍스트로 기록할 수 있습니다. 또한 긴 음성 파일에서 중요한 내용을 텍스트로 요약하거나 주요 개념을 추출할 수 있습니다.

▼ **그림 1-6** 강연을 텍스트로 기록

하지만 현재 기준으로 LLM 모델 단독으로는 음성 인식을 직접적으로 수행할 수 없기 때문에 OpenAI의 Whisper API 같은 음성 인식 모델과 결합해서 사용해야 합니다.

(2) 이미지와 텍스트의 통합

멀티모달 LLM을 이용하면 이미지를 분석하여 그 안의 객체, 장면, 감정 등을 이해할 수 있습니다.

이미지를 멀티모달 LLM에 전달하면 그것에 대한 설명을 해줍니다. 예를 들어 다음과 같은 이미지를 입력하고 이 이미지에 대해 설명해달라고 요청합니다.

▼ **그림 1-7** 이미지를 텍스트로 설명해달라고 요청

그러면 다음과 같이 이미지에 대해 설명해줍니다.

응답

이 이미지는 해변에서 뛰어노는 활기찬 강아지를 보여줍니다. 강아지는 해변의 물 속에서 뛰며 매우 즐거워 보이는 표정을 하고 있습니다. 파도와 모래가 배경으로, 여름철 해변에서의 활기찬 순간을 담고 있는 사진으로 보입니다.

이미지 설명뿐만 아니라 이미지 속의 객체(강아지)에 대한 감정도 분석해줍니다. 예를 들어 이미지 속의 강아지가 어떤 감정일지 다시 질문하면 다음과 같이 강아지가 어떤 감정일지도 알려줍니다.

응답

이미지 속 강아지는 바닷가에서 신나게 뛰어다니며 매우 행복하고 활기찬 기분을 느끼는 것처럼 보입니다. 물이 튀는 모습과 활짝 웃고 있는 표정에서 즐거움과 자유로움이 가득합니다.

(3) 기타 데이터와의 융합

멀티모달 LLM은 IoT(Internet of Things, 사물인터넷) 기기[5], 센서 데이터 등 다양한 소스에서 정보를 받아 통합적으로 처리할 수 있습니다.

자율주행차에서 카메라로 촬영한 이미지, 음성 명령, 센서 데이터를 함께 처리하여 실시간으로 주행 상황에 대해 스스로 판단할 수 있습니다.

그뿐만 아니라 가상 현실(VR, Virtual Reality) 게임에서 캐릭터와 자연스러운 대화도 나눌 수 있습니다.

▼ **그림 1-8** VR에서 캐릭터(AI)와 자연스러운 대화

이와 같이 멀티모달 LLM은 텍스트와 다른 데이터를 결합한 맞춤형 학습 자료를 생성하는 교육, 영화나 드라마의 장면을 분석해 요약을 제공하는 엔터테인먼트 등 다양한 곳에서 활용할 수 있습니다.

---

5 인터넷에 연결되어 데이터를 수집, 교환, 처리 및 제어할 수 있는 물리적 장치를 말합니다.

1.3 SECTION LLM의 발전: 모델 규모의 확장

LLM 모델의 발전에서 가장 두드러진 특징은 모델 규모의 확장입니다. 특히 파라미터 개수가 점점 커지면서 더욱 강력한 성능을 발휘할 수 있게 되었습니다.

먼저 파라미터 개수와 성능의 상관관계부터 알아보겠습니다. 파라미터(parameter)는 AI가 학습을 통해 얻은 일종의 규칙으로, 모델이 입력 데이터를 처리하고 결과를 예측하는 데 사용하는 핵심 구성 요소입니다. 따라서 파라미터의 수가 많을수록 모델은 더 복잡한 패턴을 학습하고, 더 정교한 작업을 수행할 수 있습니다. 수백만 개의 파라미터를 가진 초기 LLM은 간단한 작업만 수행할 수 있었지만 수십억~수조 개의 파라미터를 가진 LLM은 대화, 창의적 글쓰기, 코드 생성 등 복잡한 작업까지 수행할 수 있게 되었습니다.

몇 가지 LLM에서 파라미터 개수를 알아볼까요? 참고로 다음 표에서 파라미터 개수 항목의 괄호에 표현된 M은 Million, B는 Billion을 의미합니다.

▼ **표 1-2** LLM과 파라미터 개수

모델명	출시 연도	파라미터 개수	설명 및 특징
GPT-2	2019	15억(150M)	–GPT 시리즈 중 두 번째 버전 –트랜스포머 구조를 기초로 언어 생성을 중심으로 설계
GPT-3	2020	1,750억(175B)	–강력한 텍스트 생성 및 이해 능력을 제공
BERT(Base)	2018	1억 1천만(110M)	–자연어 처리의 표준으로 사용되는 모델 –트랜스포머 구조를 기초로 함
BERT(Large)	2018	3억 4천만(340M)	–BERT(Base)의 확장판 –텍스트 데이터를 이해하고 처리하는 데 탁월
LLaMA 1	2023	70억(7B), 130억(13B), 300억(30B), 650억(65B)	–메타가 발표한 거대 언어 모델 –비교적 경량 모델로서 효율적
LLaMA 2	2023	70억(7B), 130억(13B), 700억(70B)	–LLaMA 1의 개선판 –더 적은 리소스로 더 나은 성능 제공

파라미터 개수가 LLM에 어떤 영향을 미치는지 한눈에 들어오나요? GPT-3는 GPT-2에서 진화된 모델입니다. 당연히 성능(언어를 이해하는 능력)도 더 좋아졌지요. GPT-2와 GPT-3의 파라미터 개수를 확인해보세요. 차이가 명확하죠?

또 다른 모델인 BERT는 어떤가요? BERT(Large)는 BERT(Base)의 확장판입니다. BERT(Large)는 더 강력한 문맥 이해와 복잡한 논리 추론 작업이 가능하다고 알려져 있습니다. 다시 표로 이동해서 파라미터 개수를 확인하니 차이가 크죠?

파라미터 개수는 앞으로 더 크게 증가하고 모델의 성능도 더 좋아질 것으로 예상됩니다. 하지만 오해하지 말아야 할 점으로, 파라미터 개수만 증가시킨다고 모델의 성능이 좋아지는 것은 아닙니다. 학습 데이터의 품질, 최적화 등 여러 요소들도 함께 고려해야 합니다.

1.4 SECTION LLM의 발전: 오픈소스와 커뮤니티 역할의 확대

과거에는 LLM 모델이 몇몇 대형 AI 연구소에 의해 독점되었습니다. 그러나 오픈소스의 확산으로 대체 모델이 많이 등장했습니다. 라마, GPT-Neo, BLOOM 같은 LLM들이 오픈소스로 공개되었습니다. 또한 허깅페이스(HuggingFace)[6]는 버트, 라마 같은 다양한 오픈소스 모델을 모아 개발자들이 쉽게 다운로드하고 사용할 수 있도록 지원하고 있습니다.

6 자연어 처리, 머신러닝(Machine Learning), 딥러닝(Deep Learning)에 대한 연구 및 개발을 지원하는 오픈소스 소프트웨어 플랫폼이자 AI 커뮤니티입니다.

▼ 그림 1-9 오픈소스 LLM

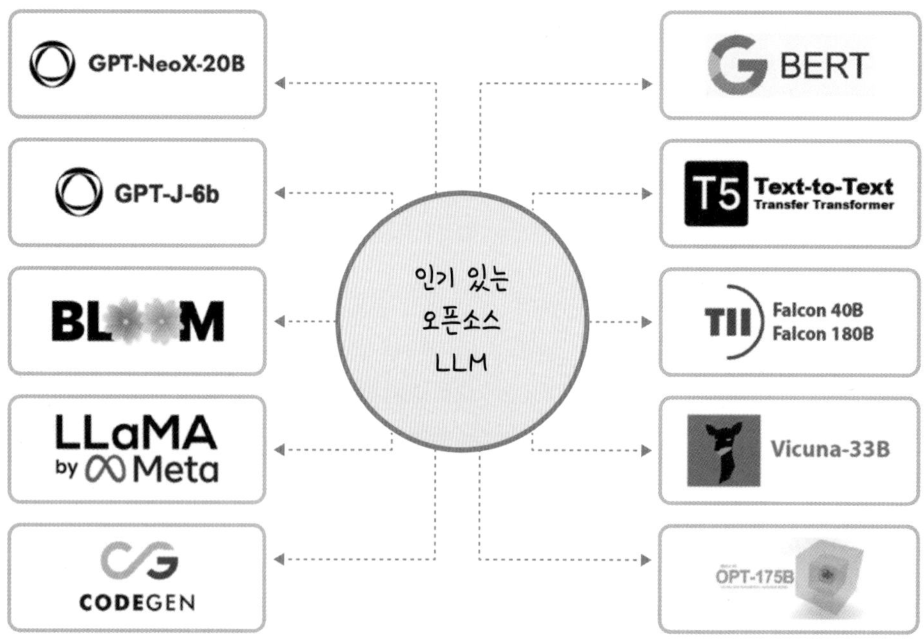

독점 LLM과 오픈소스 LLM은 어떤 차이가 있을까요? 비용 말고도 어떤 차이점이 있는지 확인해봅시다.

▼ 표 1-3 독점 LLM과 오픈소스 LLM의 비교

구분	독점 LLM	오픈소스 LLM
주요 예시	GPT-4(OpenAI), 클로드(Anthropic)	라마(Meta), GPT-Neo, BLOOM
접근성	제한적(API로만 접근 가능)	누구나 직접 실행 가능
비용	사용 요금 발생(API 비용)	무료로 직접 실행 가능
투명성	내부 구조, 데이터 불명확	알고리즘 및 학습 데이터 공개
사용자 정의	제한적(사전 정의된 동작만 가능)	파인 튜닝[7], 재학습 가능

7 이미 학습된 모델을 특정 작업이나 분야에 맞게 추가 학습하여 성능을 향상시키는 과정을 의미합니다.

표에서도 확인할 수 있듯이 독점 LLM을 사용하면 제조사가 제공하는 API를 이용해서 서비스를 개발해야 하기 때문에 모델의 확장성에 제약이 있을 수 있습니다. 하지만 오픈소스 LLM을 이용하면 원하는 형태의 모델을 만들 수 있기 때문에 비즈니스에 유연하게 적용할 수 있습니다. 장단점이 있기 때문에 필요한 것을 가져다 사용하면 됩니다.

오픈소스와 커뮤니티의 역할은 단순히 모델을 공유하는 것으로 끝나지 않습니다. 모델 공유를 시작으로 다음과 같은 역할도 수행하고 있습니다.

- **접근성 향상**: 오픈소스로 개방된 모델은 누구라도 접근하여 사용할 수 있습니다.
- **협업과 지식 공유**: 깃허브, 허깅페이스 같은 플랫폼에서 커뮤니티가 모델 개선에 참여합니다.
- **스타트업과 중소기업에 기회 제공**: 독점형 모델은 비용이 많이 드는 반면, 오픈소스 모델은 무료로 사용할 수 있습니다
- **AI의 민주화**: 커뮤니티는 LLM에 대한 접근성을 높이고, 더 많은 사람들이 LLM을 학습하고 활용할 수 있도록 합니다.

LLM의 진화 과정에서 오픈소스와 커뮤니티의 역할은 필수적이었습니다. 초기에는 소수의 연구소와 기업에 의해 제한되었지만, 최근에는 허깅페이스, 엘레우테르 AI(EleutherAI), 랭체인(LangChain) 커뮤니티의 기여로 개방형 AI 생태계가 조성되고 있습니다. 이는 더 많은 사람이 AI 기술에 접근할 수 있도록 하여, AI의 민주화가 이루어지고 있음을 의미합니다.

CHAPTER

2

LLM의 진화와 AI 에이전트 등장

비즈니스의 요구사항이 방대해지면서 SLM(Small Language Model)[1]이 주목받고 있지만 그럼에도 LLM을 찾는 사람이 많습니다. 효율성 및 비용 측면에서 LLM이 SLM보다 우수하기 때문이겠죠.

최근 LLM은 크게 두 가지 측면에서 진화 단계에 있다고 할 수 있습니다. 하나는 추론이 가능한 모델 o1(현재 기준 o3-mini까지 발표되었습니다)의 등장이고 또 다른 하나는 AI 에이전트(Agent)의 등장입니다. 각각에 대해 자세히 알아보겠습니다.

2.1 SECTION o1의 등장

앞에서 LLM은 수십억~수조 개의 파라미터로 구성된다고 했습니다. 이 수많은 파라미터가 어떻게 상호 작용하여 결과를 내는지 사람이 이해하는 것은 불가능에 가깝습니다.

예를 들어 '이 문장의 다음 단어는 무엇일까?'라는 질문에, LLM은 가장 높은 확률의 단어를 선택할 뿐, 왜 그 단어가 선택되었는지는 설명하지 못합니다. 이러한 문제를 '블랙박스(Blackbox)'[2]라고 합니다. AI가 내놓는 결과물의 신뢰성과 투명성의 문제 때문에 LLM을 실제로 기업의 비즈니스에 적용할 때는 신중을 기해야 합니다.

하지만 최근 OpenAI에서 o1이라는 새로운 모델을 내놓으면서 분위기가 많이 바뀌었습니다. o1 모델이 어떤 것인지 좀 더 자세히 알아보겠습니다.

2.1.1 GPT-4o와 o1 비교

o1 모델은 OpenAI가 2024년 9월에 공개한 최신 AI 언어 모델로, 기존 GPT 시리즈와는 달리 복잡한 추론 능력을 강화한 것이 특징입니다.

1 LLM의 반대 개념으로, 상대적으로 작은 규모의 언어 모델을 의미합니다.

2 AI 시스템의 내부 작동 방식을 이해하거나 설명할 수 없는 문제를 말합니다.

그럼 추론이란 무엇일까요? o1은 응답을 생성하기 전에 내부에서 '사고의 흐름(chain of thought)'을 형성하여 복잡한 문제를 단계별로 해결합니다. 이를 두고 추론 능력이 강화된 모델이라고 이야기하는 것입니다.

또한 이 사고의 흐름을 인간에게 보여주기 때문에 블랙박스 문제가 해결된 모델이라고도 합니다. 즉, LLM의 내부 작동 방식에 대해 투명성이 더 높아졌다는 의미이지요.

그럼 현재 우리가 사용하고 있는 GPT-4o와는 어떤 차이가 있는지 좀 더 알아볼까요?

▼ **표 2-1** GPT-4o와 o1 비교

항목	GPT-4o	o1
출시 시기	2024년 5월(GPT-4에서 향상된 모델)	2024년 9월(12월 정식 출시)
목적	자연어 생성, 멀티모달 AI	추론(Reasoning) 능력 강화
파라미터 크기	500B~1T(추정)	비공개
적용 분야	일반 텍스트 생성 및 멀티모달 AI	수학, 논리적 추론, 코딩, 과학
설명 가능성	불가능(블랙박스)	가능(추론 과정 투명화)
출시 버전	GPT-4o, GPT-4o mini	o1-preview, o1-mini, o1

정리하면 GPT-4o는 GPT-4의 향상된 버전으로 자연어 생성, 대화형 AI, 멀티모달 기능(이미지, 음성)과 같은 포괄적 AI 작업에 특화된 반면에 o1은 추론 가능한 AI 모델로, 특히 논리적 사고 능력과 문제 해결 능력을 향상시키는 데 중점을 둡니다.

즉, o1은 단순한 답변 생성이 아니라 답변의 과정까지 명확하게 설명할 수 있다는 점이 특징입니다. 더 단순하게 표현하면 GPT-4o는 '더 똑똑한 GPT-4'이고, o1은 '이유와 과정을 설명할 수 있는 AI'로 볼 수 있겠네요.

2.1.2 시나리오로 알아보는 o1

o1의 추론을 알아보기 위해 보험 심사 시나리오를 예로 들어보겠습니다. John이라는 사람이 지하실 배관이 터진 문제로 손해 보험금을 청구합니다. 청구하면서 보험 심사를 위해 LLM에 전달해야 하는 정보는 다음과 같습니다. (일반적으로 보험 심사를 위한 평가 정보

는 RAG를 통해 검색된 데이터일 테지만, 예제 진행을 위해 모두 입력 데이터로 처리했습니다.)

프롬프트

```
<purpose>보험 청구 처리</purpose>
 <instructions>
 <instruction>고객이 터진 배관으로 인해 지하실에 발생한 손해에 대해 청구를 접수합니다. 고객은 배관 고장으로 인한 손해를 보장하는 주택 보험을 가지고 있으며, $500의 공제금과 $10,000의 한도가 적용됩니다.</instruction>
 <instruction>고객의 청구서 양식, 손상 사진, 면허가 있는 계약자의 견적서, 그리고 약관 확인 페이지 사본을 검토하십시오.</instruction>
 <instruction>고객, 약관, 손상, 수리 비용 견적 및 제공된 정보를 기준으로 각 평가 기준에 대한 등급을 매기십시오.</instruction>
 <instruction>각 평가 기준의 등급을 종합하여 등급을 산출하십시오.</instruction>
 <instruction>평가 제도 모델에 따라 등급을 평가하십시오.</instruction>
 <instruction>요소가 80% 이상인 경우 청구 요청을 승인할지 거절할지 결정하십시오.</instruction>
 </instructions>

<claim_form>
이름: John Smith
주소: 123 Main Street, Anytown, USA
보험 증권 번호: HO-123456789
손실 발생 날짜: 2021년 1월 15일
손실 유형: 터진 배관으로 인한 손해
손실 설명: 지하실 벽에 있는 배관이 얼어붙어 터지면서 지하실 바닥에 물이 넘쳐 카펫, 석고보드, 가구 및 개인 소지품이 손상되었습니다.
공제금: $500
한도: $10,000
</claim_form>

<photos_of_the_damage>
사진 1: 캡션 - 지하실 벽에 있는 터진 배관의 근접 사진으로, 물이 뿜어져 나와 석고보드에 얼룩이 생긴 모습입니다.
사진 2: 캡션 - 지하실 바닥의 광각 사진으로, 물이 카펫을 덮고 가구, 상자 및 기타 물품이 젖어 있는 모습을 보여줍니다.
사진 3: 캡션 - 물에 손상된 카펫의 확대 사진으로, 곰팡이, 변색, 그리고 찢어진 부분을 보여줍니다.
```

사진 4: 캡션 - 물에 손상된 석고보드의 확대 사진으로, 균열, 구멍, 그리고 벗겨진 페인트를 보여줍니다.
사진 5: 캡션 - 물에 손상된 가구의 확대 사진으로, 얼룩, 휘어짐, 그리고 팽창된 모습을 보여줍니다.
</photos_of_the_damage>

<estimate_contractors>
이름: ABC 배관 및 복구
주소: 456 Elm Street, Anytown, USA
면허 번호: PLR-987654321
날짜: 2021년 1월 20일
견적 번호: E-001234
고객: John Smith
작업 위치: 123 Main Street, Anytown, USA
작업 설명: 지하실에서 터진 배관으로 인한 손상 복구
항목별 견적:

- 물 공급 차단 및 터진 배관 수리 - $300
- 물에 손상된 카펫, 석고보드, 가구, 개인 소지품 제거 및 폐기 - $1,200
- 지하실 바닥 및 벽 건조 및 소독 - $800
- 새 카펫 및 패딩 설치 - $2,000
- 새 석고보드 설치 및 페인트 - $1,500
- 손상된 가구 및 개인 소지품 교체 - $3,000
- 인건비 및 자재비 - $1,200
- 총 견적 - $10,000

</estimate_contractors>

<policy_declaration_page>
이름: John Smith
주소: 123 Main Street, Anytown, USA
보험 증권 번호: HO-123456789
시행일: 2025년 1월 1일
만료일: 2025년 12월 31일
보험료: $1,000
보장 요약:

- 주택 - $200,000
- 부대 구조물 - $20,000
- 개인 소유물 - $100,000
- 사용 손실 - $20,000

- 개인 책임 - $300,000
- 의료비 - $5,000
- 공제금 - $500
- 부가 조건 - 없음
- 제외 사항 - 약관에서 자세히 설명
- 조건 - 약관에서 자세히 설명

</policy_declaration_page>

<claim_assessment_process>

- 고객의 신원과 연락처 정보, 보험 증권 번호, 시행일 및 보장 내용을 확인합니다.
- 청구서 양식의 완전성, 정확성 및 일관성을 점검하고, 필요한 경우 고객에게 누락되거나 추가적인 정보를 요청합니다.
- 손상 사진을 계약자의 견적서와 비교하여 불일치, 과장, 또는 사기의 징후가 있는지 확인합니다.
- 손상의 원인이 홍수, 하수도 역류, 또는 기타 제외된 위험이 아닌 터진 배관인지 확인합니다.
- 손상의 범위와 심각성을 평가하여, 수리 가능 여부 또는 교체 필요성을 결정합니다.
- 계약자 견적의 타당성과 합리성을 평가하고, 업계 평균 및 지역 시장 요금과 비교합니다.
- 고객의 공제금을 공제하고 보상 한도를 적용하여 청구 금액을 계산합니다.
- 보상 조건과 제공된 증거를 바탕으로 청구가 승인, 부분 지급, 또는 거절될 자격이 있는지 결정합니다.
- 청구 결정과 근거를 고객에게 전달하고, 이의 제기나 분쟁 해결을 위한 고객의 권리와 선택 사항을 설명합니다.
- 청구 처리 과정과 결과를 문서화하고, 추가 조사나 후속 조치를 위해 문제나 우려 사항을 표시합니다.

</claim_assessment_process>

<assessment_policy_model>

평가 기준	설명	가중치	예시
보상 범위	청구가 약관의 보장 조건에 포함되는지 확인합니다.	30%	주택 보험에서 손해를 보장하는지 확인합니다.
손상 심각도	손상의 범위와 심각성을 평가합니다.	20%	터진 배관이 재산에 미치는 영향을 평가합니다.
문서 완전성	필요한 모든 문서가 제출되었는지 확인합니다(사진, 영수증, 견적서).	15%	제출된 사진과 수리 견적서를 검토합니다.
계약자 견적서	여러 계약자 견적서를 비교하여 합리적인 수리 비용을 결정합니다.	15%	세 개의 다른 계약자 견적서를 비교하여 수리 작업을 평가합니다.

평가 기준	설명	가중치	예시
조정인의 견적	조정인이 제공한 수리 비용의 전문적인 견적을 고려합니다.	10%	조정인이 수리 비용을 $10,000로 추정합니다.
협상 결과	협상 후 최종 합의된 수리 비용을 평가합니다.	5%	최종 수리 비용을 $9,500로 합의합니다.
보험가입자 이력	보험가입자의 청구 이력과 신뢰성을 검토합니다.	5%	보험가입자가 잦은 청구 이력이 있는지 확인합니다.

평가 기준	등급 척도	관련 규칙	예시
보상 범위	1–5	1: 보장되지 않음 2: 부분적으로 보장 3: 예외가 있는 보장 4: 대부분 보장 5: 완전히 보장	**규칙**: 손상이 완전히 보장되는 경우 5점을 부여합니다. **예시**: 터진 배관으로 인한 손상이 완전히 보장되므로 5점을 받습니다.
손상 심각도	1–5	1: 경미함 2: 보통 3: 상당함 4: 심각함 5: 재앙적	**규칙**: 재산에 미치는 영향을 평가하고 심각도에 따라 등급을 부여합니다. **예시**: 터진 배관으로 구조적 손상이 상당하므로 4점을 받습니다.
문서 완전성	1–5	1: 불완전 2: 부분적으로 완전 3: 대부분 완전 4: 완전 5: 완전히 완전하고 상세함	**규칙**: 필요한 모든 문서가 제출되고 상세한 경우 평가합니다. **예시**: 주택 소유자가 필요한 모든 문서를 제공하였으므로 5점을 받습니다.
계약자 견적서	1–5	1: 단일 견적 2: 두 개의 견적 3: 세 개의 견적 4: 세 개의 상세한 견적 5: 세 개의 상세한 견적 및 경쟁력 있는 가격	**규칙**: 여러 상세한 견적서가 제공되는지 확인합니다. **예시**: 경쟁력 있는 가격으로 세 개의 상세한 견적서를 제출하여 5점을 받습니다.
조정인의 견적	1–5	1: 견적보다 크게 높음 2: 견적보다 높음 3: 견적과 일치 4: 견적보다 낮음 5: 견적보다 크게 낮음	**규칙**: 조정인의 견적을 계약자 견적과 비교합니다. **예시**: 조정인의 견적이 계약자 견적과 일치하여 3점을 받습니다.

평가 기준	등급 척도	관련 규칙	예시
협상 결과	1–5	1: 협상 없음 2: 최소한의 협상 3: 어느 정도 협상 4: 상당한 협상 5: 최적의 협상 결과	**규칙**: 협상의 효과를 평가합니다. **예시**: 상당한 협상으로 공정한 수리 비용을 이끌어내어 4점을 받습니다.
보험가입자 이력	1–5	1: 잦은 청구 2: 여러 차례 청구 3: 가끔 청구 4: 드물게 청구 5: 이전 청구 없음	**규칙**: 보험가입자의 청구 이력을 검토합니다. **예시**: 보험가입자가 이전 청구가 없으므로 5점을 받습니다.

</assessment_policy_model>

<claim_process>
- 청구 접수를 확인하고, 고객에게 청구 번호와 조정인을 배정합니다.
- 24시간 이내에 청구를 검토하고, 고객에게 연락하여 세부 사항을 확인하고 추가 정보나 서류가 필요할 경우 요청합니다.
- 필요 시 48시간 이내에 조정인 또는 독립 감정인을 통해 손상에 대한 검사를 예약합니다.
- 고객 및 계약자와 함께 수리 또는 교체 범위와 비용에 대해 협상하고, 서면 동의를 받습니다.
- 청구를 승인, 부분 지급 또는 거절하며, 72시간 이내에 청구 결정 및 합의 금액에 대한 서면 설명을 발행합니다.
- 7일 이내에 고객 또는 계약자, 또는 양측에게 합의에 따른 지급을 발행합니다.
- 청구를 종료하고, 고객 파일 및 보상 기록을 업데이트합니다.
- 고객의 만족도와 피드백을 평가하고, 개선 또는 학습할 수 있는 영역을 식별합니다.
- 보험 청구 처리에 적용되는 모든 관련 법률, 규정, 약관, 및 윤리 기준을 준수합니다.

</claim_process>

이 상태에서 GPT-4o의 답변을 먼저 볼까요? 다음 답변을 보면 승인을 위한 항목별 평가 점수와 함께 John이 청구한 보험금이 승인된 것을 알 수 있습니다. 점수를 확인할 수 있긴 하지만 LLM의 결론이 신뢰할 만한 것일까요?

응답

다음은 제공된 보험 청구 처리 정보를 바탕으로 한 평가 결과입니다.

1. 평가 기준에 따른 등급

- **보상 범위**: 5점 (청구 손해는 주택 보험 보장에 완전히 포함)
- **손상 심각도**: 4점 (지하실의 카펫, 석고보드, 가구 및 개인 소지품 등 복구 필요)
- **문서 완전성**: 5점 (모든 필수 문서가 제출되었으며, 사진과 견적서가 상세하게 제공됨)
- **계약자 견적서**: 5점 (단일 계약자의 상세한 견적서가 있으며 비용은 현실적이고 합리적)
- **조정인의 견적**: 3점 (계약자 견적과 일치)
- **협상 결과**: 4점 (공정한 수리 비용으로 협상)
- **보험가입자 이력**: 5점 (이전에 청구 기록이 없음)

2. 종합 등급 산출

각 기준에 대한 점수와 가중치를 고려하여 종합 점수를 산출합니다.

3. 종합 평가 및 승인 결정

산출된 종합 점수가 80% 이상일 경우, 청구 요청을 승인하는 것으로 간주됩니다.

평가 결과

- 최종 점수는 90% 이상으로, 보험 청구를 승인하기에 적합합니다.

4. 청구 승인 및 추가 절차

청구 요청을 승인합니다. 7일 이내에 고객에게 합의된 금액을 지급하고, 처리 완료 후 보상 기록을 업데이트합니다. 고객에게 청구 처리 결과 및 만족도 피드백 요청을 안내합니다. 이로써 **청구 요청이 승인**되었습니다.

이번에는 o1의 결과를 보겠습니다. 처음과 중간 부분의 영문 텍스트는 LLM의 추론 과정입니다. 즉, 답변을 구성하기 위해 어떤 과정을 거쳤는지를 보여주고 있는 것이죠.

응답

Thought for 56 seconds

Identifying key aspects

I'm focusing on two requests: credit risk assessment and insurance claim processing, ensuring compliance with OpenAI policies. It's interesting to see the shift in context.

Ensuring policy adherence

I'm working through maintaining policy compliance, starting by reading the last user message carefully.

청구 항목의 세부 사항 파악

배관 고장으로 인한 손해 청구를 접수하고, 청구서, 손상 사진, 견적서를 검토 중입니다. 청구 기준에 따라 등급을 매기고, 상세히 평가하고 있어요.

손해 평가 및 문서 준비

30% 주택 보험을 통해 손해를 보장하고, 손상 정도와 범위를 평가하며 20% 터진 배관의 영향을 분석 중입니다. 모든 문서가 제출되었는지 확인하고, 사진 및 영수증을 보고 견적서를 검토하고 있습니다. 세 개의 계약자 견적서를 비교해 합리적인 수리 비용을 산출하고, 조정인의 전문적인 견적을 참고하고 최종 합의된 수리 비용을 확인하고 있습니다.

보험 청구 처리를 검토하고 있어요. 청구 번호와 조정인을 할당하고, 세부 사항을 확인 중입니다. 필요한 경우 추가 정보를 요청하고, 검사를 예약하며, 수리 또는 교체 범위와 비용을 협상하고 있어요.

Gathering initial details

I'm piecing together the customer profile, John Smith, and summing up his file details, which include the claim form, damage photos, contractor estimate, and policy page.

Weighing evidence

I'm evaluating the claim form, damage photos, contractor's estimate, and policy details to assign ratings and determine the total rating for approval or denial.

검토와 평가

고객의 신원 및 약관 정보를 확인하고, 평가 기준에 따라 등급을 매기고 있어요.

증거 심사

평가 기준을 분류하고 각 점수의 의미를 분석 중입니다. 손상 범위와 문서의 제출 여부를 살펴보며 포인트를 확인하고 있어요.

Assessing detailed estimates

I'm comparing multiple contractor estimates to determine fair repair costs. Three detailed estimates are needed for a top score of 5 points. Only one estimate is provided, so the rating is 1 point.

Evaluating negotiation

I'm thinking through the negotiation results, starting with policy limits and adjusting the score based on negotiation progress. The absence of negotiation leads to a rating of 1.

Mapping priorities

I'm outlining John's policy scope and its importance. By assigning the scope 30% weight to a 5-point rating, the adjusted score is 1.5.

Piecing together weighted scores

First, I calculated the weighted scores for each criterion by multiplying the rating by the weight for each stroke. Total weighted score was summed to 3.8, which might need adjustment.

Determining the total score

I'm calculating the total score by multiplying each criterion's rating by its weight, then summing these weighted scores. This method helps in evaluating the importance and performance of each criterion effectively.

Assessing the claim

I'm working through whether to endorse the claim, considering the score of 76%, and recommending further analysis or additional estimates.

Thinking through the decision

I'm evaluating the claim for approval, ensuring the assessment aligns with guidelines, and working through the total score calculation to guide the recommendation.

보상 범위 평가

고객의 주택 보험이 터진 배관으로 인한 손상을 완전히 보장하는지 분석하고 있습니다.

조정인의 견적 분석

조정인의 견적이 계약자의 견적과 일치한다고 가정하고 평균적인 평가로 3점을 부여합니다. 협상은 아직 이루어지지 않아 1점이 부여되고 있습니다.

보험 청구 평가 보고서

1. 서론

고객 John Smith 님께서 터진 배관으로 인해 지하실에 발생한 손상에 대해 보험 청구를 제출하셨습니다. 본 보고서는 제공된 청구서 양식, 손상 사진, 계약자 견적서, 약관 확인 페이지를 검토하여 각 평가 기준에 따라 등급을 매기고, 종합 점수를 산출하여 청구 승인 여부를 결정하기 위한 것입니다.

2. 평가 기준별 등급 및 분석

평가 기준	등급 (1-5)	가중치	가중치 적용 점수
보상 범위	5	30%	30%
손상 심각도	4	20%	16%
문서 완전성	5	15%	15%
계약자 견적서	1	15%	3%
조정인의 견적	3	10%	6%
협상 결과	1	5%	1%
보험가입자 이력	5	5%	5%
합계		100%	76%

2.1 보상 범위 (가중치 30%)

- **등급**: 5점
- **분석**: 약관 확인 페이지에 따르면, 고객의 주택 보험은 터진 배관으로 인한 손상을 완전히 보장합니다. 따라서 손상이 완전히 보장되므로 최고 점수를 부여합니다.

2.2 손상 심각도 (가중치 20%)

- **등급**: 4점
- **분석**: 손상 사진과 청구서 내용에 따르면, 지하실의 카펫, 석고보드, 가구, 개인 소지품 등이 손상되었습니다. 이는 상당한 수준의 손상으로 평가되며, 구조적 손상은 아니므로 4점을 부여합니다.

2.3 문서 완전성 (가중치 15%)

- **등급**: 5점
- **분석**: 필요한 모든 문서(청구서 양식, 손상 사진, 계약자 견적서, 약관 확인 페이지)가 완전하고 상세하게 제출되었습니다.

2.4 계약자 견적서 (가중치 15%)

- **등급**: 1점
- **분석**: 단일 계약자의 견적서만 제출되었습니다. 여러 계약자의 견적서를 비교하여 수리 비용의 합리성을 확인해야 하므로 최저 점수를 부여합니다.

2.5 조정인의 견적 (가중치 10%)

- **등급**: 3점
- **분석**: 현재 조정인의 견적이 계약자 견적서와 일치한다고 가정하여 평균 점수를 부여합니다.

2.6 협상 결과 (가중치 5%)

- **등급**: 1점
- **분석**: 현재까지 협상이 이루어지지 않았으므로 최저 점수를 부여합니다.

2.7 보험가입자 이력 (가중치 5%)

- **등급**: 5점
- **분석**: 고객의 청구 이력이 없으며, 신뢰할 수 있는 보험가입자로 판단되어 최고 점수를 부여합니다.

3. 종합 평가 및 결론

- **총점**: 76%
- **평가 결과**: 총점이 기준선인 80%에 미치지 못하므로, 현재 상태로는 청구를 즉시 승인하기 어렵습니다.

4. 권고 사항

4.1 추가 견적서 요청:

- 고객에게 최소 두 개 이상의 추가 계약자 견적서를 제출하도록 요청합니다. 이는 수리 비용의 합리성과 타당성을 검증하기 위함입니다.

4.2 조정인 파견:

- 독립적인 조정인을 현장에 파견하여 손상의 범위와 수리 비용을 재평가합니다.

4.3 협상 진행:

- 계약자와 수리 비용에 대한 협상을 통해 비용 절감을 시도합니다.

4.4 **청구 재평가:**

  ○ 추가 정보와 협상 결과를 바탕으로 종합 점수를 재계산하고, 청구 승인 여부를 최종 결정합니다.

5. 다음 단계

- **고객 연락:**
  ○ 위의 권고 사항에 대해 고객에게 상세히 설명하고, 필요한 추가 정보를 요청합니다.
- **청구 진행:**
  ○ 고객이 추가 견적서를 제출하고 조정인의 평가가 완료되면, 신속하게 청구를 재평가합니다.

6. 결론

현재 제공된 정보로는 청구를 승인하기에 충분하지 않으나, 추가적인 조치가 이루어진다면 긍정적인 방향으로 진행될 수 있습니다. 고객과의 원활한 소통을 통해 신속하고 공정한 청구 처리가 이루어지도록 노력하겠습니다.

7. 고객 안내 사항

- **청구 진행 상황:** 현재 청구는 검토 중이며, 추가 정보가 필요합니다.
- **필요한 조치:** 추가 계약자 견적서 제출 및 조정인 방문 일정 조율
- **문의 사항:** 궁금하신 점이나 도움이 필요하신 경우 담당자에게 언제든지 연락 주시기 바랍니다.

감사합니다.

GPT-4o와는 결과가 다릅니다. 현재 제공된 정보로는 승인하기 어려우므로 추가적인 정보 제공이 필요하다는 결론을 내렸습니다. 그리고 왜 그러한 결론을 내렸는지에 대한 과정도 보여주고 있습니다. 조금 더 신뢰가 가나요?

오해하지 말아야 할 것은 o1이 최신 모델이라고 해서 무조건 좋은 것은 아니라는 점입니다. GPT-4o를 적용해야 성능이 좋은 시나리오가 있고, o1을 적용해야 성능이 좋은 시나리오가 있을 수 있습니다. 시나리오에 따라 모델을 선택해서 적용해야 원하는 결과를 얻을 수 있다는 것에 주의하세요.

2.2 SECTION AI 에이전트의 등장

오늘날 LLM은 더 이상 단순한 도구가 아니라, 업무의 자동화를 주도하는 핵심 엔진으로 자리 잡고 있습니다. 특히 LLM의 발전으로 AI는 단순한 대화형 질의 응답을 넘어 업무의 전반적인 자동화와 최적화를 이끌고 있습니다. 이 변화의 중심에 AI 에이전트가 있습니다.

AI 에이전트의 필요성에 대해 조금 더 쉽게 설명해볼까요? ChatGPT를 이용할 경우 이메일의 본문은 작성할 수 있겠지만 실제로 이메일을 특정 시간에 발송하는 것은 불가능합니다. 하지만 AI 에이전트를 이용하면 이메일 발송이라는 '실행'까지 가능하기 때문에 요즈음 많은 사람들의 관심을 받고 있는 기술이라고 할 수 있습니다.

▼ **그림 2-1** AI 에이전트의 등장

과거에도 에이전트를 이용한 자동화 개념이 있었습니다. 하지만 과거의 에이전트가 특정 작업을 자동화하기 위해 하나의 고정된 알고리즘만 사용했다면, 이제는 AI 에이전트가 스스로 작업을 인식하고, 계획을 세우고, 실행할 수 있는 자율적 능력을 갖추게 되었습니다. AI 에이전트의 등장은 기업과 개인의 업무 효율성을 극대화하며, AI의 새로운 가능성을 열어가는 중요한 전환점이 되었습니다.

이번에는 자동화 관점에서 살펴볼까요? 기존의 일반적인 자동화와 AI 에이전트가 도입된 자동화와는 어떤 차이가 있을까요?

▼ **표 2-2** 기존 자동화와 AI 에이전트 기반 자동화 비교

기존 자동화	AI 에이전트 기반 자동화
단순한 작업만 수행	복잡한 다중 작업을 자동화
고정된 알고리즘	스스로 학습 및 적응
사전에 정의된 규칙 필요	명령어만 있으면 작업 가능
사람의 개입이 자주 필요	자동으로 인식하고 실행

표에 잘 정리되어 있듯이 기존의 업무 자동화가 반복 작업(예 데이터 입력, 프로세스 자동화)에 국한되었다면 LLM을 활용한 AI 에이전트는 복잡한 작업을 자동화할 수 있는 능력을 제공합니다.

'복잡한 다중 작업을 자동화한다'라는 의미가 이해되지 않을 수 있습니다. 예를 들어 '비즈니스에 필요한 정보를 수집하고 보고서를 작성'하는 일련의 과정을 자동화할 수 있습니다. 또는 '고객 요청에 따른 주문 및 배송 관리'를 자동화할 수도 있고요. 기존 자동화 방식 혹은 단순히 LLM만 사용했을 때에는 상상도 할 수 없었던 일들이 AI 에이전트를 사용하면 가능한 현실이 되는 것입니다. 이에 대해서는 이어지는 뒷부분에서 좀 더 자세히 알아보겠습니다.

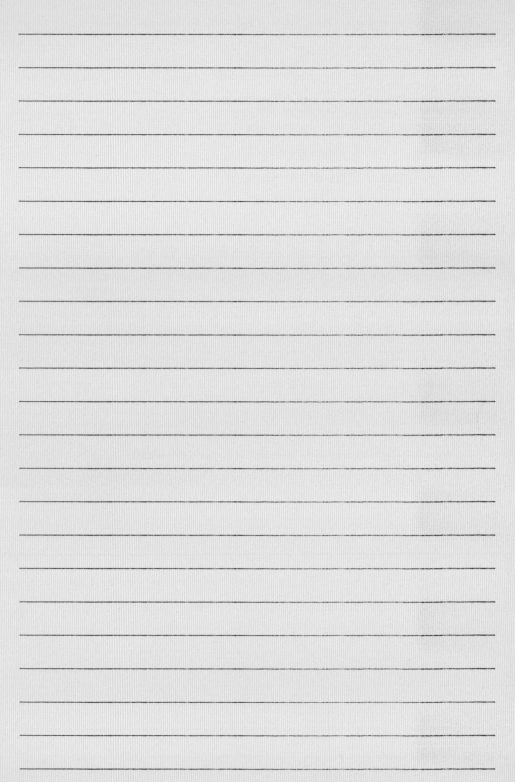

2부

AI 에이전트 이해하기

CHAPTER

3

AI 에이전트의 개념

오늘날 많은 기업이 AI에 대한 투자를 아끼지 않고 있습니다. 예를 들어 마이크로소프트는 OpenAI에 과감하게 투자하고 그 효과를 톡톡히 보고 있지요. 'Microsoft Ignite 2024' 행사에서는 특히 'AI Agent First'를 언급했습니다. 그럼 도대체 AI 에이전트가 무엇인지 한번 알아볼까요?

3.1 SECTION AI 에이전트란?

AI 에이전트(AI Agent)는 **사람의 개입 없이 스스로 작업을 수행하고 의사 결정을 내리는 프로그램**입니다. 즉, 사용자의 명령을 해석하고, 작업을 계획하고, 실행하며, 결과를 평가하고, 필요에 따라 다시 계획을 세우는 것이 AI 에이전트입니다. AI 에이전트는 사람의 반복 작업이나 복잡한 문제 해결을 돕기 위해 설계되었습니다.

▼ **그림 3-1** AI 에이전트

현재 시점에 AI 에이전트에 주목해야 하는 이유는 크게 **자동화**, **효율성**, **자율성**의 세 가지로 설명할 수 있습니다.

자동화

- 반복적이거나 단순한 작업을 자동으로 수행합니다. AI 에이전트는 사람이 관여하지 않아도 명령을 해석하고, 그에 따라 계획을 수립하고 자동으로 작업을 실행합니다. 이후 결과를 평가하는 일련의 과정이 모두 자율적으로 이루어집니다.

효율성

- AI 에이전트를 이용하면 시간과 비용을 절감할 수 있습니다. 사람이 해야 하는 작업을 AI 에이전트가 자동으로 수행하여 업무 속도를 높일 수 있기 때문이죠.
- 그뿐만 아니라 사람보다 더 빠르고 정확하게 검색하여, 데이터를 분석하고, 보고서를 작성하는 등의 작업을 할 수 있습니다.

자율성

- 사람이 일일이 지시하지 않아도, 스스로 판단하여 상황에 맞게 작업을 수행합니다. 예를 들어 오류 발생 시 스스로 새 계획을 세우고 작업을 다시 실행할 수 있습니다.

어떤가요? AI 에이전트를 사용하지 않을 이유가 없겠죠? 그럼 어디에 사용하면 좋을까요? 몇 가지 사용 사례를 들면 다음과 같습니다.

▼ **표 3-1** AI 에이전트 사용 사례

작업	설명	예시
웹 검색 자동화	웹 검색 결과를 기반으로 답변을 생성합니다	'오늘 날씨 알려줘' 명령을 실행
데이터 분석	데이터를 수집하고 분석합니다	엑셀 데이터 분석, 보고서 생성
자연어 처리	대화형 AI 서비스에서 자연어를 해석하고 답변합니다	챗봇, 고객 서비스 에이전트
코드 생성/수정	코드 자동 생성, 수정 작업을 수행합니다	깃허브 코파일럿(GitHub Copilot), ChatGPT 코딩
다단계 작업 수행	여러 단계의 작업을 자동으로 처리합니다	데이터 수집 → 분석 → 보고서 생성

요약하면, AI 에이전트는 사람이 개입하지 않아도 자율적으로 작업을 수행할 수 있는 지능형 프로그램입니다. 자동화, 효율성, 자율성을 바탕으로 작업을 분할하고 실행하며, 필요에 따라 재계획하여 문제를 해결하기 때문에 크게 주목받고 있습니다.

3.2 SECTION LLM, RAG, AI 에이전트 비교

AI 에이전트 외에도 LLM, RAG(Retrieval-Augmented Generation)[1] 같은 용어를 들어봤을 것입니다. 이 책은 AI 에이전트에 집중하기 때문에 LLM, RAG에 대한 자세한 설명은 하지 않습니다만, 여기서는 LLM, RAG, AI 에이전트의 유기적인 상호 작용에 대해 간단히 살펴보려 합니다. 왜냐하면 이 세 가지 구성 요소는 서로 독립적으로 동작할 수 있지만 하나의 통합된 시스템으로 작동할 때, 더 강력하고 지능적인 AI 애플리케이션을 구축할 수 있기 때문입니다.

먼저 각각의 역할에 대해 알아보겠습니다.

▼ **표 3-2** LLM, RAG, AI 에이전트의 역할

구분	LLM	RAG	AI 에이전트
역할	두뇌(Brain)	정보 수집(Information Source)	작업 관리자(Task Manager)
주요 기능	질문 이해, 자연어 처리, 응답 생성	외부 데이터베이스 또는 웹에서 정보 검색	목표 설정, 계획 생성, 작업 실행, 재계획

역할만 봐서는 차이를 명확하게 구분하기 어렵죠? 다음 표를 통해 LLM, RAG, AI 에이전트의 차이를 다시 살펴보겠습니다.

▼ **표 3-3** LLM, RAG, AI 에이전트의 차이

구분	LLM	RAG	AI 에이전트
핵심 역할	텍스트 생성	검색+생성	작업 계획+실행+재계획
구성 요소	단일 LLM	LLM+검색 엔진	LLM+계획+메모리+실행
정보 출처	훈련 데이터만 사용	훈련 데이터+검색 데이터	훈련 데이터+웹 검색+작업 결과
실시간 정보	X	웹에서 실시간 검색	웹 검색, 작업 실행
목표 지향성	단일 질문에 대한 응답만	단일 질문에 대한 응답만	사용자 목표에 맞춰 스스로 작업 실행
대표 예시	ChatGPT, 클로드	RAG(LangChain)	AutoGPT, 랭체인 에이전트

1 언어 모델의 한계를 극복하고, 신뢰성 있는 외부 문서에서 관련 정보를 검색한 후 이를 바탕으로 답변을 생성하는 기술입니다.

LLM, RAG, AI 에이전트의 차이가 조금 명확해졌나요? 세 요소의 차이를 좀더 명확하게 구분할 수 있도록 사례를 살펴보겠습니다. 먼저 LLM만 사용하는 사례입니다.

프롬프트

질문: "2025년 미국 대통령이 누구인가요? 그의 주요 경제 정책 세 가지를 알려주고, 정책의 시장 반응을 조사해주세요."

그러면 LLM이 학습한 내용을 기반으로 다음과 같은 답변을 줍니다. 현재 기준 도널드 트럼프가 당선되었지만, LLM은 해당 데이터로 학습(현재 ChatGPT 모델은 2024년 8월까지의 데이터로 학습되었습니다)되기 전이기 때문에 명확한 답변을 주지 못하고 있습니다.

응답

- 2024년 미국 대통령이 누가 될지는 선거 이후에 확정됩니다.
- **도널드 트럼프**는 **감세**, **보호무역주의**, **이민 제한**을 주요 경제 정책으로 내세웠습니다.
- **조 바이든**은 **인프라 투자**, **최저임금 인상**, **증세**를 주요 경제 정책으로 내세웠습니다.
- 각 정책에 대한 시장의 반응은 감세, 인프라 투자에 대해선 긍정적일 수 있으나, 증세, 보호무역주의에 대해선 부정적 반응이 예상됩니다.

이 상태에서 **LLM+RAG**(웹 검색)를 함께 사용해보겠습니다. 동일한 질문에 어떻게 답변하는지 볼까요? 더 최신 정보를 보여주고, 여기에 예상 반응까지 웹에서 검색하여 보여줍니다.

응답

2024년 미국 대통령 선거에서 **도널드 트럼프** 전 대통령이 당선되었습니다.
주요 경제 정책 세 가지는 다음과 같습니다:

1. **대규모 감세 정책**: 법인세를 현행 21%에서 15%로 인하하고, 개인 소득세를 폐지하여 관세로 대체하는 방안을 추진하고 있습니다.
2. **보호무역주의 강화**: 모든 수입품에 대해 10%의 관세를 부과하는 등 보호무역주의 정책을 강화하여 자국 산업을 보호하려는 계획입니다.
3. **이민 제한 강화**: 불법 이민자 추방을 확대하고, 멕시코 국경 장벽 건설을 완료하는 등 이민 제한 정책을 강화할 예정입니다.

시장 반응은 다음과 같습니다:

- **단기적 경제 성장 기대**: 감세와 관세 정책으로 인해 단기적으로 경제 성장이 촉진될 것이라는 기대가 있습니다.

- **재정 적자 증가 우려**: 대규모 감세로 인해 연방 재정 적자가 증가할 것이라는 우려가 제기되고 있습니다.
- **인플레이션 상승 가능성**: 보호무역주의와 이민 제한 정책으로 인해 노동력 공급이 감소하고, 이에 따라 임금 상승과 인플레이션 압력이 높아질 수 있다는 전망이 있습니다.

이러한 정책들은 미국 경제에 단기적인 활력을 줄 수 있으나, 장기적으로는 재정 적자 증가와 인플레이션 상승 등의 부작용이 우려됩니다.

트럼프의 경제 정책과 시장 반응

https://www.investopedia.com/trump-economic-proposals-presidential-election-8731809?utm_source=chatgpt.com
https://www.vox.com/politics/368004/donald-trump-policy-positions-issues-guide?utm_source=chatgpt.com
https://elpais.com/internacional/elecciones-usa/2024-11-04/compare-las-propuestas-de-los-candidatos-a-la-presidencia-de-estados-unidos-2024.html?utm_source=chatgpt.com

위의 두 사례(LLM 단독 처리, LLM+RAG)에서 사용자 질의는 하나의 문장으로 처리되었습니다. 즉, 작업을 분할하여 처리하지 않고 단일 과정으로 처리되었다는 의미입니다.

이제 **LLM+RAG+AI 에이전트**를 함께 사용하면 어떻게 되는지 알아볼까요? AI 에이전트가 적용되면 하나의 문장이 아닌 여러 작업으로 나눠서 처리됩니다.

예를 들어 동일한 질문을 했을 때 AI 에이전트는 사용자 질의를 다음과 같이 세 개의 하위 작업으로 분할합니다.

- **작업 1**: 2024년 미국 대통령 찾기
- **작업 2**: 대통령의 주요 경제 정책 세 가지 조사
- **작업 3**: 경제 정책의 시장 반응 조사

세 개의 하위 작업으로 분할했으니 이제 LLM과 RAG에 역할을 분담합니다.

- **작업 1**: RAG는 '2024년 대통령'을 검색합니다.
- **작업 2**: RAG는 '대통령의 경제 정책'을 검색합니다.

- **작업 3**: RAG는 '시장 반응'에 관한 최신 뉴스를 검색합니다.
- LLM은 각 작업의 결과를 이해하고 정리합니다.

마지막으로 검색 결과를 정리해서 답변을 생성합니다. 이때 만약 대통령의 경제 정책 정보가 누락되었다면, AI 에이전트는 재계획(replan)을 수행하여 다시 RAG에 요청을 보냅니다. 이 과정을 정리하면 다음과 같습니다.

▼ **표 3-4** LLM+RAG+AI 에이전트 사례

단계	작업 내용	구성 요소
1	사용자 명령을 수신합니다	에이전트
2	LLM을 활용해 계획을 세웁니다	에이전트
3	검색 시스템을 통해 '2024년 미국 대통령' 정보를 수집합니다	RAG
4	RAG가 반환한 정보를 LLM에게 전달합니다	에이전트
5	수집된 정보를 요약하여 '도널드 트럼프가 대통령이다'라고 응답합니다	LLM
6	결과가 충분하지 않으면 재계획을 실행합니다	에이전트
7	사용자가 볼 수 있는 최종 응답을 생성합니다	LLM

LLM+RAG+AI 에이전트를 함께 사용하는 사례까지 알아보았습니다.

이렇게 하위 작업으로 나누면 어떤 점이 좋을까요? 큰 작업을 관리 가능한 작은 작업 여러 개로 나눔으로써, 각 작업에 대해 목표를 명확하게 부여할 수 있습니다. 또한 각 작업을 병렬로 처리할 수 있어 전체 작업 속도가 빨라집니다. 정리하면, 하위 작업으로 문제를 나누면 복잡한 문제를 단순화하고, 병렬로 처리할 수 있으며, 실패한 작업만 재계획하고, 에이전트를 전문화하고, 성능을 개선할 수 있습니다.

CHAPTER

4

AI 에이전트 구성 및 동작 방식

이 장에서는 AI 에이전트가 무엇으로 구성되어 있으며, 내부적으로 어떻게 동작하는지 알아보겠습니다. 먼저 AI 에이전트 구성 요소에 대해 알아봅니다.

4.1 SECTION AI 에이전트 구성 요소

일반적으로 AI 에이전트는 다음 다섯 가지 주요 요소로 구성되어 있습니다.

▼ **그림 4-1** AI 에이전트 구성 요소

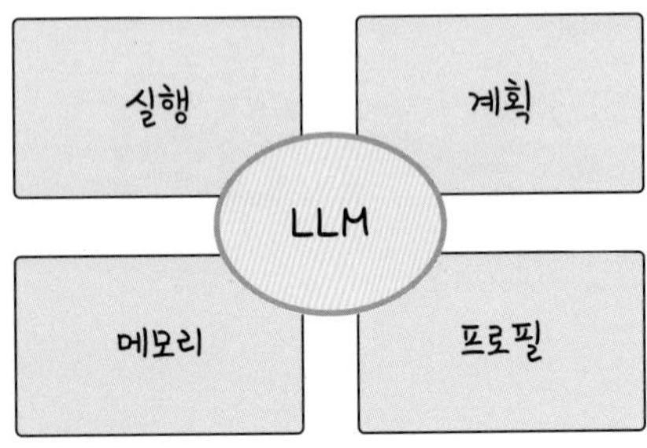

(1) LLM

AI 에이전트의 핵심에 LLM이 있습니다. LLM은 AI 에이전트의 뇌 역할을 하며, 다음과 같이 언어 이해 기능을 제공합니다.

- **자연어 처리(NLP)**: 사람처럼 자연어를 이해하고 처리합니다.
- **텍스트 생성**: 사람과 유사한 형태의 문장을 생성합니다.
- **맥락 이해**: 대화의 문맥을 이해하고 적절한 응답을 제공합니다.
- **의사 결정**: 훈련된 방대한 데이터에 기반하여 최적의 결정을 내립니다.

(2) 계획

AI 에이전트의 또 다른 중요한 구성 요소는 계획(Planning)입니다. 이때 계획을 수립한다는 것은 복잡한 문제를 여러 개의 관리 가능한 하위 작업으로 분할한다는 뜻입니다. 따라서 계획에는 다음과 같은 하위 구성 요소들이 존재합니다.

- **목표(Goal)**: 사용자 질의에 답변하기 위한 최종 목표입니다. 예를 들어 'AI 모델 개발', '제품 출시' 등을 말합니다.
- **작업(Tasks)**: 목표를 달성하기 위해 수행해야 하는 구체적인 작업들입니다. 예를 들어 '데이터 수집', '데이터 전처리' 등이 있습니다.
- **우선순위(Prioritization) 선정**: 어떤 작업이 먼저 수행되어야 하는지 결정하는 단계입니다. 예를 들어 모델을 훈련하려면 먼저 데이터 수집과 전처리가 완료되어야 합니다.
- **재계획(Replan)**: 새로운 정보가 들어오거나 예기치 않은 문제가 발생하면 계획을 수정해야 합니다. 예를 들어 예기치 않은 오류가 발생할 때 '디버깅 작업 추가'라는 새로운 작업이 계획에 추가됩니다.

(3) 실행

실행(Action)은 세분화된 작업이 실행되는 모듈입니다. 이 과정에서 다양한 도구(Tools) 또는 API를 사용하며, 도구와의 상호 작용을 통해 LLM의 작업을 확장할 수 있습니다. 예를 들어 LLM이 단순히 질문에 답하는 텍스트를 생성하는 것뿐만 아니라 웹 검색, 코드 실행, 데이터베이스 질의 등의 기능을 수행하게 할 수 있습니다. 바로 이것이 실행이 중요한 이유입니다.

AI 에이전트가 사용할 수 있는 대표적인 API 예시를 두 가지 소개하겠습니다.

첫째, 웹 검색 API입니다. 특정 정보를 검색하기 위해 Bing, Serper API, Tavily 검색 엔진 같은 도구를 사용합니다. 작업 절차는 다음과 같습니다.

1. 사용자가 질의를 입력합니다.
2. 웹 검색 도구를 통해 관련 정보를 가져옵니다.
3. 결과를 분석하고 사용자에게 답변을 제공합니다.

둘째, 또 다른 API는 데이터를 데이터베이스에서 가져오는 것입니다. 이때 사용하는 도구로는 MySQL, PostgreSQL, SQLAlchemy, Supabase 등이 있습니다. 작업 절차는 다음과 같습니다.

1. LLM이 데이터베이스에 액세스할 쿼리를 생성합니다.
2. 데이터베이스와 연결하고 쿼리를 실행합니다.
3. 결과를 가져와 사용자에게 반환합니다.

(4) 프로필

프로필(Profile)은 에이전트가 어떤 태도로 사용자와 소통할지, 어떤 지식 기반을 사용할지, 어떤 규칙과 윤리적 지침을 따를지에 대한 세부 사항을 정의하는 모듈입니다. 이를 통해 에이전트의 실행에 일관성을 보장할 수 있는 것이죠.

AI 에이전트의 프로필은 역할, 스타일 및 윤리적 지침 등으로 나눌 수 있습니다. 다음 표에서 좀 더 자세히 살펴보겠습니다.

▼ **표 4-1** 프로필 구성 요소

구성 요소	설명	예시
역할 및 직책	에이전트의 직무, 전문 분야 정의	고객 서비스, 기술 지원, 데이터 분석가, 가상 교사
어조 및 커뮤니케이션 스타일	에이전트의 대화 스타일, 어조 정의	친근한, 공손한, 전문적인, 논리적인 어조
윤리적 지침 및 제약 사항	에이전트가 반드시 지켜야 할 윤리와 제한 사항	민감한 개인 정보 제공 거부, 불법 요청 거절
전문 지식 및 데이터베이스 액세스	에이전트가 접근할 수 있는 지식 도메인 및 정보	의료 지식, 법률 문서, 프로그래밍 문서 등
작업 실행 및 처리 방식	에이전트가 요청을 어떻게 처리할 것인지 정의	단계별 계획 수립, 문제 해결 접근 방식
언어 및 다국어 지원	에이전트가 지원해야 할 언어 목록 정의	한국어, 영어, 일본어, 중국어 등

프로필은 중요합니다. 예를 들어 고객의 질문에 반말로 답변을 하거나 민감한 정보 요청에 아무 제약 없이 응대를 한다면 어떤 일이 벌어질까요? 사람들이 해당 서비스를 이용할

까요? 따라서 고객 서비스 에이전트에는 '친절하고 공손한 스타일', '민감한 정보에 대한 요청 거부'와 같이 정의해두어야 합니다.

(5) 메모리

메모리(Memory)는 사용자 답변에 대해 지속적인 대화 문맥을 유지하고, 사용자 맞춤형 응답을 제공하는 역할을 합니다. 즉, AI와 사람이 대화를 할 때, 현재뿐만 아니라 과거의 대화도 잊지 않고 기억할 수 있도록 하는 메커니즘입니다.

AI 에이전트의 메모리는 단기 메모리와 장기 메모리로 나뉩니다. 단기 메모리는 현재 대화 세션 동안만 정보를 유지하는 반면에 장기 메모리는 여러 대화 세션에 걸쳐 정보를 저장합니다.

▼ **표 4-2** 메모리 유형

유형	설명	예시
단기 메모리 (Short-Term Memory, STM)	대화 중에만 정보를 유지하며, 대화가 끝나면 삭제됩니다	챗봇이 한 대화 세션 동안 문맥을 유지합니다
장기 메모리 (Long-Term Memory, LTM)	여러 대화 세션에 걸쳐 정보를 지속적으로 유지합니다	쇼핑 AI가 사용자의 선호 스타일을 학습하고 유지합니다

뒤에서 배우겠지만 랭체인, 랭그래프, AutoGPT와 같은 프레임워크는 모두 메모리 관리 모듈을 제공하여 개발자가 더 쉽게 메모리를 관리할 수 있는 애플리케이션을 개발할 수 있도록 지원하고 있습니다.

(1)~(5) 연계

각각의 개별적인 구성 요소에 대해 알아봤으니 이제 이것들이 어떻게 연계되어 상호 작용하는지 알아봅시다. 전반적인 순서는 다음과 같이 간단하게 정리해볼 수 있습니다.

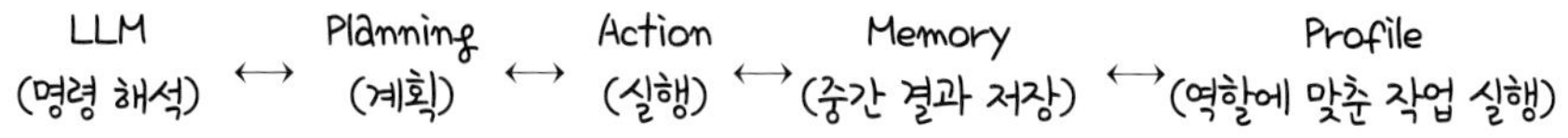

LLM (명령 해석) ↔ Planning (계획) ↔ Action (실행) ↔ Memory (중간 결과 저장) ↔ Profile (역할에 맞춘 작업 실행)

'LLM'은 주어진 명령을 분석하고 이를 하위 작업으로 세분화합니다. 이때 '계획'이라는 모듈이 사용되는 것이죠. 예를 들어 사용자가 '웹사이트에서 데이터를 수집하고 보고서를 작성해줘'라고 명령하면, '계획'은 **수집 → 분석 → 보고서 작성** 단계로 작업을 세분화합니다.

이후 계획된 작업을 실행하기 위해 도구를 사용하는데, 이때 '실행'이라는 모듈이 사용됩니다. 예를 들어 '뉴스 기사 수집'이라는 작업이 실행되면, 웹 검색 도구를 실행하여 뉴스 기사를 수집합니다.

작업 결과는 '메모리'에 저장되어, 향후 재계획에 활용할 수 있도록 합니다. 예를 들어 '실행'이 검색 결과를 반환하면 '메모리'에 검색 결과를 저장합니다.

'프로필'은 'LLM'의 출력 스타일에 영향을 미친다고 했죠? '프로필'에서 설정한 대로 최종 사용자 답변이 작성됩니다. 예를 들어 '프로필'이 "고객 지원 담당자"로 설정되면, 'LLM'은 공손한 어조로 응답하게 됩니다.

물론 각 구성 요소의 상호 작용이 이것만 있는 것은 아닙니다. 내부적으로 답변을 생성하기까지 각 구성 요소는 끊임없이 상호 작용을 할 테니까요.

이 과정을 다음 절에서 세부적으로 살펴보겠습니다.

4.2 SECTION AI 에이전트 동작 방식

앞에서 배운 AI 에이전트의 구성 요소를 기반으로 AI 에이전트의 동작 방식에 대해 자세히 알아보겠습니다.

AI 에이전트의 동작 방식은 사용자의 명령을 이해하고 이를 세부 작업으로 나누어 실행한 후 결과를 반환하는 과정으로 설명할 수 있습니다. 이 과정은 앞에서 살펴본 LLM, 계획, 메모리, 실행, 프로필이라는 다섯 가지 핵심 요소의 협력으로 이루어집니다. 4.1절에서는 간단한 순서에 대해 알아봤다면 여기서는 조금 더 구체적인 과정을 하나하나 자세히 살펴보겠습니다.

사용자 명령 ⟷ 계획 (Planning) ⟷ 실행 (Action) ⟷ 작업 결과 평가 ⟷ 재계획 (필요 시) ⟷ 최종 응답 생성 ⟷ 종료

사용자 명령 ← "목표 설정"

사용자로부터 명령이나 요청을 입력 받아 작업의 목표를 설정하는 단계로 다음과 같은 과정을 거칩니다.

- 사용자의 명령은 에이전트의 입력으로 동작합니다.
- 이후 사용자의 명령은 계획(Planning) 모듈에 전달됩니다.

계획(Planning) ← "작업 계획 수립"

AI 에이전트는 작업을 더 작은 하위 작업으로 나누고, 작업 순서를 정리합니다. 이 작업은 계획 모듈에 의해 진행됩니다.

- 계획 모듈은 사용자의 명령을 바탕으로 전체 목표를 하위 작업(Task)으로 나눕니다.
- 이후 생성된 작업의 우선순위를 지정하고, 어떤 작업을 먼저 실행해야 하는지 결정합니다.
- 메모리에 사용자의 이전 대화 기록이 저장되어 있다면, 해당 데이터를 참고하여 계획을 최적화합니다.

실행(Action) ← "작업 수행"

실행 모듈은 구체적인 작업을 실행합니다. 외부 시스템과의 상호 작용 및 통합 작업이 이루어지는 단계로 다음 작업들이 포함될 수 있습니다.

- 웹 검색
- 데이터베이스 조회
- API 호출
- 코드 실행 등

작업 결과 평가 ← "작업 결과 확인"

작업 결과가 예상한 목표와 부합하는지 평가하는 단계로, 다음과 같은 과정을 거칩니다.

- 작업의 결과물이 예상 목표에 부합하는지를 평가합니다.
- 에이전트는 작업의 결과를 해석하고, 예상된 목표와의 차이를 분석합니다. 이때 LLM은 결과를 분석하고 지원하는 역할을 합니다.
- 평가 결과가 만족스러우면 다음 단계로 진행하고, 그렇지 않으면 재계획 단계로 이동합니다.

재계획(필요 시) ← "계획 수정"

작업 결과가 예상과 다를 때 계획을 수정하는 단계로, 다음과 같은 과정을 거칩니다.

- 작업 결과가 불충분하거나 오류가 있을 때, 계획 모듈이 재계획(Replan)을 수행합니다.
- 에이전트는 실패한 작업을 바탕으로 새로운 작업을 생성하거나 기존 계획을 조정합니다.
- 재계획 과정도 메모리에 기록으로 남깁니다.

최종 응답 생성 ← "응답 생성"

작업이 성공적으로 완료되었을 때 사용자에게 최종 응답을 생성하는 단계로, 다음과 같은 과정을 거칩니다.

- 모든 작업이 완료되면 LLM이 최종 답변을 생성합니다.
- 메모리에 저장된 과거 대화와 컨텍스트(context)[1]를 참고하여 최종 응답을 만듭니다.
- 이 단계에서는 프로필도 작동하기 때문에 응답 스타일(공손, 단정, 유머 등)도 조정할 수 있습니다.

1 이전에 이루어진 대화에서 나온 정보, 주제, 감정, 의도, 또는 배경과 같은 요소를 의미하며, 현재 대화에 영향을 미치는 모든 관련 정보입니다. 컨텍스트는 대화가 자연스럽게 이어지고, 사용자의 요구를 정확히 이해하며, 일관성 있는 답변을 제공하는 데 중요한 역할을 합니다.

종료 ← "작업 종료"

AI 에이전트의 모든 작업이 종료되었을 때, 메모리와 작업 기록을 정리합니다.

- 최종 응답을 제공한 후 모든 작업이 종료됩니다.
- 메모리에 최종 작업 결과가 기록되며, 향후 대화를 위해 이 정보를 보관할 수도 있습니다.

지금까지 AI 에이전트의 구성 요소와 이를 이용한 동작 방식에 대해 알아봤습니다. 이어서 에이전트의 유형에 대해 확인해보겠습니다.

4.3 SECTION 에이전트 유형

에이전트는 거의 독립적으로 동작하며, 주변 환경을 탐색하고, 정보를 해석하며, 관찰에 기반한 의사 결정을 내립니다. 따라서 비즈니스 과제에 맞는 에이전트를 사용해야 합니다. 에이전트에는 어떤 유형이 있는지 알아보겠습니다.

단순 반응 에이전트

단순 반응 에이전트(Simple Reflex Agents)는 '사전에 정의된 규칙'에 따라 즉각적으로 반응하는 에이전트입니다. 주어진 상황에 즉각적으로 반응해야 하기 때문에, 이전의 경험이나 내부 상태를 고려하지 않는 특징이 있습니다.

그렇다면 '사전에 정의된 규칙'이란 무엇일까요? 바로 특정 조건이 충족되면 미리 정해둔 작업을 실행하는 '조건-실행 규칙(Condition-Action Rule)'입니다. 이 유형은 특정 조건에만 반응하기 때문에 단순한 작업에 적합합니다. 예를 들어, 바닥이 더러울 경우 청소 모드로 전환하라는 지시를 실행하는 에이전트를 활용할 수 있습니다.

▼ **그림 4-2** 단순 반응 에이전트(청소기 예)

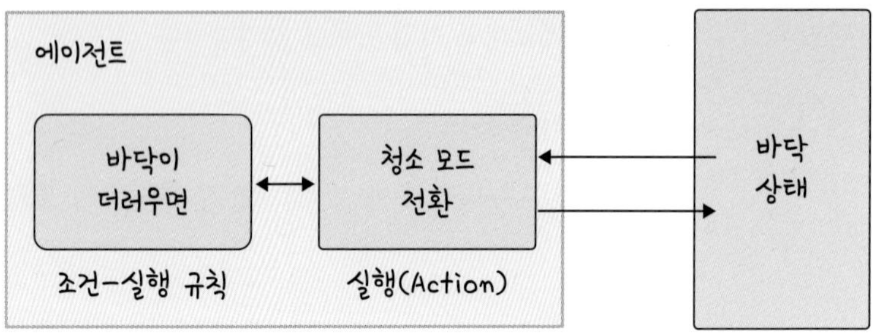

단순 반응 에이전트의 장단점은 다음 표와 같습니다.

▼ **표 4-3** 단순 반응 에이전트의 장단점

구분	항목	설명
장점	설계 및 구현이 용이	설계와 구현이 간단하며, 최소한의 계산 자원만 필요
	실시간 반응	환경 변화에 실시간으로 빠르게 반응
	높은 신뢰성	규칙이 잘 설계된 경우, 높은 신뢰성을 보장
단점	이전 상태 부재	과거 정보를 기억하지 않기 때문에, 복잡한 상황이나 이전 상황을 고려하지 못함
	오류에 민감	사전에 명시되지 않은 상황을 처리할 수 없음

모델 기반 반응 에이전트

모델 기반 반응 에이전트(Model-Based Reflex Agents)는 이전의 경험이나 상태를 고려하지 않는 단순 반응 에이전트를 보완한 것입니다. 따라서 '조건-실행 규칙'에 따라 작업을 수행하되 상태(State)[2]를 고려하여 의사 결정을 내립니다.

모델 기반 반응 에이전트의 장단점은 다음 표와 같습니다.

2 에이전트가 환경에서 관찰한 데이터와 과거 경험을 통합하여 현재 상황을 표현한 정보로, 단순히 주어진 자극에 반응하는 데 그치지 않고 현재 환경에서 발생하는 일과 그 배경까지 고려해서 결정을 내립니다.

▼ **표 4-4** 모델 기반 반응 에이전트의 장단점

구분	항목	설명
장점	빠르고 효율적인 의사 결정	에이전트는 환경에 대해 빠르고 효율적인 결정을 내릴 수 있음
	환경 변화에 대한 적응력	내부 모델을 업데이트하여 환경 변화에 유연하게 대응할 수 있음
단점	유지 비용 증가	내부 모델을 구축하고 지속적으로 업데이트해야 하므로 많은 계산 자원과 처리 시간 소요
	환경의 복잡성을 완벽히 반영하기 어려움	실제 환경의 복잡성을 충분히 반영하지 못할 수 있으며, 예기치 않은 상황에 대한 정확한 예측이 어려울 수 있음

단순 반응 에이전트에서 살펴본 로봇 청소기 예를 생각해봅시다. 모델 기반 반응 에이전트는 '상태' 정보를 보유할 수 있어, 과거에 청소한 위치를 추적하는 등의 작업에 유용하게 활용할 수 있습니다.

▼ **그림 4-3** 모델 기반 반응 에이전트(청소기 예)

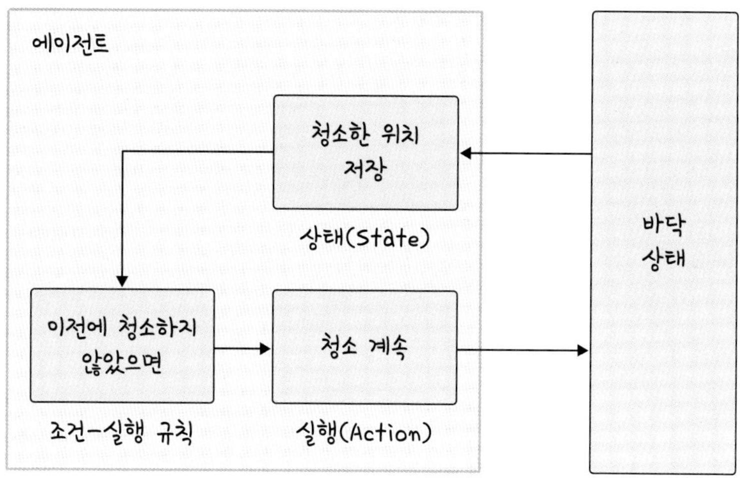

목표 기반 에이전트

목표 기반 에이전트(Goal-Based Agents)는 특정 목표를 설정하고 이를 달성하기 위해 작업을 수행합니다. 목표 달성을 위해 최적의 경로를 탐색해야 하므로 경로 탐색 알고리즘(Pathfinding Algorithm)을 사용합니다.

경로 탐색 알고리즘이란 시작 지점에서 목표 지점까지 최적의 경로를 찾는 방법입니다. 쉽게 말해 이 지점에서 저 지점까지 가장 빠르게(또는 가장 적은 비용으로) 가는 길을 찾는 방법입니다. 예를 들어 시작 지점이 x이고 목표 지점이 z라고 했을 때 그 사이의 모든 경로를 확인하고 가장 빠른 길을 찾는 것이 경로 탐색 알고리즘입니다.

▼ **그림 4-4** 경로 탐색 알고리즘

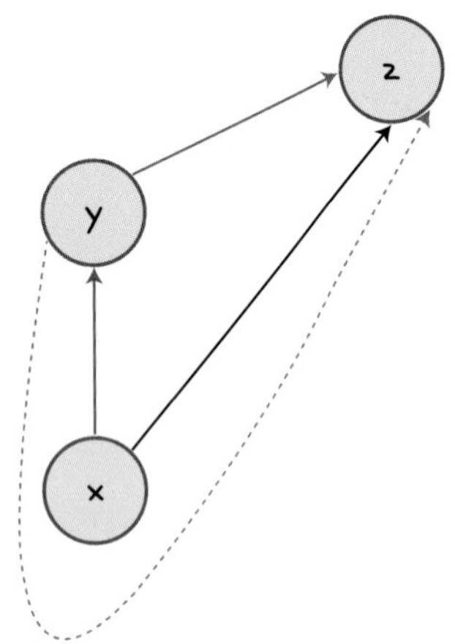

목표 기반 에이전트의 장단점을 간단하게 살펴보면 다음과 같습니다.

▼ **표 4-5** 목표 기반 에이전트의 장단점

구분	항목	설명
장점	구현 및 이해가 쉬움	목표를 정의하고 해당 목표를 달성하는 작업을 설정하기 때문에 구현과 이해가 비교적 간단
	목표 달성에 효율적	명확한 목표를 향해 작업하므로 특정 목표를 달성하는 데 매우 효율적
	다른 AI 기술과의 결합 가능	강화 학습[3], 휴리스틱 탐색[4]과 같은 다양한 AI 기술과 결합하여 더 강력한 에이전트를 개발할 수 있음
단점	특정 목표에만 집중	특정 목표에만 집중하므로 다양한 목표를 동시에 처리할 수 없음
	목표 정의에 많은 도메인 지식 필요	목표와 관련된 명확한 규칙을 미리 정의해야 하기 때문에, 도메인 지식과 사전 정의가 필수

3 보상을 통해 학습하는 방식의 AI 기술입니다.

4 문제를 해결하는 과정에서 경험적 규칙 또는 직관적인 정보를 사용하여 효율적으로 해답을 찾아가는 방법입니다.

이 방식은 환경이 변해도 목표를 달성하기 위한 경로를 조정할 수 있기 때문에 GPS 내비게이션이나 로봇 팔 제어와 같은 곳에 활용하면 좋습니다.

유틸리티 기반 에이전트

유틸리티 기반 에이전트(Utility-Based AI Agents)는 모든 가능한 선택지를 평가하고 가장 유리한 작업을 선택합니다. 따라서 불확실성이 높은 환경에서도 효과적으로 작동할 수 있습니다. 그래서 자율주행차나 주식거래 시스템에 사용하면 좋습니다.

다음 장단점 비교 표를 통해 어느 곳에 적용하면 좋을지 생각해보세요.

▼ **표 4-6** 유틸리티 기반 에이전트의 장단점

구분	항목	설명
장점	다양한 의사 결정 문제를 처리	단일 목표에 국한되지 않고, 여러 대안 중 최적의 결정을 내릴 수 있는 유연성이 있음
	일관되고 객관적인 의사 결정	유틸리티 함수에 따라 일관되고 논리적인 방식으로 선택을 수행하므로 다양한 상황에서도 일관성을 유지
	복잡한 문제 해결에 적합	단순한 목표 기반 접근 방식과 달리, 유틸리티 기반 에이전트는 여러 목표 간의 균형을 고려한 최적의 결정을 내릴 수 있음
단점	연산의 복잡성	가능한 모든 행동을 계산해야 하므로 계산 비용이 매우 크고 처리 속도가 느릴 수 있음
	해석과 검증이 어려움	유틸리티 함수의 정의와 내부 프로세스가 복잡하기 때문에, 사람이 그 의사 결정을 이해하거나 검증하는 것이 어려움

학습 에이전트

학습 에이전트(Learning Agents)는 과거의 피드백을 바탕으로 더 나은 성능을 달성하기 위해 머신러닝 알고리즘을 사용합니다. 즉, 피드백을 받고, 개선하는 과정을 반복적으로 수행하기 때문에 자율주행 자동차의 주행 알고리즘 개선에 사용하면 좋습니다.

그 밖에 어디에 적용하면 좋을지 다음 장단점 비교 표를 보고 고민해봅시다.

▼ **표 4-7** 학습 에이전트의 장단점

구분	항목	설명
장점	AI 결정을 기반으로 행동	학습 에이전트는 AI의 추론과 결정을 바탕으로 실질적인 행동을 수행할 수 있음
	진화 가능성	단순한 규칙 기반 에이전트와 달리, 학습 에이전트는 환경과 경험을 통해 지속적으로 학습하고 진화할 수 있음
단점	잘못된 의사 결정이 가능	훈련 데이터가 편향되었거나 충분하지 않으면, 잘못된 결정을 내리거나 편향된 결과를 초래할 수 있음
	높은 개발 및 유지 비용	학습 에이전트를 개발하고 학습시키는 과정은 비용이 많이 들고 유지 관리도 복잡
	막대한 컴퓨팅 리소스 요구	딥러닝 및 강화 학습을 사용하는 학습 에이전트는 고성능 GPU와 대용량 메모리가 필요

계층적 에이전트

계층적 에이전트(Hierarchical AI Agents)는 계층 구조를 통해 에이전트를 여러 수준으로 나눕니다. 큰 작업을 하위 작업으로 나누고, 하위 에이전트가 이를 수행하는 구조이기 때문에 스마트 팩토리의 생산 공정 관리와 같은 곳에 사용하면 좋습니다.

계층적 에이전트의 장단점은 다음 표와 같습니다.

▼ **표 4-8** 계층적 에이전트의 장단점

구분	항목	설명
장점	자원 효율성 향상	하위 에이전트에게 작업을 분배하여 자원을 효율적으로 사용
	명확한 의사소통 및 명령 체계	계층 구조를 통해 명령과 책임의 경로가 분명해지므로 작업 지시가 명확
	복잡한 문제의 단순화	복잡한 문제를 더 작은 하위 문제로 나누어 해결
단점	문제 해결 과정의 복잡성	계층 구조를 생성하고 유지하는 과정이 복잡
	적응력 제한	새로운 환경이나 예상치 못한 상황이 발생하면 고정된 계층 구조에서는 대안을 찾기 어려움
	작업 병렬 처리의 제한	상위 에이전트가 하위 에이전트의 작업을 조정하는 구조에서는 상위 에이전트의 지시가 없으면 하위 작업이 중단될 수 있음

지금까지 다양한 에이전트 유형에 대해 알아봤습니다. 그렇다면 우리가 다루는 AI 에이전트는 어디에 해당될까요? AI 에이전트는 단일 유형의 에이전트라기보다는, 다음과 같이 여러 에이전트 유형의 특성을 통합하여 설계됩니다.

- **목표 기반 에이전트**: 전체 목표를 달성하기 위해 협력합니다.
- **유틸리티 기반 에이전트**: 효율성과 효과를 최적화합니다.
- **학습 에이전트**: 학습을 통해 지속적으로 개선합니다.
- **계층적 에이전트**: 조직적이고 구조적인 작업을 수행합니다.

즉, AI 에이전트는 특정 유형의 조합과 응용으로 설계되는 것이지, 단일 유형으로 분류되지 않다는 것에 유의해주세요. 바로 이어서 AI 에이전트 디자인 패턴에 대해서도 함께 확인해보겠습니다.

CHAPTER

5

AI 에이전트 디자인 패턴

AI 에이전트 디자인 패턴이란 컴퓨터가 LLM을 이용하여 자율적으로 사고하고, 계획하고, 작업을 실행할 수 있는 지능형 시스템을 구축하기 위해 구조화된 접근 방식을 의미합니다. AI 에이전트에서 사용하는 다섯 가지 유형의 패턴이 있는데 하나씩 확인해보겠습니다.

SECTION 5.1 반응 패턴

반응 패턴(Reflection Pattern)은 AI 모델이 초기 응답을 생성한 후 해당 출력의 품질과 정확성을 스스로 평가하고, 이를 기반으로 내용을 수정하는 디자인 패턴입니다.

이 과정에서 AI 모델은 생성(Generation)과 자기 평가(Self-assessment) 과정을 반복합니다. AI는 생성된 출력을 평가하며 오류, 개선이 필요한 부분을 점검하고, 이후 이를 바탕으로 출력을 수정하고 개선합니다. 이 작업은 특정한 품질 수준에 도달하거나 사전에 정의된 종료 조건에 도달할 때까지 반복됩니다.

이 과정을 좀 더 자세히 정리해보겠습니다.

(1) 초기 응답 생성(Generation)

AI 모델이 사용자의 프롬프트(질문, 요청)에 대한 초기 응답을 생성합니다.

(2) 자기 평가(Self-assessment)

AI 모델이 자신의 출력(응답)을 스스로 검토합니다. 이때 오류, 모호한 표현, 개선 가능한 부분을 찾거나 사용자의 의도에 맞지 않는 부분을 파악합니다.

(3) 수정 및 개선

AI 모델은 (2)번 과정의 피드백을 바탕으로 답변을 수정합니다. 이 과정은 최종 답변이 생성될 때까지 반복합니다.

(4) 종료

특정 조건(예 품질 기준 충족, 최대 반복 횟수 초과 등)에 도달하면 작업을 종료합니다.

이 과정을 그림으로 표현하면 다음과 같습니다.

▼ **그림 5-1** 반응 패턴 과정

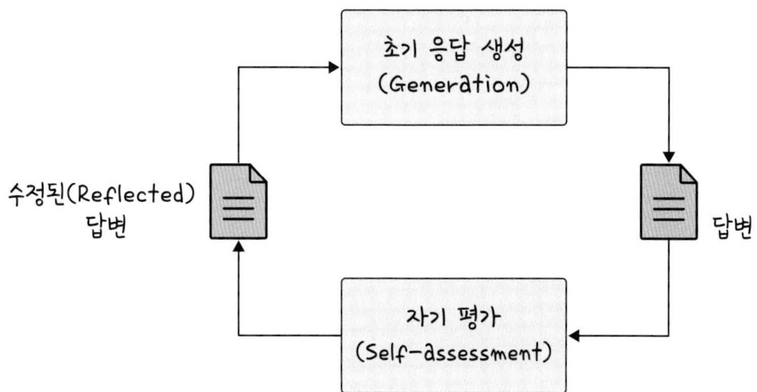

이 방법을 사용할 경우, 단순히 1회성 응답을 생성하는 것보다, 반복적인 피드백을 반영하여 정확성, 일관성, 명확성이 크게 향상될 수 있습니다. 그 외의 장점에 대해서는 다음 표를 참조해주세요.

▼ **표 5-1** 반응 패턴의 장점

장점	설명
품질 향상	단순한 1회 출력이 아닌, **여러 번의 피드백**을 통해 품질 향상
정확성 개선	AI가 직접 오류를 수정하므로 **정확한 결과를 반환**할 가능성이 높아짐
복잡한 문제 해결	모호한 표현을 명확하게 하거나 **추가 설명을 제공**할 수 있음
개발자의 개입 감소	개발자의 피드백 없이도 **AI가 스스로 평가하고 개선**할 수 있음

장점을 봤을 때 사용하지 않을 이유가 없어 보이지만 다음과 같은 단점도 있으니 이 부분도 고려해야 합니다.

▼ **표 5-2** 반응 패턴의 단점

단점	설명
계산 비용 증가	여러 번의 피드백이 발생하므로 **추가 비용과 처리 시간이 필요**
복잡성 증가	단순한 응답 생성에 비해 더 많은 **메모리와 작업 단계가 필요**
무한 루프의 가능성	AI가 계속해서 출력을 개선하려고 할 경우, **무한 반복에 빠질 가능성**이 있음
정지 조건 필요	**특정 종료 조건**(품질 기준, 반복 횟수 제한 등)이 필요

LLM은 매우 방대한 양의 데이터로 훈련되기 때문에 출력 품질이 불안정할 수 있는데, 이 패턴을 이용하면 LLM이 더 신뢰할 수 있는 응답을 생성할 수 있습니다. 마지막으로 이 패턴을 언제 사용하면 좋을지 알아볼까요?

- **문서 생성 AI**

  문서 생성 AI가 초기 초안을 생성하고, 이후 AI는 문장을 검토하여 오류와 모호한 표현을 인식하고 이를 수정할 수 있습니다. 예를 들어 '보고서 자동 생성 AI'가 처음에는 단순한 템플릿을 생성하지만, 스스로 부족한 부분을 보완하여 더 나은 보고서를 생성합니다.

- **교육 플랫폼 AI**

  온라인 교육 플랫폼에서 강의 자료를 개선하는 데 사용할 수 있습니다. 예를 들어 '교육 플랫폼 AI'가 강의 자료를 작성한 후 직접 검토하여 모호한 설명, 불필요한 예시, 오타 등을 찾고 수정합니다. 이 과정을 통해 더 나은 품질의 강의 자료를 만들 수 있습니다.

5.2 SECTION 계획 패턴

계획 패턴(Planning Pattern)은 수행해야 할 구체적인 계획을 수립하고, 그 계획을 여러 단계에 걸쳐 실행하는 기법입니다. 반응 패턴의 확장판으로, 여기에 계획(Planning)만 추가되었다고 이해하면 됩니다. 이 패턴은 하나 이상의 작업(Task)들로 구성되며, 각 작업은 독립적인 작업 단위로 간주됩니다.

다음은 일련의 작업을 정의하고, 이를 하나씩 차례로 수행하는 과정입니다.

(1) 계획(Planning)

AI 에이전트는 프롬프트를 해석하여 문제 해결을 위한 상위 수준의 목표와 전략을 포함한 전체적인 계획을 수립합니다.

(2) 작업 생성(Generate Task)

AI 에이전트는 주어진 목표를 작은 작업 단위로 분할하여 실행 가능한 작업의 목록을 생성합니다. 작업을 분할한다는 의미는 이미 앞에서 설명했지만 다시 한번 간단히 예를 들어 설명하겠습니다. LLM에 다음과 같은 질문을 했다고 가정해보죠.

```
프롬프트 엔지니어링이란?
```

그러면 AI 에이전트는 다음과 같은 작은 작업 단위로 분할합니다.

- **1단계**: 웹에서 '프롬프트 엔지니어링'을 검색합니다.
- **2단계**: 검색된 내용을 요약합니다.
- **3단계**: 사용자에게 요약된 정보를 반환합니다.

(3) 단일 작업 에이전트(Single Task Agent)

생성된 각 작업(Task)을 실행하는 주체로, 작업 수행에 특화된 에이전트입니다. 단일 작업 에이전트는 하나의 특정 작업에 집중하며, 이를 성공적으로 완료한 후 다음 작업을 처리할 준비를 합니다. 앞의 예시를 다시 사용하면, AI 에이전트는 1단계 처리에 집중하고 이를 성공적으로 처리하면 2단계를 준비합니다.

(4) 재계획(Replan)

이 단계에서는 작업 결과를 평가하여 조정이 필요한지를 결정하며, 작업이 원하는 결과를 충족하지 못할 경우 재계획(Replan)을 수립합니다.

(5) 반복(Iterate)

작업을 여러 번 실행하여 최적의 결과를 얻는 과정을 의미합니다. 즉, AI 에이전트는 작업을 반복적으로 실행하면서 작업 결과를 개선하고, 반복하여 최적의 결과(답변)를 도출합니다.

이것을 그림으로 표현하면 다음과 같습니다.

▼ **그림 5-2** 계획 패턴 실행 과정

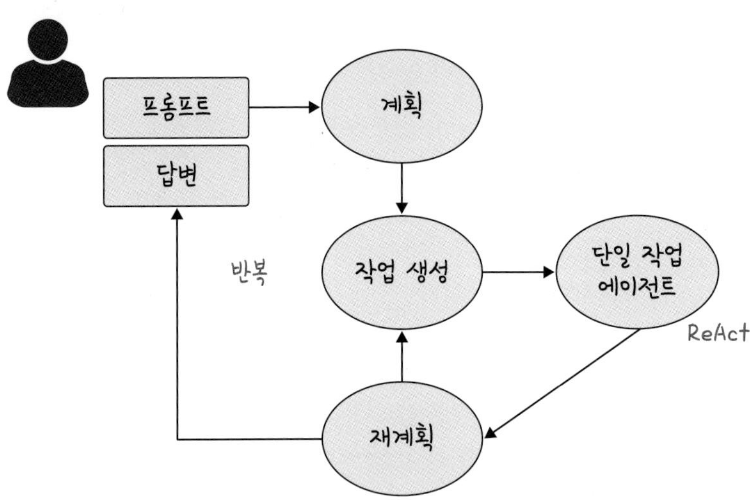

5.3 SECTION 도구 사용 패턴

도구 사용 패턴(Tool Use Pattern)은 말 그대로 외부 도구(예 마이크로소프트 빙, 구글 검색 엔진)를 사용하는 방식입니다.

전통적으로 LLM은 사전에 학습된 데이터에만 의존했습니다. 이로 인해 최신 정보에 접근할 수 없는 문제가 있었는데요. 도구 사용 패턴을 사용하면 LLM이 외부 시스템과 통합하여 실시간 정보와 최신 데이터에 접근할 수 있습니다.

▼ **그림 5-3** 도구 사용 패턴 과정

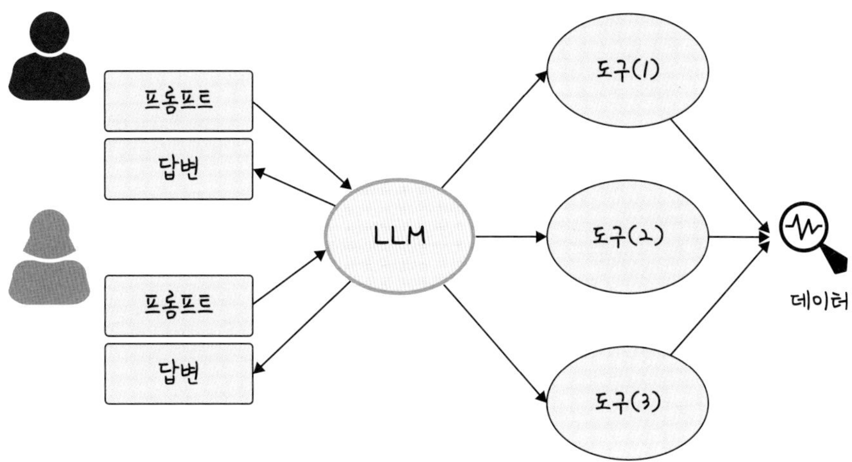

이 패턴의 핵심은 작업의 모듈화, 전문 도구의 활용, 순차적 처리에 있습니다. 하나의 거대한 LLM이 모든 작업을 처리하는 대신, 전문화된 도구에 특정 작업을 분배함으로써 더 효율적이고 확장 가능한 AI 시스템을 구축할 수 있습니다.

5.4 SECTION 멀티에이전트 패턴

멀티에이전트 패턴(Multi-Agent Pattern)은 복잡한 작업을 여러 하위 작업으로 나누고, 각각의 작업을 특정 작업에 능숙한 에이전트들이 수행하게 하는 기법입니다. 예를 들어 보고서를 작성해야 한다고 가정했을 때 다음과 같이 하위 작업에 따라 에이전트를 구분할 수 있습니다.

- 보고서에 필요한 내용은 '검색 에이전트'를 사용합니다.
- 보고서 작성은 '생성(Writer) 에이전트'를 사용합니다.

- 생성된 보고서의 맞춤법 검사는 '맞춤법 검사 에이전트'를 사용합니다.
- 생성된 보고서의 요약을 위해 '요약 에이전트'를 사용합니다.

▼ **그림 5-4** 멀티에이전트 패턴 과정

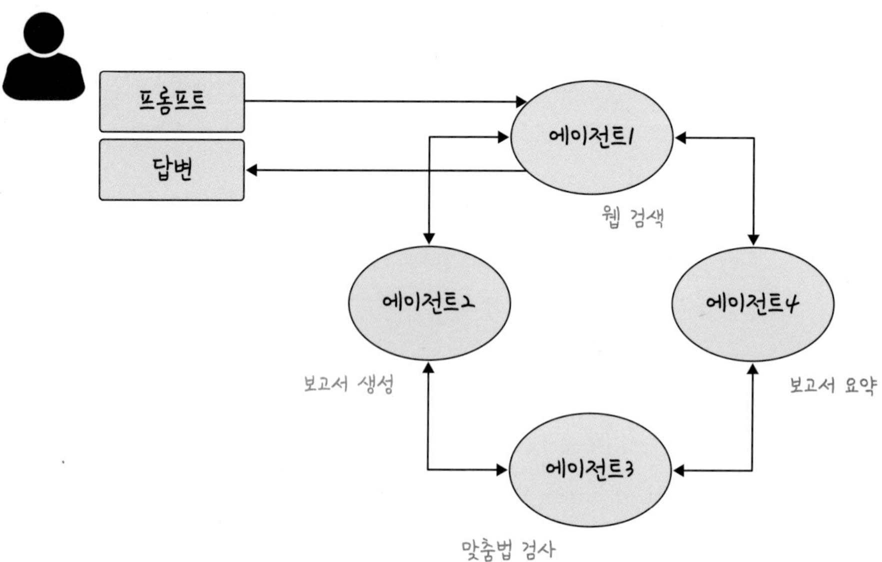

이와 같이 멀티에이전트 패턴은 특정 역할을 가진 다양한 에이전트들이 하나의 팀처럼 협력하여 작업을 효율적으로 완료하기 때문에 다음과 같은 장점이 있습니다.

▼ **표 5-3** 멀티에이전트 패턴의 장점

장점	설명
병렬 작업	여러 작업을 동시에 실행하므로 처리 속도가 빠릅니다
확장성	새로운 에이전트를 추가하여 시스템을 쉽게 확장할 수 있습니다
유연성	에이전트가 실패하면 재계획(Replan)을 수행하여 새로운 작업을 추가할 수 있습니다
자율성	에이전트 간의 협력으로 목표를 달성합니다

이 패턴은 제품 연구 및 개발, 종합적인 콘텐츠 제작과 같이 다양한 전문 지식이 요구되는 작업에 효과적입니다.

특히 AI 에이전트가 각광받는 이유로는 여러 요인이 있지만, 멀티에이전트 패턴이 그중 중요한 역할을 하고 있습니다. 멀티에이전트 패턴은 특히 복잡한 문제를 분산적으로 해결하고, 협력적 작업을 수행하며, 유연성과 확장성을 제공하기 때문에 많은 관심을 받고 있습니다.

5.5 SECTION CoT 프롬프팅 패턴

AI 에이전트 디자인 패턴 중 CoT 프롬프팅 패턴(Chain of Thought Prompting Pattern)이란, AI가 문제를 단계별로 사고(Thinking)하고 추론하도록 유도하는 기법입니다. 일반적으로 AI는 질문을 받으면 즉각적으로 답변하려고 하지만, CoT는 AI가 답변을 내리기 전에 논리적 사고의 단계를 거치도록 유도하기 때문에 비교적 정확한 답변을 얻을 수 있습니다. CoT 프롬프팅 패턴의 동작 과정은 다음과 같습니다.

(1) 질문 이해

AI가 사용자로부터 받은 질문을 이해합니다.

(2) CoT 과정(추론 과정)

단계별 사고가 이루어지는 단계입니다. 예를 들어 '철수가 사과 10개를 가지고 있다가 3개를 먹고, 2개를 더 받았습니다. 철수에게 남아 있는 사과는 몇 개입니까?'라는 질문을 했다고 가정해봅시다. 그러면 AI는 다음과 같은 CoT 과정을 거칩니다.

```
'철수는 원래 사과 10개를 가지고 있었습니다.'
'철수가 사과 3개를 먹었으므로, 10 - 3 = 7개가 남습니다.'
'철수는 다시 사과 2개를 받았으므로, 7 + 2 = 9개가 됩니다.'
```

(3) 최종 답변 생성

최종적으로 단계별 사고를 종합하여 최종 답변을 제시합니다. 예를 들어 앞의 질문에 대한 최종 답변은 '철수에게 남아 있는 사과는 9개입니다.'입니다.

이 과정을 그림으로 표현하면 다음과 같습니다.

▼ **그림 5-5** CoT 프롬프팅 패턴 과정

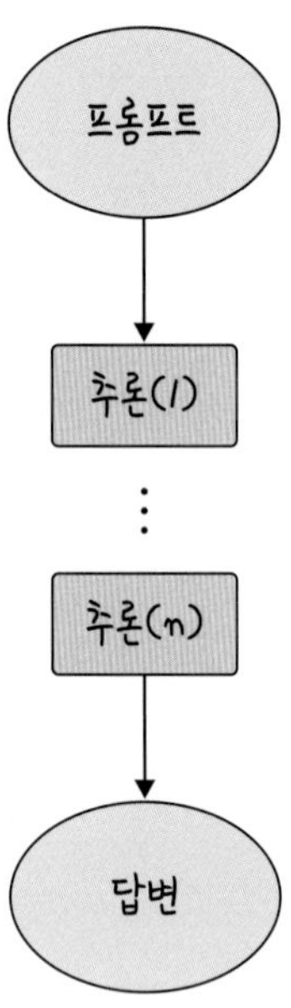

그런데 이 과정을 어디서 보지 않았나요? 앞에서 o1 모델의 경우 답변을 생성하기 위해 추론 과정을 거친다고 했습니다. 즉, o1에서 답변을 생성하기 위한 추론 과정에 CoT 프롬프팅 패턴을 사용했다고 할 수 있습니다(물론 o1의 경우 복합적 패턴을 사용했을 테지만, 그중 하나가 CoT 프롬프팅 패턴입니다). 따라서 CoT 프롬프팅 패턴은 다음과 같은 시나리오에서 사용하면 좋습니다.

- **수학 문제 해결**

  AI 에이전트는 복잡한 수학 문제를 단계별로 분해하여 해결할 수 있습니다. 예를 들어 방정식 문제를 여러 개의 간단한 단계로 나누어 각 단계별로 풀이 과정을 제시할 수 있습니다.

- **법률 분석**

  AI는 법률 사건을 논리적 단계로 나누어 분석할 수 있습니다. 예를 들어 사건의 사실 관계, 적용 법률, 판례 등을 단계별로 검토하고 결론을 도출하는 방식으로 법률 자문에 활용될 수 있습니다.

바로 이어서 AI 에이전트를 구현하기 위한 다양한 프레임워크에 대해 알아보겠습니다.

CHAPTER

6

AI 에이전트 프레임워크

AI 에이전트 프레임워크는 AI 에이전트를 생성, 관리, 실행하는 데 필요한 도구 및 라이브러리를 제공하는 소프트웨어 플랫폼입니다. 여기서는 **오토젠**, **랭체인**, **랭그래프**, **크루AI** 등 주요 AI 에이전트 프레임워크에 대해 설명합니다.

6.1 SECTION 오토젠

오토젠(AutoGen)은 멀티에이전트 AI 시스템을 구축하기 위한 오픈소스 프레임워크입니다. 이 프레임워크는 여러 AI 에이전트가 서로 대화하고, 의사 결정을 내리며, 작업을 자동화합니다. 또한 각 에이전트는 특정한 역할을 수행하는데, 에이전트의 역할은 다음 표를 참조해주세요.

▼ **표 6-1** 에이전트의 역할

에이전트 역할	설명
AssistantAgent	특정 작업을 수행하는 에이전트로, 사용자 지시에 따라 답변하거나 작업을 실행
UserProxyAgent	사용자와 에이전트 사이의 중개 역할을 하며, 사용자로부터 명령을 받고 에이전트와 연결

에이전트 역할에 따른 동작 과정은 다음과 같습니다.

'코드 개선'이라는 사용자 명령으로 UserProxyAgent와 AssistantAgent의 동작 과정에 대해 알아봅시다.

1. UserProxyAgent → AssistantAgent
    - 사용자의 요청을 받아 "이 코드를 개선해줘"라고 AssistantAgent에게 전달
2. AssistantAgent → LLM
    - LLM에게 코드 분석 요청

프롬프트

```
"다음 코드를 더 최적화된 버전으로 변환해줘."
코드:
def add(a, b):
    return a + b
```

3. LLM → AssistantAgent

- LLM이 코드 내용을 분석하여 개선점을 찾아 피드백 제공

코드

```
def add(a: int, b: int) -> int:
    """Returns the sum of two integers."""
    return a + b
```

4. AssistantAgent → UserProxyAgent

- AssistantAgent가 LLM의 응답을 UserProxyAgent에게 전달
- UserProxyAgent는 사용자에게 LLM의 응답을 전달

오토젠은 코드 실행, API 호출, 데이터 검색과 같은 외부 작업을 수행하며, 이를 통해 멀티에이전트 시스템을 효율적으로 구축할 수 있습니다.

6.2 SECTION 랭체인

랭체인(LangChain)은 AI 에이전트와 LLM 기반의 애플리케이션을 더 쉽게 개발하고 통합할 수 있도록 돕는 프레임워크입니다. 간단히 다음과 같이 정의해볼 수 있겠네요.

LLM을 사용한 AI 애플리케이션을 쉽게 개발하고, 다양한 데이터 소스와 연결할 수 있는 프레임워크

랭체인을 사용하면 LLM 기반의 애플리케이션(예 ChatGPT와 같은 챗봇, 문서 검색 시스템 등)을 빠르게 개발할 수 있는데, 이를 위한 핵심 기능은 다음과 같습니다.

▼ **표 6-2** 랭체인의 핵심 기능

기능	설명	예시
프롬프트(Prompt) 관리	LLM에 입력할 프롬프트를 생성하고 관리합니다	'이 텍스트의 요약을 작성해줘.'
체인(Chain)	작업의 연속적인 단계를 연결하여 자동화합니다	질문 → 문서 검색 → 답변 생성
에이전트(Agent)	AI 에이전트가 도구를 선택하여 작업을 수행합니다	에이전트가 웹 검색 도구를 사용
도구(Tool)	API, 웹 검색, 계산기와 같은 외부 도구에 연결합니다	구글 검색, 계산기 사용 가능
메모리(Memory)	대화의 기억(메모리)을 유지하여 컨텍스트를 기억합니다	사용자와 대화 맥락 유지
문서 호출 (Document Loader)	외부 문서(PDF, CSV, 웹 페이지)를 불러옵니다	PDF 문서에서 정보를 불러옴
정보 검색(Retrieval)	데이터베이스나 검색 시스템에서 정보를 가져옵니다	검색 쿼리를 통해 문서 찾기

랭체인은 단순한 LLM 활용을 넘어 작업 자동화, 문서 검색, 에이전트 기반 작업을 모두 지원하기 때문에 AI 에이전트의 필수 도구로 떠오르고 있으며, 다양한 오픈소스 프레임워크와 함께 사용되고 있습니다.

6.3 랭그래프

랭그래프(LangGraph)는 AI 에이전트를 위한 상태 기반 워크플로를 관리하는 프레임워크로, AI 에이전트의 작업 흐름을 시각적이고 유연하게 구성할 수 있게 해줍니다.

AI 에이전트가 등장하기 이전의 LLM 애플리케이션에서는 사용자가 '질문을 입력'하면 '문서를 검색'하고, 프롬프트가 LLM에 전달되어 '답변이 생성'되는 구조였습니다. 하지만 AI

에이전트가 도입된 LLM 기반의 애플리케이션은 더 복잡한 작업이 가능합니다. 예를 들어 다음과 같습니다.

- 중간에 다시 계획을 세웁니다(Replan).
- 실패한 작업을 반복합니다(Iterate).
- 작업의 결과에 따라 분기(Branch)된 경로로 이동합니다.

랭그래프는 이러한 복잡한 에이전트의 순환 작업을 지원합니다. 즉, 작업을 다시 계획하고, 실패한 작업을 다시 시도하고, 새로운 경로로 이동하는 것이 가능합니다.

랭그래프의 주요 세 가지 구성 요소는 다음과 같습니다. 이 요소들은 에이전트의 워크플로를 설계하는 기본 단위가 됩니다.

▼ **표 6-3** 랭그래프 구성 요소

요소	설명	예시
상태(State)	워크플로의 현재 상태 및 에이전트의 기억/데이터 정보	현재까지의 대화 내역, 진행 상황
노드(Node)	워크플로의 단일 작업 단위(함수, 작업)	문서 검색, 웹 검색 작업 등
에지(Edge)	노드와 노드를 연결하여 워크플로의 경로를 만듦	검색 완료 후 응답 생성으로 이동

그리고 조건 흐름(Conditional Flow)이라는 것도 있습니다. 조건에 따라 분기하여 다른 경로로 이동하는 것으로 '작업 성공 시' → '응답 생성', '실패 시' → '재계획'과 같은 분기 작업에 사용됩니다. 워크플로에 대한 동작은 다음과 같은 순서대로 진행됩니다.

1. 시작(Start) 노드
2. 작업 수행(Node1)
3. 작업 결과 평가
4. 작업 성공 시 다음 단계로 이동, 실패 시 재계획 노드로 이동
5. 작업 완료 시 종료(End) 노드로 이동

이와 같이 시각적 워크플로 작업이 가능한 랭그래프는 AI 에이전트의 필수 도구로 떠오르고 있으며, 다양한 오픈소스 프레임워크와 함께 사용되고 있습니다.

6.4 SECTION 크루AI

크루AI(CrewAI)는 AI 에이전트들이 팀(Crew)으로 협력한다고 하여 붙여진 이름으로, 멀티 에이전트 시스템을 설계하고 실행할 수 있는 프레임워크입니다. 즉, 서로 다른 역할을 가진 에이전트들이 공동의 목표를 위해 작업할 수 있는 환경을 제공하는 것이 크루AI입니다.

크루AI의 주요 구성 요소는 다음과 같습니다.

▼ 표 6-4 크루AI의 주요 구성 요소

주요 구성 요소	설명
에이전트(Agent)	각 에이전트는 특정 역할을 가지고 있으며, 작업에 필요한 도구(Tool)를 사용할 수 있음
작업(Task)	어떤 에이전트가 작업을 수행할지, 어떤 도구를 사용할지, 어떤 입력값을 사용할지를 포함
크루(Crew)	여러 에이전트와 작업을 하나의 워크플로로 묶어 팀 구성

파이썬 코드를 예로 들어볼까요? 먼저 에이전트는 다음과 같이 role, goal, tools를 지정할 수 있습니다. role은 에이전트의 역할을 정의하고 goal에서는 작업의 목표를 정의합니다. 그리고 tools에서는 에이전트가 사용할 수 있는 도구의 목록을 정의합니다.

코드

```
from crewai import Agent

writer_agent = Agent(
    role='Writer',
    goal='검색 내용을 바탕으로 보고서를 작성하세요.',
    tools=['문서 편집기', '언어 교정 도구'],
    verbose=True
)
```

이번에는 작업에 대한 코드입니다. 작업에서는 agent, tools, expected_ouput을 지정합니다. agent에서는 앞에서 정의한 (작업을 수행할) 에이전트를 할당하고, tools에서는 작업에 필요한 도구를 할당합니다. 마지막으로 expected_output에서는 작업의 최종 기대 결과를 정의합니다.

코드

```
from crewai import Task

write_task = Task(
    description="검색 결과를 바탕으로 보고서를 작성하세요.",
    agent=writer_agent,
    tools=['문서 편집기'],
    expected_output='완성된 보고서'
)
```

이와 같이 크루AI를 사용하면 에이전트 협력과 작업 흐름 제어를 통해 복잡한 작업을 자동화할 수 있습니다.

6.5 SECTION 라마인덱스

라마인덱스(LlamaIndex)는 AI 에이전트와 LLM이 외부 데이터에 접근할 수 있도록 하는 오픈소스 데이터 연결 라이브러리입니다. 이전에는 GPT Index라는 이름으로 알려졌으나, 라마인덱스로 이름이 바뀌었습니다. 라마인덱스는 문서, 데이터베이스, 웹사이트 등 외부 데이터를 LLM과 연결하여, LLM이 더 나은 답변을 제공할 수 있도록 합니다.

지금까지의 설명만 봤을 때는 AI 에이전트와 무슨 관련이 있나 싶죠? 라마인덱스는 다음과 같은 세 가지 기능을 제공합니다. 기본적으로 인덱싱을 포함한 검색에 초점이 맞춰줘 있지만 에이전트 관련 작업도 지원하고 있습니다.

▼ **표 6-5** 라마인덱스 기능

기능	설명	예시
인덱싱	외부 데이터를 LLM이 접근할 수 있도록 인덱스를 생성	웹사이트, 문서, 데이터베이스 등
검색과 질의	LLM이 외부 데이터를 활용해 질의(Query) 및 검색	"이 문서에서 특정 단어가 포함된 부분을 찾아줘"
에이전트 통합	AI 에이전트가 데이터와 상호 작용하도록 지원	검색 에이전트, 정리 에이전트 등

AI 에이전트 측면에서 좀 더 자세히 알아볼까요? 라마인덱스의 장점은 에이전트가 외부 데이터에 접근할 수 있도록 지원하여, PDF 파일, 웹사이트, 데이터베이스의 데이터를 LLM이 사용할 수 있게 만든다는 것입니다. 동작 과정을 좀 더 자세히 알아봅시다.

1. 사용자가 질문을 합니다. 예를 들어 '2023년 재무 보고서에서 순이익을 알려줘.'라고 요청한다고 가정해봅시다.
2. 그럼 에이전트가 실행됩니다. 에이전트가 질문을 해석한 후 라마인덱스 질의 도구(LlamaIndex Query Engine)에 '2023년 재무 보고서에서 순이익을 찾아'라고 요청합니다.
3. 라마인덱스가 문서를 검색합니다. 라마인덱스가 PDF 파일, 웹페이지, CSV 파일 등에서 순이익에 관한 정보를 검색한 후 결과를 에이전트에 반환합니다.
4. 에이전트는 LLM을 활용하여 검색된 데이터를 바탕으로 답변을 생성합니다.
5. 에이전트는 최종 답변을 사용자에게 반환합니다.

라마인덱스는 에이전트와 외부 데이터 사이에 있는 다리 역할을 수행합니다. 따라서 라마인덱스를 사용하면 단순한 대화형 AI를 넘어서, 외부 데이터에 접근해 정교한 작업을 수행하는 애플리케이션을 구현할 수 있습니다.

AutoGPT

AutoGPT는 자율적인 AI 에이전트 시스템으로, LLM을 사용해 스스로 목표를 설정하고 실행할 수 있는 AI 에이전트입니다. 즉, 사용자의 개입 없이 여러 작업을 연속적으로 수행할 수 있습니다. 그런데 '사용자의 개입 없이 여러 작업을 연속적으로 수행'한다는 것은 무슨 뜻일까요? 기존의 AI 애플리케이션은 다음과 같았습니다.

```
사용자 명령 → AI의 응답 → 끝
명령 1개 = 응답 1개
∴ 사용자가 지속적으로 명령을 입력해야 합니다.
```

하지만 AutoGPT를 사용하면 다음과 같은 흐름이 가능합니다.

```
사용자 명령 → AI가 스스로 하위 작업 생성 → 자동으로 실행 → 결과 반환
명령 1개 = 여러 개의 작업을 스스로 수행
∴ 사용자가 추가 명령을 입력할 필요가 없습니다.
```

구체적인 예를 들어 좀 더 자세히 알아보겠습니다. 사용자가 다음과 같이 질의했다고 가정합니다.

프롬프트

```
"1주일 동안의 다이어트 식단 계획을 세우고, PDF 파일로 저장해줘."
```

그러면 AutoGPT 내부에서는 다음과 같은 흐름으로 작업이 진행됩니다.

① 목표 인식: "1주일 다이어트 식단 계획 작성 + PDF 파일로 저장"
② 하위 작업 생성
  • 1단계: 인터넷에서 최신 다이어트 트렌드와 레시피 검색
  • 2단계: 매일의 아침, 점심, 저녁 계획 수립
  • 3단계: 계획을 PDF로 변환하고 파일로 저장
③ 자동 작업 실행
  • 에이전트 1: 웹 브라우저 에이전트가 최신 다이어트 트렌드를 검색
  • 에이전트 2: 콘텐츠 생성 에이전트가 식단 계획을 작성
  • 에이전트 3: 파일 생성 에이전트가 PDF 파일로 변환하고 저장
④ PDF 파일 경로가 사용자에게 반환됩니다.

AutoGPT는 사용자의 명령을 기반으로 필요한 모든 작업을 스스로 생성, 실행, 반복하기 때문에 완벽한 에이전트일 것 같지만 다음과 같은 한계도 있으니 주의해서 사용해야 합니다.

▼ **표 6-6** AutoGPT의 한계

한계	설명
제어 불가능성	에이전트의 작업 흐름을 정확히 제어하기 어렵습니다
보안 문제	외부 웹에 접근하기 때문에 데이터 보안 문제가 발생할 수 있습니다

지금까지 AI 에이전트 프레임워크에 대해 알아봤습니다. 다양한 프레임워크를 알아봤지만 개념은 비슷하죠? 그런데 프레임워크를 소개하면서 많이 등장했던 단어가 무엇이었을까요? 바로 멀티에이전트였습니다. 이러한 프레임워크는 모두 멀티에이전트 구현에 특화되어 있다고 이해하면 됩니다.

프레임워크를 이용한 멀티에이전트 구현 방법에 대해서는 3부에서 자세히 알아보겠습니다.

3부

AI 에이전트 활용하기

CHAPTER

7

AI 에이전트를 사용하기 위한 준비

AI 에이전트를 구현하기 전에 필요한 환경을 준비해보겠습니다. 필요한 환경은 두 가지입니다. 코랩 주피터 노트북 환경을 준비하고, API 키를 발급받아야 합니다.

7.1 SECTION 코랩 환경 구성

7.1.1 코랩 접속하기

코랩(Colab)은 Google Colaboratory의 줄임말로, 브라우저에서 파이썬 코드를 작성하고 실행할 수 있는 무료 클라우드 서비스입니다. 다음 과정을 따라 해주세요.

1. 다음 URL에 접속합니다.
   - https://colab.research.google.com/?hl=ko

▼ 그림 7-1 URL 접속 화면

2. 오른쪽 상단에 있는 **로그인** 버튼을 클릭한 뒤 사용하고자 하는 계정으로 로그인합니다.

▼ **그림 7-2** 로그인 버튼 클릭

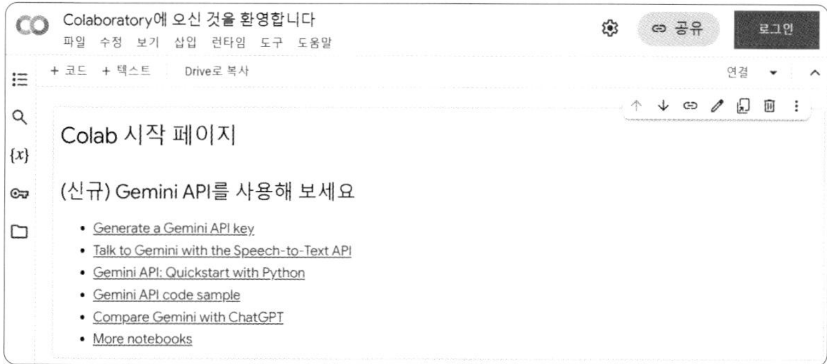

3. 메뉴에서 **파일 > Drive의 새 노트북**을 클릭합니다.

▼ **그림 7-3** 'Drive의 새 노트북' 클릭

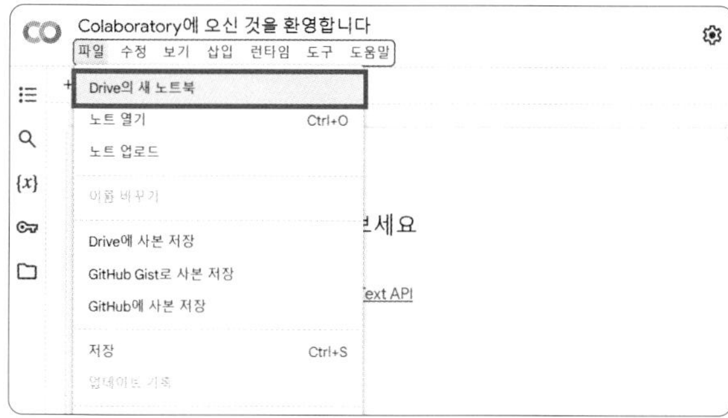

4. 주피터 노트북 환경이 나타납니다.

▼ **그림 7-4** 주피터 노트북 환경

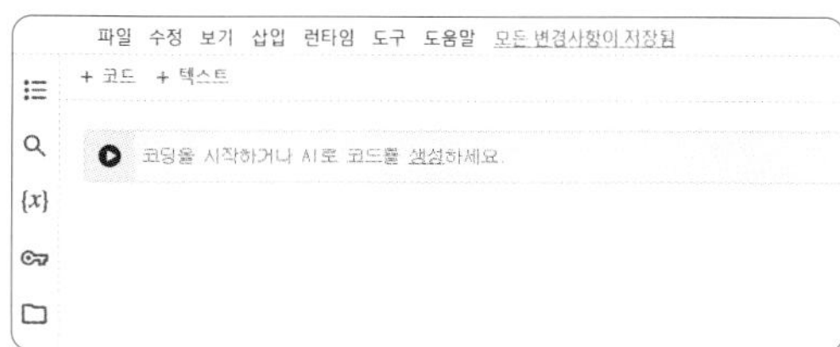

7.1.2 코랩 사용하기

접속한 코랩을 사용하는 방법에 대해서 간단히 알아보겠습니다.

1. 주피터 노트북 환경의 코드 입력 부분(❶)에 임의의 코드를 입력한 후 **셀 실행 버튼**(❷)을 클릭합니다.

▼ **그림 7-5** 코드 입력 및 셀 실행

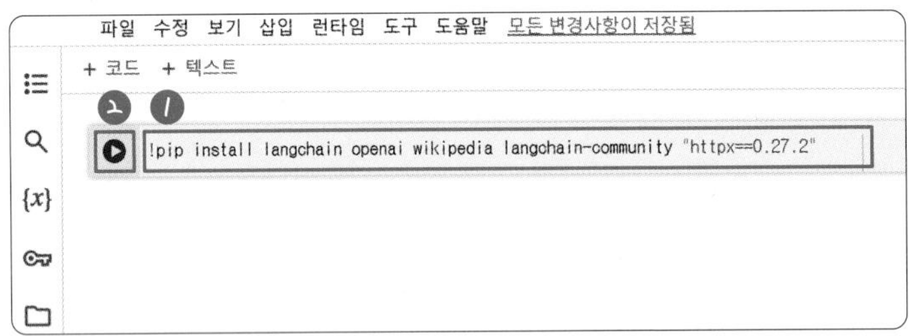

2. 또 다른 코드 셀을 만들려면 **+코드**를 클릭합니다.

▼ **그림 7-6** '+코드' 클릭

파일 수정 보기 삽입 런타임 도구 도움말 모든 변경사항이 저장됨

+ 코드 + 텍스트

3. 그러면 앞에서 실행했던 셀 바로 밑에 새로운 셀이 보입니다. 여기에 신규 코드를 입력하면 됩니다. 이러한 과정이 번거롭다면 셀을 실행할 때 **셀 실행 버튼**을 클릭하는 대신 키보드에서 Shift + Enter를 입력하면 자동으로 새로운 셀이 보입니다.

▼ **그림 7-7** Shift + Enter 입력

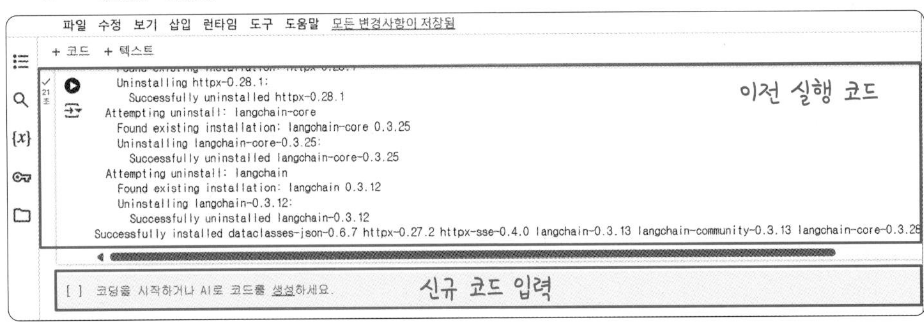

이어서 구글 드라이브에 접속하는 방법도 확인해보겠습니다.

7.1.3 구글 드라이브 접속하기

1. 다음 URL에 접속한 후 앞에서 사용했던 계정으로 로그인합니다.

   - https://drive.google.com/

2. 왼쪽 메뉴에서 **내 드라이브**를 클릭합니다.

▼ **그림 7-8** '내 드라이브' 클릭

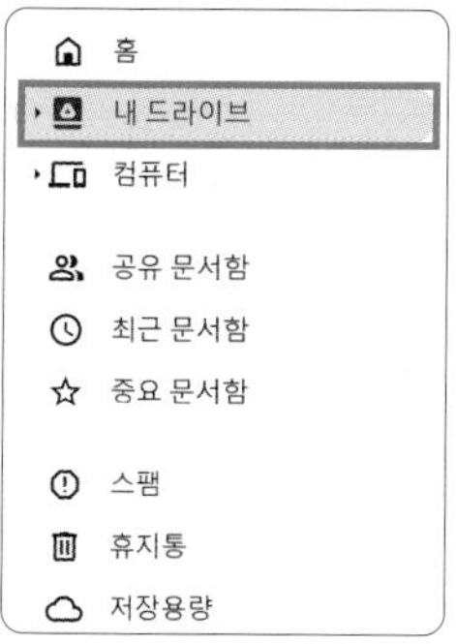

3. 오른쪽 화면에서 마우스 오른쪽 버튼을 클릭하여 **새 폴더**를 선택합니다.

▼ **그림 7-9** '새 폴더' 클릭

4. 'store'라는 이름을 입력한 후 **만들기** 버튼을 클릭합니다.

▼ **그림 7-10** store 폴더 생성

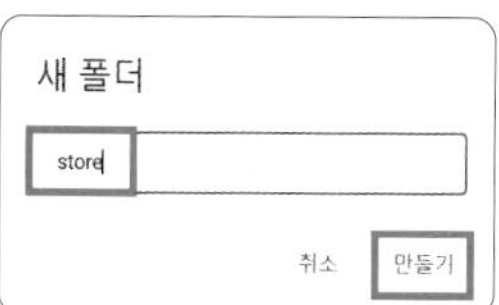

5. store 폴더가 생성되면 해당 폴더를 더블클릭한 후 소스 코드와 함께 내려받은 PDF 파일(차세대 한국형 스마트팜 개발.pdf)을 드래그&드롭으로 옮겨 업로드해놓습니다. 이 파일은 추후 **8.4.2 라마인덱스로 에이전트 구현하기** 실습에서 사용합니다.

▼ **그림 7-11** PDF 파일 업로드

구글 드라이브에 실습을 위한 코랩 접속 환경을 설정했습니다. 이어서 LLM을 포함한 API 키를 생성해보겠습니다.

7.2 SECTION API 키 발급

이 책에서는 OpenAI LLM을 이용합니다. OpenAI 사용을 위한 API 키를 획득해봅시다.

7.2.1 OpenAI API 키 생성

먼저 OpenAI 키를 받겠습니다. 다음 단계를 잘 따라와주세요.

1. OpenAI 웹사이트에 접속합니다.

    - https://platform.openai.com/

2. 접속한 웹사이트의 오른쪽 상단을 보면 **Log in**, **Sign up** 버튼이 있습니다. 계정이 있다면 **Log in**을, 계정이 없다면 **Sign up**을 클릭하여 회원가입부터 진행합니다.

▼ **그림 7-12** 'Sign up' 클릭

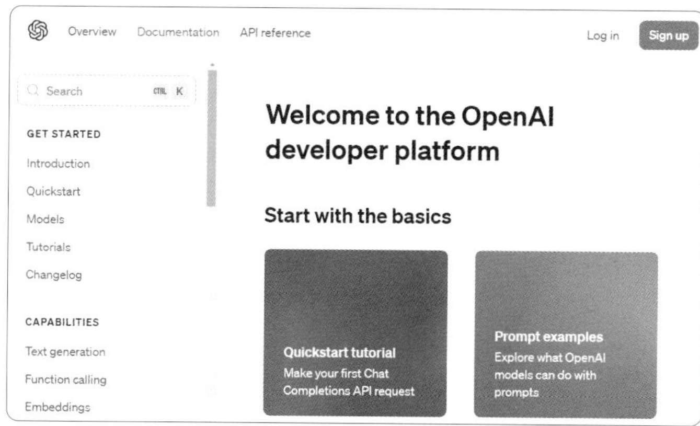

3. 이미 계정이 있거나, 회원가입이 완료되었으면 **Log in** 버튼을 클릭합니다. 다음과 같이 계정을 입력할 수 있는 화면이 나타나면, 계정을 입력하고 **Continue** 버튼을 클릭합니다.

▼ **그림 7-13** 계정 입력 화면

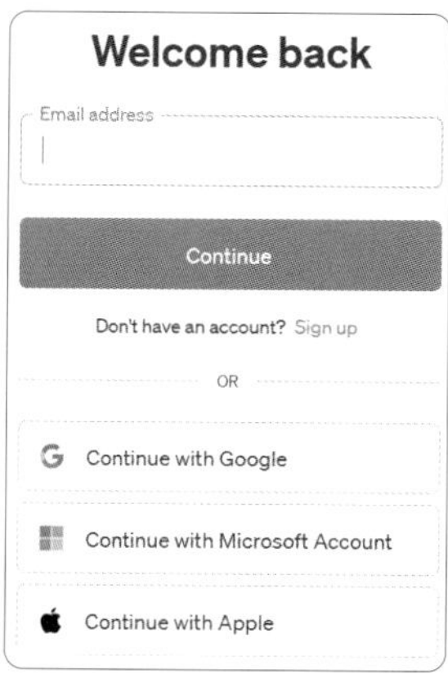

4. 로그인이 되었다면 첫 페이지 오른쪽 상단 화면에 **Dashboard**를 클릭합니다.

▼ **그림 7-14** Dashboard 클릭

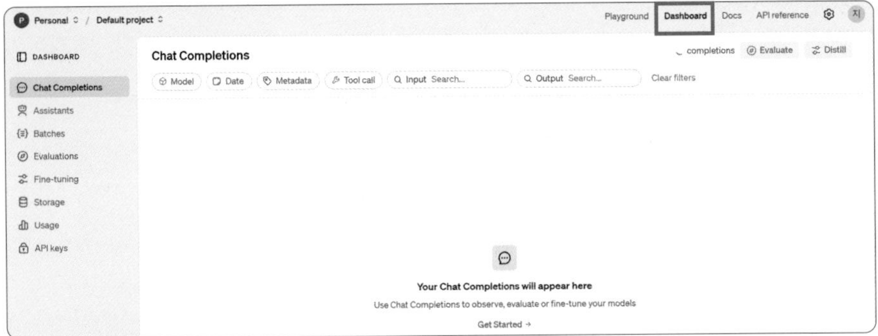

5. 그러면 왼쪽 메뉴가 변경될 텐데, 여기서 **API keys**를 클릭합니다.

▼ **그림 7-15** API keys 클릭

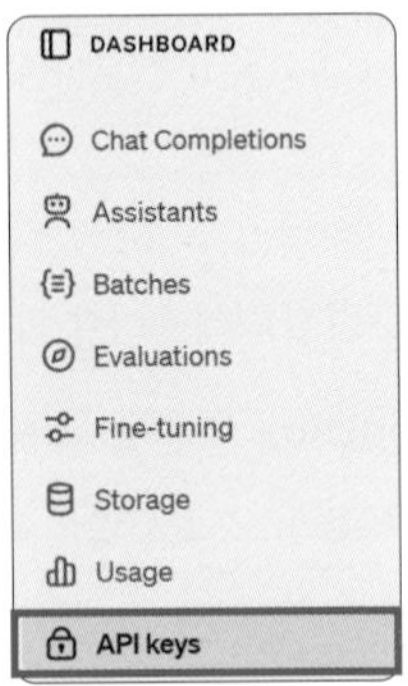

6. API 키를 생성할 수 있는 화면이 나옵니다. **Create new secret key**를 클릭합니다.

▼ **그림 7-16** 'Create new secret key' 클릭

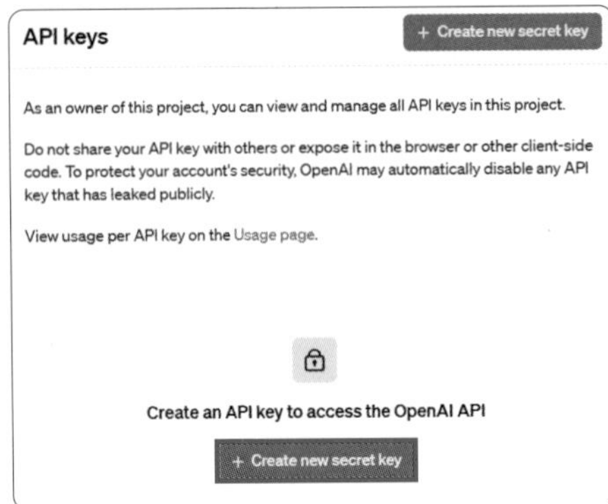

노트

이미 생성해 놓은 키가 있다면?

발급받은 키가 있는 경우 다음과 같이 키 목록이 나타납니다. 추가로 생성할 필요 없이 기존의 키를 사용해도 됩니다.

▼ **그림 7-17** 기존의 키 목록

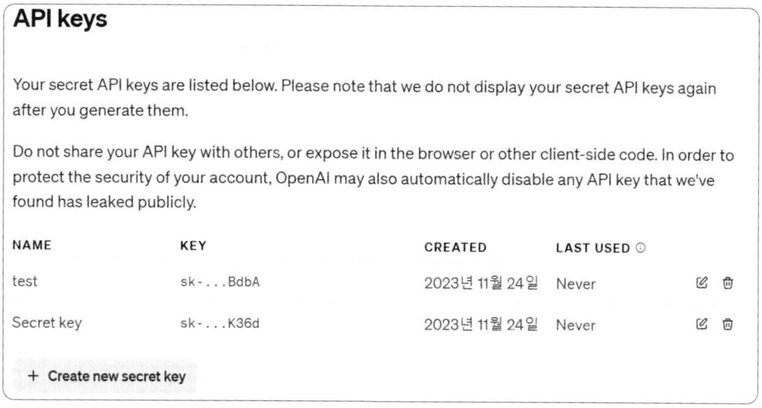

API keys

Your secret API keys are listed below. Please note that we do not display your secret API keys again after you generate them.

Do not share your API key with others, or expose it in the browser or other client-side code. In order to protect the security of your account, OpenAI may also automatically disable any API key that we've found has leaked publicly.

NAME	KEY	CREATED	LAST USED
test	sk-...BdbA	2023년 11월 24일	Never
Secret key	sk-...K36d	2023년 11월 24일	Never

+ Create new secret key

노트

만약 'Create new secret key'가 비활성화되어 있다면?

다음 화면의 **Start verification** 버튼을 클릭하여 전화 인증을 해야 합니다.

▼ **그림 7-18** 'Start verification' 버튼 클릭

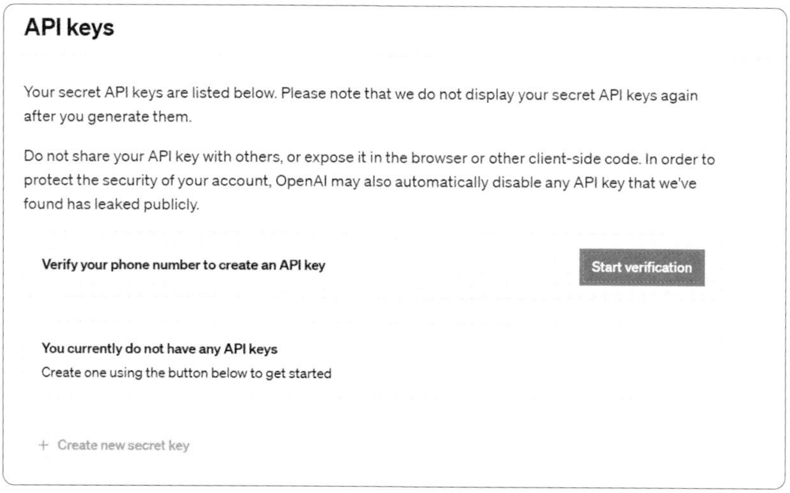

API keys

Your secret API keys are listed below. Please note that we do not display your secret API keys again after you generate them.

Do not share your API key with others, or expose it in the browser or other client-side code. In order to protect the security of your account, OpenAI may also automatically disable any API key that we've found has leaked publicly.

Verify your phone number to create an API key　　Start verification

You currently do not have any API keys
Create one using the button below to get started

+ Create new secret key

사용 중인 전화번호를 입력합니다.

▼ **그림 7-19** 전화번호 입력

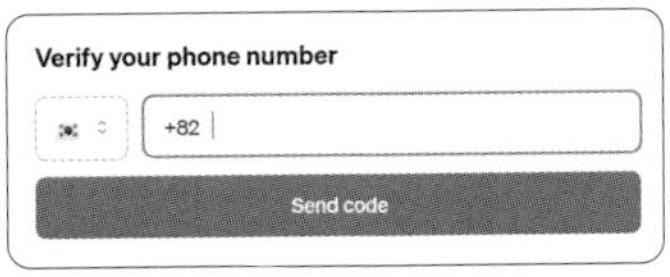

Verify your phone number
+82
Send code

핸드폰으로 인증 코드를 받아서 인증을 완료합니다. 이후 다음과 같은 문구가 나타납니다. 해당 전화번호가 이미 등록되어 있다는 메시지입니다. **Continue** 버튼을 클릭합니다. 그러면 **Create new secret key** 버튼이 활성화됩니다.

▼ **그림 7-20** 'Continue' 버튼 클릭

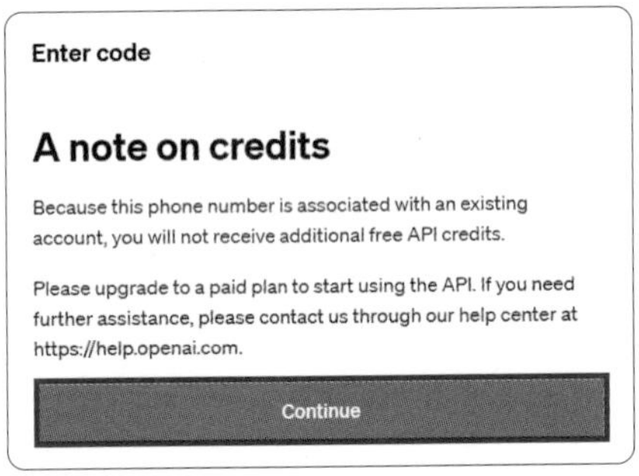

Enter code
A note on credits
Because this phone number is associated with an existing account, you will not receive additional free API credits.
Please upgrade to a paid plan to start using the API. If you need further assistance, please contact us through our help center at https://help.openai.com.
Continue

7. 원하는 이름으로 키 이름을 입력한 후에 **Create secret key** 버튼을 클릭합니다.

▼ **그림 7-21** 키 이름 입력

Create new secret key
Owned by
You
Service account
This API key is tied to your user and can make requests against the selected project. If you are removed from the organization or project, this key will be disabled.
Name Optional
Secret Key
Project
Default project
Permissions
All
Restricted
Read only
Cancel
Create secret key

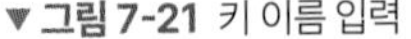

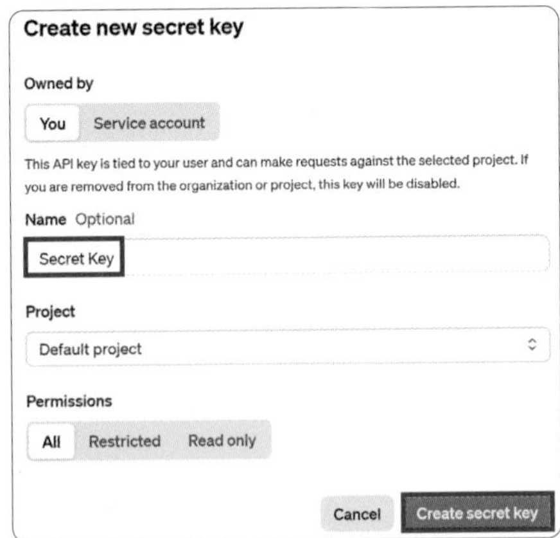

8. 다음과 같이 'sk-'로 시작하는 새로운 키가 생성됩니다. 생성된 키를 복사해서 다른 곳(예 메모장)에 저장한 후 **Done** 버튼을 클릭합니다.

▼ **그림 7-22** OpenAI API 키 생성

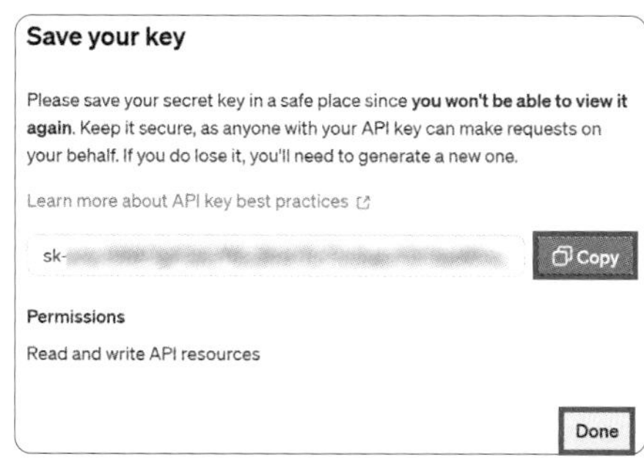

9. OpenAI API 키를 발급받았습니다. 생성된 키는 코랩에서 사용합니다. 코드의 'sk...' 부분에 입력하면 됩니다. API 키가 없다면 코드가 동작하지 않으니 코드를 잘 보고 해당 부분에 꼭 넣어주세요.

코드

```
import os
os.environ["OPENAI_API_KEY"] = "sk..." # openai 키 입력
```

7.2.2 Tavily API 키 생성

다음으로 검색 엔진으로 사용하는 Tavily API 키를 받겠습니다.

1. 다음 URL에 접속합니다.

    - https://app.tavily.com/home

2. **Sign Up**을 클릭합니다.

▼ **그림 7-23** 'Sign up' 클릭

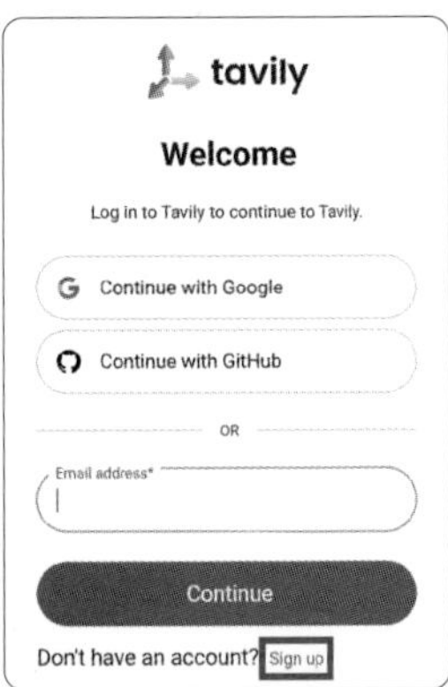

3. **Continue with Google**을 클릭합니다. 만약 구글 계정이 없다면 생성한 뒤 진행해주세요.

▼ **그림 7-24** 'Continue with Google' 클릭

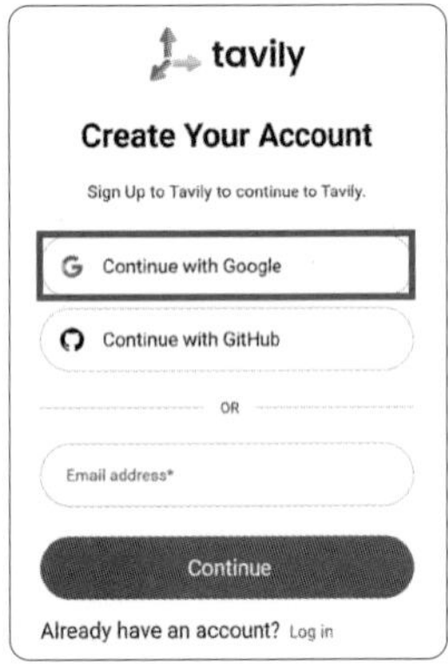

4. 사용 중인 구글 계정(이메일)을 입력한 후 **다음**을 클릭합니다.

▼ **그림 7-25** 구글 계정(이메일) 입력

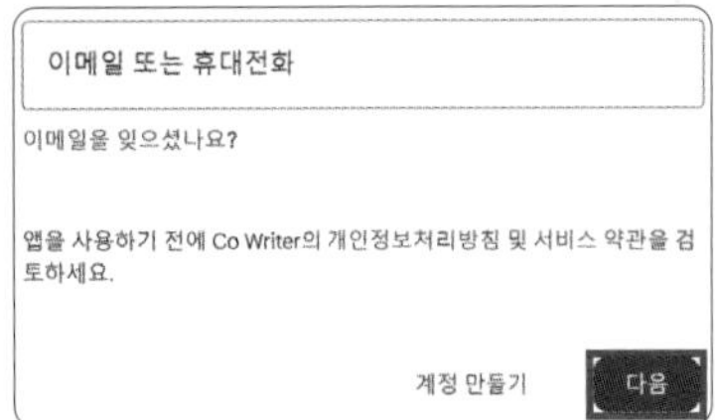

5. 비밀번호를 입력한 후 **다음**을 클릭합니다.

▼ **그림 7-26** 비밀번호 입력

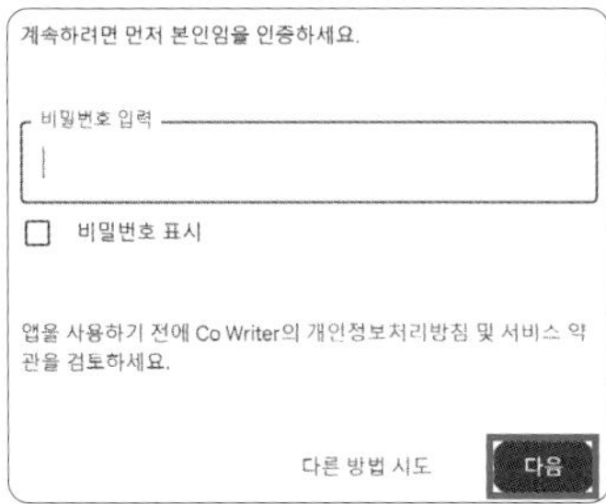

6. 진행 중에 auth0.com 서비스와 내 정보가 공유된다는 다음 단계가 나타난다면 **계속**을 클릭합니다. **취소**를 클릭하면 더 이상 진행되지 않습니다.

▼ **그림 7-27** 서비스 공유

계속하면 Google에서 내 이름, 이메일 주소, 언어 환경설정, 프로필 사진을 auth0.com 서비스와 공유합니다. auth0.com의 개인정보처리방침 및 서비스 약관을 참고하세요.

Google 계정에서 Google 계정으로 로그인을 관리할 수 있습니다.

취소 계속

7. 다음과 같이 API 키가 생성됩니다. 키 부분을 클릭하여 할당된 키를 복사합니다. 복사한 키는 메모장에 붙여 넣어 보관합니다.

▼ **그림 7-28** API 키 획득

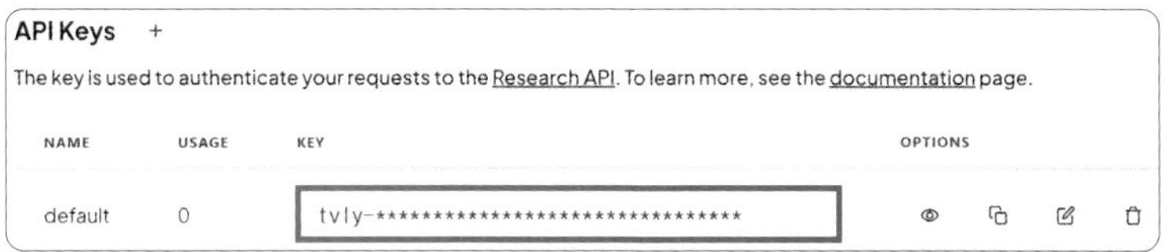

7.2.3 랭스미스 API 키 생성

랭스미스(LangSmith)는 애플리케이션의 개발, 모니터링, 평가를 지원하는 통합 플랫폼입니다. 랭스미스 역시 API 키가 필요하므로 다음 과정을 진행해주세요.

1. 다음 URL에 접속합니다.

   • https://www.langchain.com/langsmith

2. 오른쪽 상단의 **Sign up**을 클릭합니다.

▼ **그림 7-29** 'Sign up' 클릭

3. **Continue with Google**을 클릭합니다.

▼ **그림 7-30** 'Continue with Google' 클릭

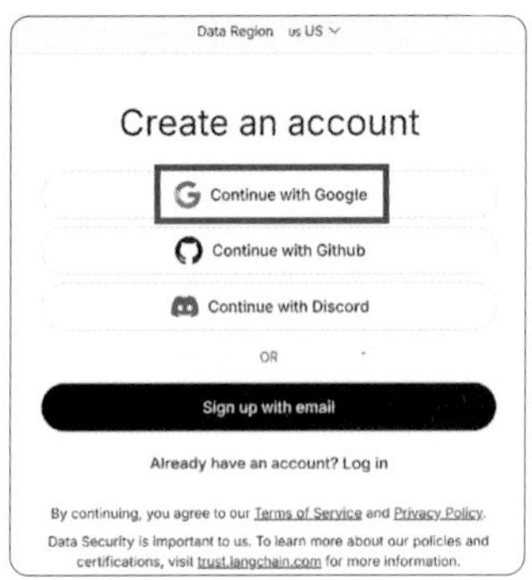

4. 구글 계정(이메일)을 입력한 후 **다음**을 클릭합니다.

▼ **그림 7-31** 구글 계정(이메일) 입력

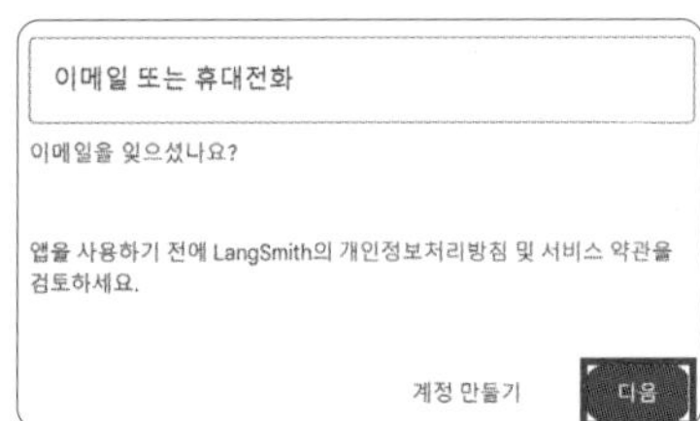

5. 비밀번호를 입력한 후 **다음**을 클릭합니다.

▼ 그림 7-32 비밀번호 입력

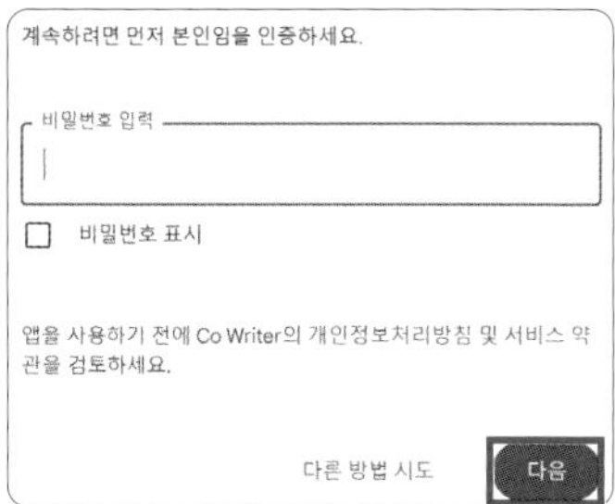

6. langchain.com 서비스와 내 정보가 공유된다는 내용이 나타나면 **계속**을 클릭합니다.

▼ 그림 7-33 서비스 공유

7. **Get Started**를 클릭합니다.

▼ 그림 7-34 'Get Started' 클릭

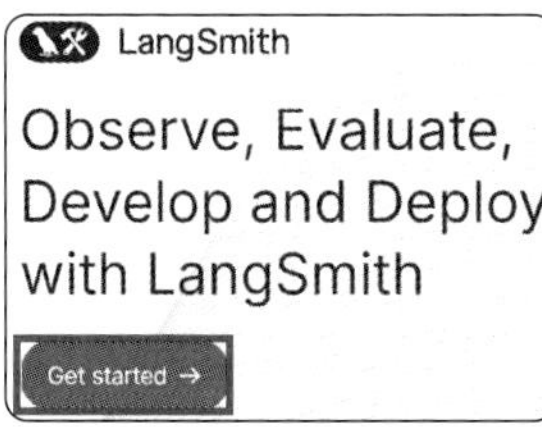

8. 다음과 같은 화면이 보입니다. 1번의 **Generate API Key**를 클릭합니다.

▼ **그림 7-35** Get Started 이동 페이지

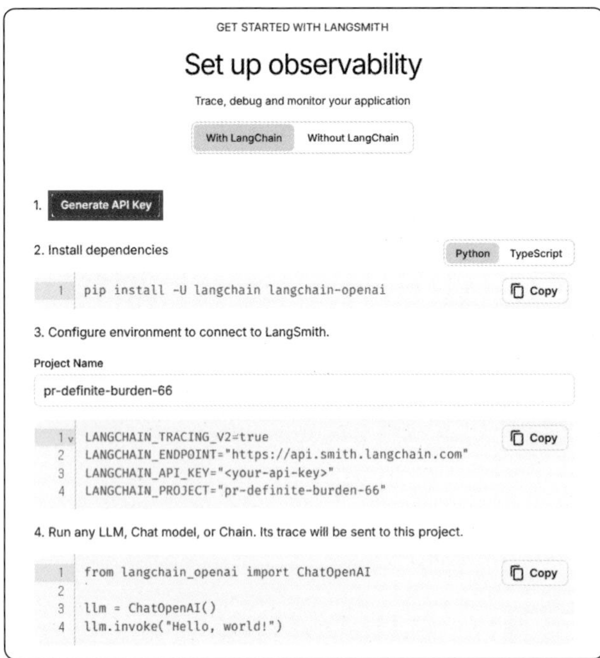

9. 다음과 같이 키가 생성됩니다. 키를 메모장에 저장합니다.

▼ **그림 7-36** API 키 생성

10. 마찬가지로 그림 7-35의 2, 3, 4번의 코드도 메모장에 저장해둡니다. 이 코드도 코랩에서 사용할 예정입니다.

2. Install dependencies.

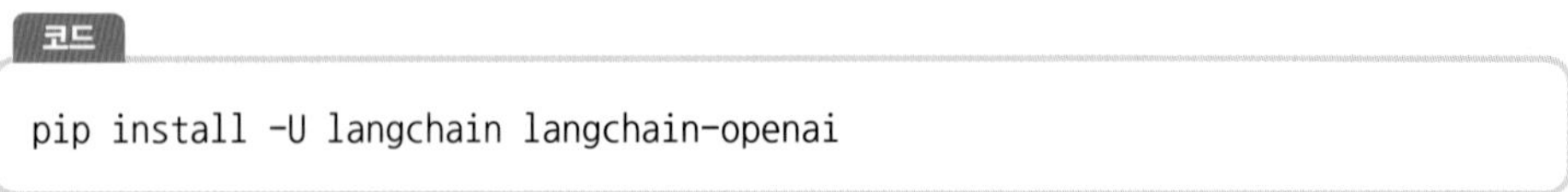
코드

```
pip install -U langchain langchain-openai
```

3. Configure environment to connect to LangSmith.

코드

```
LANGCHAIN_TRACING_V2=true
LANGCHAIN_ENDPOINT="https://api.smith.langchain.com"
LANGCHAIN_API_KEY="<your-api-key>"
LANGCHAIN_PROJECT="pr-definite-burden-66"
```

4. Run any LLM, Chat model, or Chain. Its trace will be sent to this project.

코드

```
from langchain_openai import ChatOpenAI

llm = ChatOpenAI()
llm.invoke("Hello, world!")
```

7.2.4 Serper API 키 생성

Serper는 고성능 Google Search API입니다. Serper를 사용하면 애플리케이션은 실시간으로 정확한 검색 결과를 받아 다양한 용도로 활용할 수 있습니다.

1. 다음 URL에 접속합니다.
    - https://serper.dev/
2. 오른쪽 상단의 **Sign up**을 클릭합니다.

▼ **그림 7-37** 'Sign up' 클릭

3. 이름, 성, 이메일 주소, 비밀번호를 차례로 입력한 후 **Create account**를 클릭합니다.

▼ **그림 7-38** 'Create account' 클릭

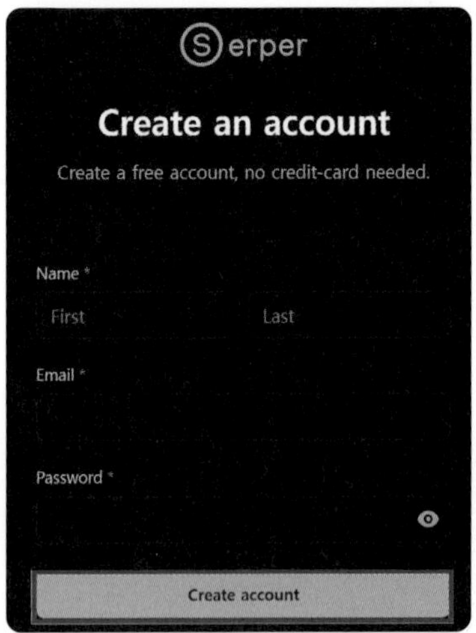

4. 다음과 같이 이메일을 확인하라는 메시지가 나옵니다.

▼ **그림 7-39** 이메일 확인 메시지

5. 앞에서 입력한 이메일로 확인하면 다음과 같은 인증 이메일이 있습니다. 제시된 링크를 클릭합니다.

▼ **그림 7-40** 이메일 확인

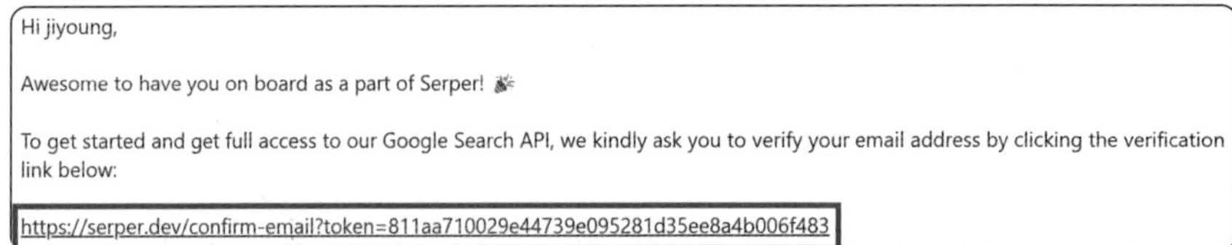

6. 다음 메뉴가 있는 웹사이트로 이동합니다. 여기서 **API key**를 클릭한 뒤, **Copy**를 클릭해 API 키를 메모장에 저장합니다.

▼ **그림 7-41** 'API key' 클릭

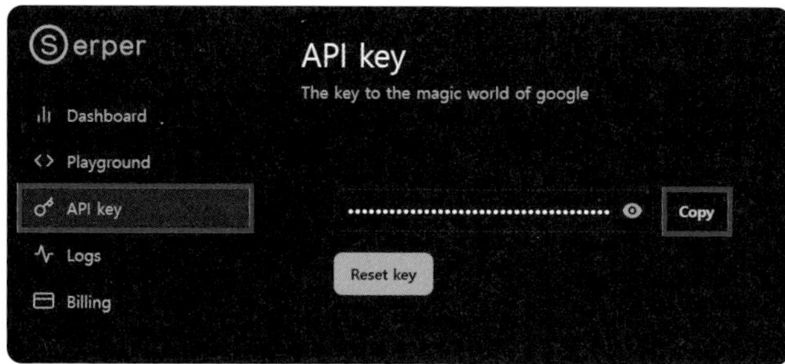

이것으로 에이전트 구현 실습을 위한 준비가 끝났습니다. 바로 이어서 에이전트 도구별로 구현 방법을 알아보겠습니다.

CHAPTER

8

AI 에이전트 구현하기

2부에서 AI 에이전트를 쉽게 구현할 수 있는 다양한 프레임워크를 살펴보았고, 그에 대한 개념도 설명했습니다. 이 장에서는 각 프레임워크에 대한 추가 설명 및 AI 에이전트 구현 방법에 대해 알아보겠습니다. 그럼 바로 랭체인에서 AI 에이전트 구현하는 방법부터 확인합니다.

SECTION 8.1 랭체인 에이전트

에이전트를 구현할 수 있는 프레임워크는 다양합니다. 랭체인을 이용해서도 에이전트를 구현할 수 있습니다. 랭체인에서 에이전트가 어떻게 동작하는지 이해한 후 코랩에서 직접 구현해봅시다.

8.1.1 랭체인 AI 에이전트 동작 방식

동작 방식을 설명하기 전에, 랭체인으로 AI 에이전트를 구현했을 때 어떻게 출력되는지 살펴볼까요? 다음은 'What is AI Agent?'라는 질문에 대한 AI 에이전트와 LLM의 답변입니다.

응답

```
Entering new AgentExecutor chain...
"AI Agent" typically refers to an autonomous entity in artificial
intelligence that is capable of observing its environment, making
decisions, and performing actions to achieve specific goals. To provide a
more comprehensive definition, I will look up additional information.

Action: wikipedia
Action Input: AI Agent
Observation: Page: Intelligent agent
Summary: In intelligence and artificial intelligence, an intelligent agent
(IA) is an agent that perceives its environment, takes actions autonomously
```

```
in order to achieve goals, and may improve its performance with learning or
acquiring knowledge.
An intelligent agent may be simple or complex: A thermostat or other
control system is considered an example of an intelligent agent, as is a
human being, as is any system that meets the definition, such as a firm, a
state, or a biome.
--중간 생략--

Page: Artificial intelligence
Summary: Artificial intelligence (AI), in its broadest sense, is
intelligence exhibited by machines, particularly computer systems. It is
a field of research in computer science that develops and studies methods
and software that enable machines to perceive their environment and use
learning and intelligence to take actions that maximize their chances of
achieving defined goals. Such machines may be called AIs.
--중간 생략--
Artificial intelligence was founded as an academic discipline in 1956, and
the field went through multiple cycles of opti
Thought: An AI agent, or intelligent agent, is an autonomous entity in
artificial intelligence that perceives its environment and takes actions to
achieve specific goals. It can range from simple systems like thermostats
to complex systems like humans or autonomous programs. AI agents are
designed to maximize an objective function, which defines their goals. They
can improve their performance by learning or acquiring knowledge, and they
operate independently of human intervention. AI agents are integral to
various AI applications, including search engines, recommendation systems,
autonomous vehicles, and more. They are closely related to software agents
and are studied across multiple disciplines, including computer science,
economics, and cognitive science.

Final Answer: An AI agent is an autonomous system in AI that perceives its
environment, makes decisions, and takes actions to achieve specific goals,
improving its performance through learning.

> Finished chain.
An AI agent is an autonomous system in AI that perceives its environment,
makes decisions, and takes actions to achieve specific goals, improving its
performance through learning.
```

일반적으로 우리가 보아왔던 출력 형태와는 많이 다르죠? 붉은색 용어들이 눈에 띄는데, 이 용어들을 기준으로 에이전트가 어떻게 동작하는지 알아봅시다.

Action은 사용할 도구를 결정하고, Action Input은 도구의 입력을 결정합니다. 예를 들어 앞에서 Action에는 wikipedia, Action Input에는 AI Agent가 표시되어 있죠? 이것은 위키백과에서 'AI Agent'를 검색하겠다는 의미입니다. 이때 'AI Agent'는 사용자의 입력에 대한 주요 키워드를 의미합니다. 실제로 질문은 'What is AI Agent?'였습니다. 그리고 위키백과에서 검색한 결과, 즉 Action의 결과가 Observation이 됩니다.

▼ **그림 8-1** 랭체인 에이전트 동작 방식

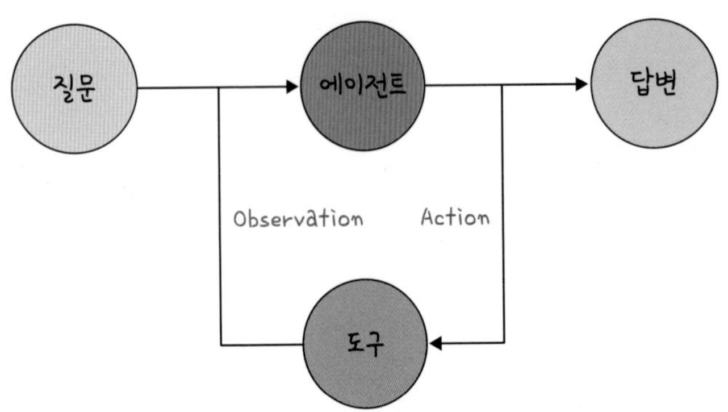

마지막으로 Thought가 있습니다. Thought 단계에서 에이전트는 LLM을 사용하여 질문에 대한 답을 얻기 위해 어떤 조치를 취해야 할지 고민합니다.

다음 그림 8-2를 기준으로 설명하자면, Observation을 바탕으로 다음 단계를 결정합니다. 예를 들어, Observation에 담겨 있는 답변이 사용자에게 전달하기에 충분하지 않다면 다시 Action으로 이동하여 앞에서 진행했던 과정을 반복하고 답변으로 충분하다면 최종 답변(Final Answer)을 출력합니다.

그리고 에이전트 처리 과정을 관리해주는 것이 AgentExecutor입니다. 즉, AgentExecutor은 에이전트를 호출하고, 작업을 실행하고, 출력을 에이전트로 전달하는 반복적인 작업을 수행하는 역할을 합니다.

▼ 그림 8-2 랭체인 에이전트 동작 방식

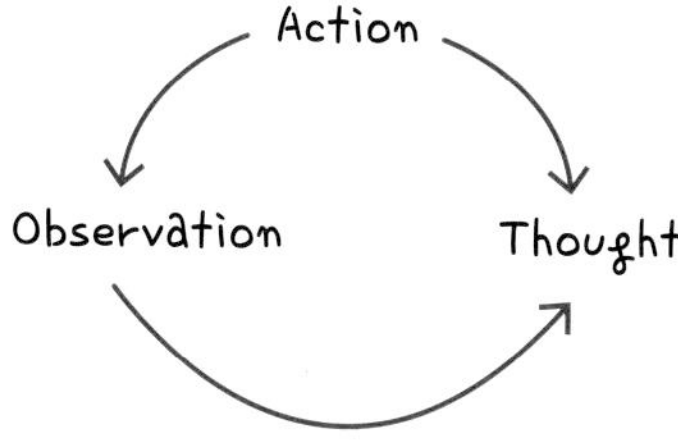

랭체인으로 AI 에이전트를 구현할 때 사용할 수 있는 유형으로는 다음과 같은 것들이 있습니다. 이 유형들은 8.1.2절에서 좀 더 자세히 알아볼 것입니다.

- **Zero-shot ReAct**: 사용자와 LLM 사이에 메모리가 없기 때문에 단일 상호 작용만 가능한 에이전트입니다.
- **Conversational ReAct**: Zero-shot 에이전트의 메모리 문제를 해결하기 위한 것으로, 사용자와 LLM 간의 대화 내용을 기억할 수 있는 에이전트입니다.
- **ReAct Docstore**: ReAct[1] 방법론과 함께, 랭체인 문서 저장소를 사용하여 정보 검색 및 조회를 위한 에이전트입니다.
- **Self-ask with search**: 검색 도구를 활용하여 답변을 생성하는 에이전트입니다.

또한 랭체인에서 자주 사용되는 도구로는 다음과 같은 것들이 있습니다. 이 책에서도 8, 9장에 걸쳐 에이전트를 구현하면서 필요에 따라 사용해볼 것입니다.

- **일반적인 검색 도구**: `google`, `bing`, `duckDuckGo`, `tavily`
- **특수 목적 검색 도구**: `wikipedia`, `youtube`, `weather`, `news`
- **수학 계산**: `math`

1 ReAct는 언어 모델이 논리적 추론(Reasoning)과 도구 활용(Action)을 결합하여 문제를 해결하도록 설계된 프레임워크입니다.

8.1.2 랭체인으로 에이전트 구현하기

랭체인으로 에이전트를 구현할 때는 앞에서 배웠던 네 가지 유형을 모두 다룹니다. 이제 실제로 에이전트를 구현해봅시다.

먼저 공통으로 사용되는 라이브러리를 설치합니다.

코드

```
!pip install langchain openai wikipedia langchain-community "httpx==0.27.2"
```

설치한 라이브러리는 다음과 같습니다.

- **langchain**: LLM을 활용한 애플리케이션 개발 프레임워크입니다.
- **openai**: OpenAI의 API를 사용하기 위한 파이썬 라이브러리입니다.
- **wikipedia**: 위키백과(Wikipedia)에서 직접 데이터를 검색하고 가져오는 라이브러리입니다.
- **langchain-community**: 랭체인 커뮤니티 플러그인으로, 랭체인 프레임워크에 도구나 에이전트를 추가하는 기능을 제공합니다. 예를 들어 Tavily, Docstore Explorer와 같은 외부 데이터 소스와 상호 작용하는 기능을 추가할 수 있습니다.
- **httpx==0.27.2**: 비동기 방식으로 HTTP 요청을 보내고 응답을 받을 수 있는 모듈입니다. 반드시 버전을 0.27.2로 지정해주세요. 그렇지 않으면 오류가 발생할 수 있습니다.

결과는 다음과 같습니다. 마지막에 'Successfully'로 시작하는 문장이 나오면 정상적으로 설치된 것입니다.

실행결과

```
Requirement already satisfied: langchain in /usr/local/lib/python3.11/dist-
packages (0.3.16)
Requirement already satisfied: openai in /usr/local/lib/python3.11/dist-
packages (1.59.9)
Collecting wikipedia
  Downloading wikipedia-1.4.0.tar.gz (27 kB)
  Preparing metadata (setup.py) ... done
```

```
Collecting langchain-community
  Downloading langchain_community-0.3.16-py3-none-any.whl.metadata (2.9 kB)
Collecting httpx==0.27.2
  Downloading httpx-0.27.2-py3-none-any.whl.metadata (7.1 kB)
--중간 생략--
Building wheels for collected packages: wikipedia
  Building wheel for wikipedia (setup.py) ... done
  Created wheel for wikipedia: filename=wikipedia-1.4.0-py3-none-any.whl
size=11679 sha256=5bb25d7cfc5eac68f568a48fbd314397c445ae1cb7ed97a2ba5638b23
1acf40a
  Stored in directory: /root/.cache/pip/wheels/8f/ab/cb/45ccc40522d3a1c41e1
d2ad53b8f33a62f394011ec38cd71c6
Successfully built wikipedia
Installing collected packages: python-dotenv, mypy-extensions, marshmallow,
httpx-sse, wikipedia, typing-inspect, httpx, pydantic-settings, dataclasses-
json, langchain-community
  Attempting uninstall: httpx
    Found existing installation: httpx 0.28.1
    Uninstalling httpx-0.28.1:
      Successfully uninstalled httpx-0.28.1
Successfully installed dataclasses-json-0.6.7 httpx-0.27.2 httpx-sse-0.4.0
langchain-community-0.3.16 marshmallow-3.26.0 mypy-extensions-1.0.0
pydantic-settings-2.7.1 python-dotenv-1.0.1 typing-inspect-0.9.0
wikipedia-1.4.0
```

이후 LLM으로 사용할 OpenAI API 키를 입력하고 gpt-4o-2024-11-20 모델을 사용하도록 객체를 생성합니다. gpt-4o-2024-11-20 모델은 2024년 11월 20일을 기준으로 gpt-4o 모델의 상태를 저장한 버전을 의미합니다.

코드

```
import os
from langchain.chat_models import ChatOpenAI

os.environ["OPENAI_API_KEY"] = "sk..." # sk로 시작하는 API 키를 입력

llm = ChatOpenAI(model="gpt-4o-2024-11-20")
```

그럼 이제 에이전트 유형별 구현 방법에 대해 알아봅시다.

(1) Zero-shot ReAct

먼저 알아볼 에이전트는 Zero-shot ReAct입니다. 이를 위해 어떤 도구(tool)를 사용할지 지정합니다. 교재에서는 검색 용도로 wikipedia를, 수학적 질문에 대한 용도로 llm-math를 선택했습니다.

코드

```
from langchain.agents import initialize_agent, load_tools, AgentType

tools = load_tools(["wikipedia", "llm-math"], llm=llm)
```

이제 에이전트를 사용해야 합니다. 에이전트 사용 방법으로는 두 가지가 있습니다. AgentExecutor 클래스를 이용하거나 initialize_agent 함수를 이용하는 방법입니다.

AgentExecutor 클래스는 에이전트의 Action을 실행하고 메모리를 관리하는 역할을 합니다. 따라서 에이전트가 사용할 도구와 메모리를 지정하여 세밀하게 제어해야 할 때 사용하면 좋습니다. 반면에 initialize_agent 함수는 랭체인에서 에이전트 생성을 간소화하기 위해 제공하는 함수입니다. 따라서 기본 설정으로 빠르게 에이전트를 생성해야 하는 경우에 사용하면 편리합니다.

여기서는 간단한 예시를 진행할 예정이므로 다음과 같이 initialize_agent 함수를 사용합니다. 또한 AgentType에는 ZERO_SHOT_REACT_DESCRIPTION을 지정합니다.

이후 'ReAct가 무엇인가요?'라고 질문을 해봅니다.

코드

```
agent = initialize_agent(
    tools,
    llm,
    agent=AgentType.ZERO_SHOT_REACT_DESCRIPTION,
    handle_parsing_errors=True,
    verbose=True
```

```
    ) # 대화형 에이전트를 초기화

# 에이전트에게 질문을 전달하고 답변을 생성하도록 실행
agent.invoke("소나무 옮겨심기 좋은 계절은?")
```

실행 결과는 다음과 같습니다. 앞에서 두 가지 도구를 지정했고, '소나무 옮겨심기 좋은 계절은?'라는 질문에 답변하기 위해서는 검색이 필요하므로, 에이전트는 위키백과를 사용한다는 것을 확인할 수 있습니다.

실행결과

```
<ipython-input-4-e57e329b280e>:1: LangChainDeprecationWarning: LangChain
agents will continue to be supported, but it is recommended for new use
cases to be built with LangGraph. LangGraph offers a more flexible and
full-featured framework for building agents, including support for tool-
calling, persistence of state, and human-in-the-loop workflows. For details,
refer to the `LangGraph documentation <https://langchain-ai.github.io/
langgraph/>`_ as well as guides for `Migrating from AgentExecutor <https://
python.langchain.com/docs/how_to/migrate_agent/>`_ and LangGraph's `Pre-
built ReAct agent <https://langchain-ai.github.io/langgraph/how-tos/create-
react-agent/>`_.
  agent = initialize_agent(tools, llm, agent=AgentType.ZERO_SHOT_REACT_
DESCRIPTION, handle_parsing_errors=True, verbose=True) # 대화형 에이전트를 초
기화



> Entering new AgentExecutor chain...
소나무 옮겨심기 좋은 계절을 알기 위해 일반적인 조경 및 나무 심기와 관련된 정보를 찾는
것이 필요하다.
Action: wikipedia
Action Input: 소나무 옮겨심기 좋은 계절

Observation: No good Wikipedia Search Result was found
Thought: 소나무와 같은 나무를 옮겨 심는 데 적합한 계절은 일반적으로 나무의 생장 속도
가 느려지고 물 수요가 줄어드는 시기인 가을이나 이른 봄이다. 이 시기에는 뿌리가 안정적
으로 자리를 잡을 수 있는 조건을 제공하기 쉽다. 그러나 더 구체적인 답변이 필요하면 조
경 전문가의 조언을 구하는 것이 좋다.
```

```
Final Answer: 소나무 옮겨심기에 적합한 계절은 일반적으로 가을이나 이른 봄이다.

> Finished chain.
{'input': '소나무 옮겨심기 좋은 계절은?', 'output': '소나무 옮겨심기에 적합한 계절은 일반적으로 가을이나 이른 봄이다.'}
```

(2) Conversational ReAct

이번에는 Conversational ReAct 유형을 적용해보겠습니다. 해당 에이전트를 사용하겠다는 의미로 agent='conversational-react-description'을 입력해주면 됩니다.

다음 예시에서는 수학 문제를 해결하기 위해 설계된 llm-math라는 도구를 사용하였기 때문에 에드 시런의 나이를 물어보겠습니다.

코드

```
from langchain.memory import ConversationBufferMemory

# 에이전트가 사용할 도구 지정, 수학 관련 문제를 해결하는 도구
tools = load_tools(["llm-math"], llm=llm)
memory = ConversationBufferMemory(memory_key="chat_history")

# 대화 기록을 저장할 키를 지정
conversational_agent = initialize_agent(
    agent='conversational-react-description',
    tools=tools,
    llm=llm,
    verbose=True, # 디버깅 목적으로 에이전트의 내부 동작을 출력
    max_iterations=3, # 에이전트가 도구를 사용하는 최대 반복 횟수
    memory=memory,)
conversational_agent.invoke("에드 시런은 누구이며 2025년 현재 나이는 몇 살이야?")
```

실행 결과는 다음과 같습니다. 다음의 Thought에는 'Do I need to use a tool? Yes'로 명시되어 있습니다. 에드 시런의 나이를 계산하기 위해 llm-math 도구를 사용한 것을 확인할 수 있습니다.

실행결과

```
<ipython-input-5-af403171cba8>:4: LangChainDeprecationWarning: Please
see the migration guide at: https://python.langchain.com/docs/versions/
migrating_memory/
  memory = ConversationBufferMemory(memory_key="chat_history")



> Entering new AgentExecutor chain...
Thought: Do I need to use a tool? Yes
Action: Calculator
Action Input: 2025 - 1991

Observation: Answer: 34
Thought:Do I need to use a tool? No
AI: 에드 시런(Ed Sheeran)은 영국의 가수, 작곡가, 그리고 음악 프로듀서입니다. 그는
"Shape of You", "Perfect", "Thinking Out Loud"와 같은 히트곡들로 잘 알려져 있으
며, 전 세계적으로 많은 사랑을 받고 있는 아티스트입니다. 에드 시런은 1991년 2월 17일
생으로, 2025년에는 만 34세입니다.

> Finished chain.
{'input': '에드 시런은 누구이며 2025년 현재 나이는 몇 살이야?',
 'chat_history': '',
 'output': '에드 시런(Ed Sheeran)은 영국의 가수, 작곡가, 그리고 음악 프로듀서입니
다. 그는 "Shape of You", "Perfect", "Thinking Out Loud"와 같은 히트곡들로 잘 알
려져 있으며, 전 세계적으로 많은 사랑을 받고 있는 아티스트입니다. 에드 시런은 1991년
2월 17일생으로, 2025년에는 만 34세입니다.'}
```

어떤가요? 웹에서 정보를 검색해서 나이를 계산해주고 있죠? 실제 계산이 정확한지는 네이버나 구글에서 정보를 검색하여 확인합니다.

(3) Self-ask with search

Self-ask with search 에이전트의 사용 방법을 알아보기 위해, 먼저 필요한 라이브러리를 불러옵니다. TavilyAnswer는 앞에서 설명했듯이 검색에 사용되는 라이브러리입니다.

코드

```
from langchain import hub
from langchain.agents import AgentExecutor, create_self_ask_with_search_
agent
from langchain_community.tools.tavily_search import TavilyAnswer
```

TavilyAnswer를 사용하기 위해 7.2.2절에서 보관해둔 API 키를 입력합니다.

코드

```
import os
os.environ["TAVILY_API_KEY"] = "tvly" # tvly로 시작하는 API 키를 입력
```

이 예제에서는 에이전트를 사용하기 위해 AgentExecutor 함수를 사용합니다. 'AI Agent를 세 문장으로 설명해줘'라고 질문을 해봅시다.

코드

```
# 도구 이름을 설정하여 나중에 에이전트가 이 도구를 참조할 때 사용
tools = [TavilyAnswer(max_results=5, name="Intermediate Answer")]

# 랭체인 프롬프트 허브에서 self-ask-with-search 프롬프트 가져오기
prompt = hub.pull("hwchase17/self-ask-with-search")

# Self ask with search 기능을 구현하는 에이전트를 생성
agent = create_self_ask_with_search_agent(llm, tools, prompt)

agent_executor = AgentExecutor(
    agent=agent,
    tools=tools,
    handle_parsing_errors=True
) # AgentExecutor를 이용하여 에이전트 사용

agent_executor.invoke({"input": "AI Agent를 세 문장으로 설명해줘"})
```

실행 결과는 다음과 같습니다. 앞에서 사용했던 initialize_agent 클래스와 사용 방법이 크게 다르지 않죠? 용도에 따라 사용하면 됩니다.

실행결과

```
/usr/local/lib/python3.10/dist-packages/langsmith/client.py:256:
LangSmithMissingAPIKeyWarning: API key must be provided when using hosted
LangSmith API
  warnings.warn(
{'input': 'AI Agent를 세 문장으로 설명해줘',
 'output': 'AI Agent는 인공지능 기술을 활용하여 특정 작업이나 문제를 해결하도록 설
계된 소프트웨어 프로그램입니다. 주어진 데이터를 분석하고 학습하여 의사 결정을 내리거나
행동을 수행할 수 있습니다. 다양한 분야에서 자동화와 효율성을 높이는 데 사용됩니다.'}
```

노트

실행 결과 중 LangSmithMissingAPIKeyWarning은 랭체인 내부에서 랭스미스(LangSmith) API 키가 필요하지만 제공되지 않아서 발생하는 경고 메시지입니다. 랭스미스는 랭체인에서 디버깅 및 모니터링 기능을 제공하는 도구입니다. 랭스미스에 대한 실습은 9장에서 자세히 다룹니다.

노트

LLM의 답변을 확인할 때 LLM이 매번 동일한 답변을 주는 것이 아니라는 점을 참고해주세요. 또한 랭체인에서 제공하는 프롬프트 허브를 사용하므로 답변이 한글이 아닌 영어로 나올 수도 있습니다.

(4) ReAct docstore

마지막으로 ReAct docstore의 사용 방법을 알아봅시다.

이번 예제는 에이전트를 사용해 위키백과에서 문서를 검색하거나 조회하는 방법에 대해 알아보겠습니다. 먼저 위키백과 문서 저장소를 탐색하고, 검색(Search) 및 조회(Lookup)가 가능한 도구를 설정합니다.

코드

```
# 문서 저장소로 위키백과 이용
from langchain.docstore.wikipedia import Wikipedia
from langchain.agents import Tool

# 문서가 저장된 데이터베이스(위키백과)를 탐색하는 도구
from langchain.agents.react.base import DocstoreExplorer
```

```
docstore=DocstoreExplorer(Wikipedia())
tools = [
    Tool(
        name="Search",
        func=docstore.search,  # 키워드 기반 검색(사용자가 정확히 무엇을 찾고자
하는지 모를 때 유용)
        description="docstore에서 용어를 검색하세요.",
    ),
    Tool(
       name="Lookup",
        func=docstore.lookup, # 고유하게 식별할 수 있는 키를 이용한 검색(특정 문
서나 항목을 정확하게 찾을 때 사용)
        description="docstore에서 용어 검색.",
    )
] # 에이전트가 사용할 수 있는 도구를 정의
```

랭체인 에이전트를 초기화합니다.

코드

```
react = initialize_agent(
    tools = tools,
    llm = llm,
    agent = AgentType.REACT_DOCSTORE, # 에이전트 유형 지정
    handle_parsing_errors=True, # 작업 중 발생하는 구문 오류 처리
    max_iterations=1, # 최대 몇 번까지 작업을 반복할지 지정
    max_execution_time=1, # 작업 수행 최대 시간을 초 단위로 설정
    verbose = True,
) # 랭체인 에이전트 초기화
```

에이전트를 사용하여 사용자 질문에 대한 답변을 검색하고 출력합니다.

코드

```
def query_data(query):
    try:
        response = react.invoke(query)  # 에이전트에게 질의 전달
        print("----------------------", response) # 결과 출력(디버깅용)
```

```
        return response # 검색 결과 반환
    except Exception as e:
        print(f"Error: {e}") # 오류 메시지를 출력
        raise # 오류 다시 발생(추가 디버깅 용도)

query = "밍크 선인장 키우는 방법은?"
response = query_data(query)
print(response['output']) # 에이전트의 최종 답변 출력
```

실행 결과는 다음과 같습니다.

실행결과

```
> Entering new AgentExecutor chain...
Could not parse LLM Output: 밍크 선인장은 선인장의 한 종류로, 키우는 방법은 다음
과 같습니다:
1. **햇빛**: 밍크 선인장은 햇빛을 좋아하므로 밝고 직사광선이 드는 곳에 두는 것이 좋
습니다. 하지만 너무 강한 직사광선은 피하고, 반그늘에서 키울 수도 있습니다.
2. **물 주기**: 밍크 선인장은 과습에 약하기 때문에 물을 자주 주지 않는 것이 중요합니
다. 흙이 완전히 마른 후에 물을 주며, 겨울철에는 물 주는 횟수를 줄입니다.
3. **흙**: 배수가 잘되는 선인장 전용 흙이나 모래가 섞인 흙을 사용하는 것이 좋습니다.
4. **온도**: 따뜻한 온도를 선호하며, 추위에 약합니다. 겨울철에는 10°C 이상의 온도
를 유지하는 것이 좋습니다.
5. **비료**: 성장기(봄, 여름)에는 한 달에 한 번 정도 선인장용 비료를 소량 주는 것이
좋습니다.
6. **화분**: 밑에 배수 구멍이 있는 화분을 사용하는 것이 중요하며, 화분의 크기는 식물
의 크기에 맞게 선택합니다.
7. **환기**: 공기가 잘 통하는 곳에서 키우는 것이 좋습니다. 습기가 오래 머무르는 환경
은 피해야 합니다.

위의 방법을 따라 꾸준히 관리하면 밍크 선인장을 건강하게 키울 수 있습니다!
For troubleshooting, visit: https://python.langchain.com/docs/
troubleshooting/errors/OUTPUT_PARSING_FAILURE
Observation: Invalid or incomplete response
Thought:
```

```
> Finished chain.
---------------------- {'input': '밍크 선인장 키우는 방법은?', 'output':
'Agent stopped due to iteration limit or time limit.'}
Agent stopped due to iteration limit or time limit.
```

마지막에 'Agent stopped due to iteration limit or time limit'라는 문구가 있는데, 이것이 나타나지 않게 하려면 max_iterations나 max_execution_time의 숫자를 늘려주세요. 현재는 1로 설정되어 있지만 숫자를 늘려주면 나타나지 않습니다. 예를 들어, max_iterations를 30이나 50으로 늘려줍니다. 하지만 에이전트 반복 횟수가 늘어나기 때문에 그만큼 토큰 사용에 대한 비용이 늘어나는 점도 고려해야 합니다.

지금까지 랭체인으로 에이전트를 구현하는 방법에 대해 간단히 알아봤습니다. 다른 프레임워크도 비슷하게 사용하면 될까요? 하나씩 알아봅시다.

8.2 SECTION AutoGPT

이번에 알아볼 프레임워크는 AutoGPT입니다. 다음은 AutoGPT라는 에이전트를 '코드 멘토'로 활용하는 예제입니다. 그럼 바로 구현 방법에 대해 알아보겠습니다.

코랩에서 다음 코드를 입력하고 실행합니다. 다음 코드는 현재 디렉터리 안에 Auto-GPT라는 새 디렉터리를 생성하여 GitHub URL에 있는 저장소(repository)를 복사하라는 의미입니다.

코드

```
!git clone https://github.com/Significant-Gravitas/Auto-GPT.git
```

결과는 다음과 같습니다.

실행결과

```
Cloning into 'Auto-GPT'...
remote: Enumerating objects: 72243, done.
remote: Counting objects: 100% (1719/1719), done.
remote: Compressing objects: 100% (772/772), done.
remote: Total 72243 (delta 1135), reused 1391 (delta 886), pack-reused
70524 (from 1)
Receiving objects: 100% (72243/72243), 182.00 MiB | 16.74 MiB/s, done.
Resolving deltas: 100% (44954/44954), done.
Updating files: 100% (2883/2883), done.
```

Auto-GPT 폴더로 이동합니다.

코드

```
%cd Auto-GPT
```

코랩의 왼쪽 메뉴에서 **파일**을 클릭합니다.

▼ **그림 8-3** '파일' 클릭

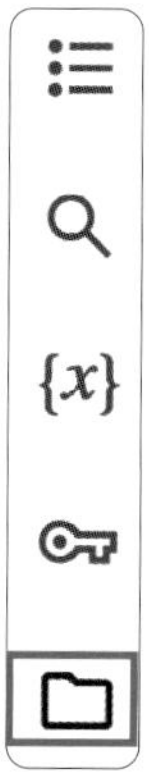

그러면 다음과 같이 'Auto-GPT' 폴더가 보입니다. 참고로 해당 폴더는 세션이 끝나면 자동으로 삭제됩니다.

▼ **그림 8-4** 생성된 'Auto-GPT' 폴더

이제 가장 최신의 AutoGPT 버전을 알아봅시다. 이 과정을 통해 가장 안정적인(버그가 수정된) 버전의 AutoGPT를 사용할 수 있습니다.

코드

```
!git tag -l
```

그러면 다음과 같이 다양한 버전을 보여줍니다.

실행결과

```
agbenchmark-v0.0.10
agpt-platform-beta-v0.1.0
agpt-platform-beta-v0.1.1
agpt-platform-beta-v0.2.0
autogpt-platform-beta-v0.2.1
autogpt-platform-beta-v0.2.2
autogpt-platform-beta-v0.3.0
autogpt-platform-beta-v0.3.1
autogpt-platform-beta-v0.3.2
autogpt-platform-beta-v0.3.3
autogpt-platform-beta-v0.3.4
autogpt-platform-beta-v0.4.0
autogpt-platform-beta-v0.4.1
autogpt-v0.5.0
autogpt-v0.5.1
v0.1.0
```

```
v0.1.1
v0.1.2
v0.1.3
v0.2.0
v0.2.1
v0.2.2
v0.3.0
v0.3.1
v0.4.0
v0.4.1
v0.4.2
v0.4.3
v0.4.3-alpha
v0.4.4
v0.4.5
v0.4.6
v0.4.7
```

앞에서 v0.4.7이 가장 최신의 버전임을 확인했습니다. 다음 명령어를 사용하여 v0.4.7로 변경합니다. 결과를 확인했을 때 더 최신 버전이 있다면 그 버전으로 지정해주세요.

코드

```
!git checkout tags/v0.4.7
```

다음과 같이 v0.4.7 버전으로 바뀐 것을 확인할 수 있습니다.

실행결과

```
Note: switching to 'tags/v0.4.7'.

You are in 'detached HEAD' state. You can look around, make experimental
changes and commit them, and you can discard any commits you make in this
state without impacting any branches by switching back to a branch.

If you want to create a new branch to retain commits you create, you may
do so (now or later) by using -c with the switch command. Example:
```

```
  git switch -c <new-branch-name>

Or undo this operation with:

  git switch -

Turn off this advice by setting config variable advice.detachedHead to
false

HEAD is now at bb3a06d54 Release v0.4.7 (#5094)
```

다시 왼쪽의 **파일** 메뉴로 이동하여 Auto-GPT 폴더를 확장합니다. .env.template 파일을 더블클릭합니다. 만약 .env.template 파일이 보이지 않는다면 상단에 '숨김 파일 표시' 상태로 되어 있는지 확인합니다.

▼ **그림 8-5** .env.template 파일 더블클릭

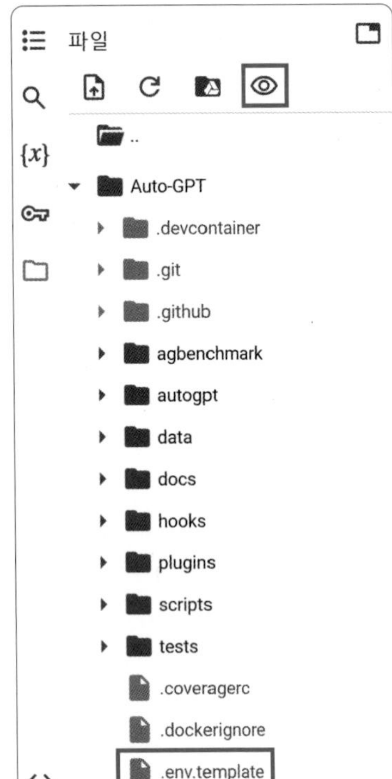

오른쪽에 .env.template 파일이 열리면 OPENAI_API_KEY=your-openai-api-key에서 your-openai-api-key 부분을 OpenAI API 키('sk...'로 시작하는 키)로 바꿔줍니다.

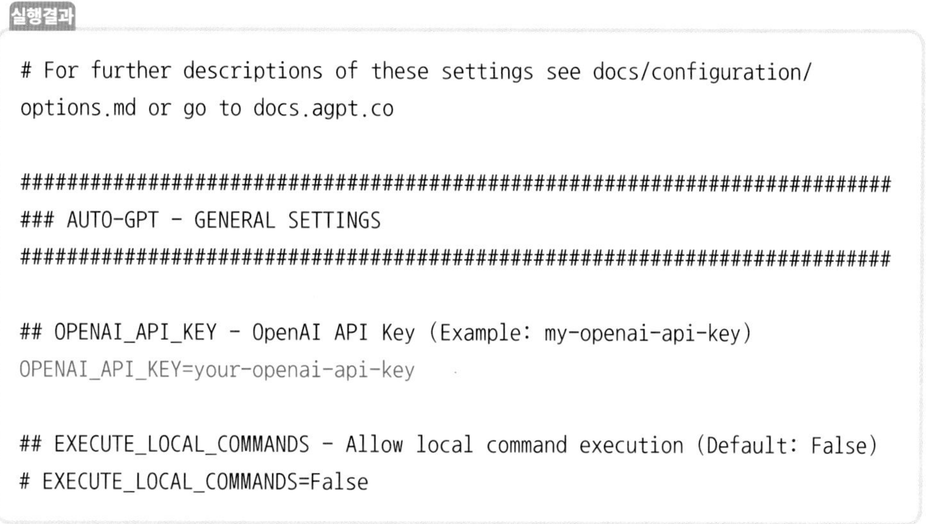
실행결과

```
# For further descriptions of these settings see docs/configuration/
options.md or go to docs.agpt.co

################################################################################
### AUTO-GPT - GENERAL SETTINGS
################################################################################

## OPENAI_API_KEY - OpenAI API Key (Example: my-openai-api-key)
OPENAI_API_KEY=your-openai-api-key

## EXECUTE_LOCAL_COMMANDS - Allow local command execution (Default: False)
# EXECUTE_LOCAL_COMMANDS=False
```

입력 창 상단의 ×를 클릭해 파일을 닫아줍니다.

▼ 그림 8-6 파일 닫기

이제 .env.template 파일의 이름을 .env로 변경할 겁니다. 왼쪽 파일 메뉴로 와서 아래 그림과 같이 ⋮을 클릭합니다.

▼ 그림 8-7 ⋮ 클릭

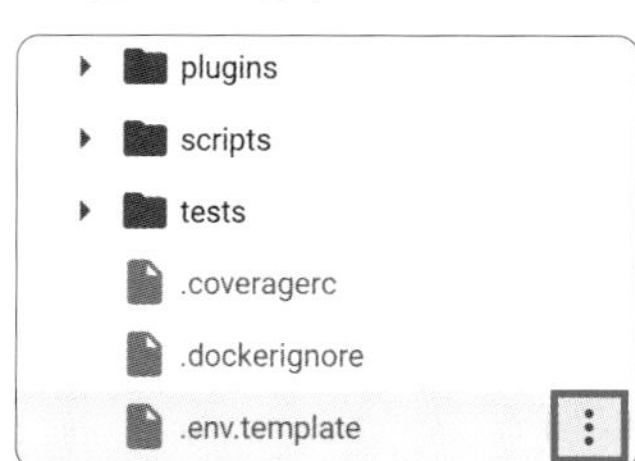

파일 이름 바꾸기를 클릭합니다.

▼ **그림 8-8** '파일 이름 바꾸기' 클릭

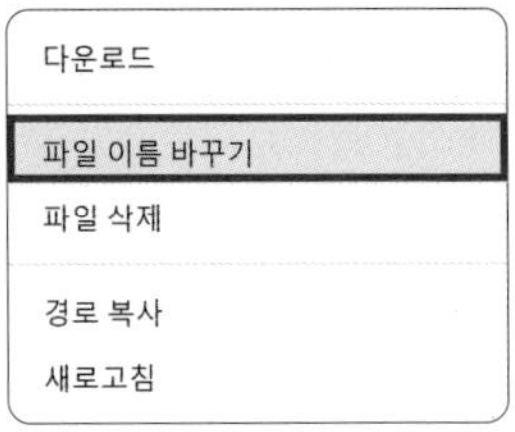

다운로드

파일 이름 바꾸기

파일 삭제

경로 복사

새로고침

다음과 같이 파일 이름을 .env.template에서 .env로 변경합니다.

▼ **그림 8-9** .env로 파일 이름 변경

이제 AutoGPT를 실행합니다. 실행은 다음 둘 중 하나를 실행합니다.

코드

```
!./run.sh

!python -m autogpt
```

이 책에서는 ! ./run.sh을 실행했습니다. 실행 중에 'I want Auto-GPT to:' 문구와 함께 커서가 깜빡인다면 **'너는 나에게 코드에 대해 알려주는 선생님이야.'**라고 입력하고 Enter를 누릅니다. 혹은 다른 용도의 에이전트를 생성하고 싶다면 그에 맞는 내용을 입력해주세요.

실행결과

```
/content/Auto-GPT/scripts/check_requirements.py:4: DeprecationWarning:
pkg_resources is deprecated as an API. See https://setuptools.pypa.io/en/
latest/pkg_resources.html
  import pkg_resources
Missing packages:
colorama==0.4.6, distro==1.8.0, openai==0.27.8, playsound==1.2.2, python-
dotenv==0.21, pyyaml==6.0, PyPDF2, python-docx, pylatexenc, readability-
lxml==0.8.1, tiktoken==0.3.3, gTTS==2.3.1, docker, duckduckgo-search==3.0.2,
pinecone-client==2.2.1, redis, orjson==3.8.10, ftfy>=6.1.1, selenium==4.1.4,
webdriver-manager, inflection, agbenchmark, agent-protocol>=0.1.1, fastapi,
uvicorn, coverage, flake8, pre-commit, black, isort, gitpython==3.1.31,
auto-gpt-plugin-template@ git+https://github.com/Significant-Gravitas/Auto-
GPT-Plugin-Template@0.1.0, mkdocs, mkdocs-material, mkdocs-table-reader-
plugin, pymdown-extensions, mypy, types-Markdown, types-beautifulsoup4,
types-colorama, types-Pillow, openapi-python-client==0.13.4, asynctest,
pytest-asyncio, pytest-benchmark, pytest-cov, pytest-integration, pytest-
mock, vcrpy@ git+https://github.com/Significant-Gravitas/vcrpy.git@master,
pytest-recording, pytest-xdist
Installing missing packages...
Collecting en-core-web-sm@ https://github.com/explosion/spacy-models/
releases/download/en_core_web_sm-3.5.0/en_core_web_sm-3.5.0-py3-none-any.
whl (from -r requirements.txt (line 30))
  Downloading https://github.com/explosion/spacy-models/releases/download/
en_core_web_sm-3.5.0/en_core_web_sm-3.5.0-py3-none-any.whl (12.8 MB)
--중간 생략--
To enable the following instructions: AVX2 FMA, in other operations,
rebuild TensorFlow with the appropriate compiler flags.
2024-11-30 05:46:27.102045: W tensorflow/compiler/tf2tensorrt/utils/py_
utils.cc:38] TF-TRT Warning: Could not find TensorRT
  plugins_config.yaml does not exist, creating base config.
NEWS:  Welcome to Auto-GPT!
NEWS:
```

```
NEWS:
Welcome to Auto-GPT!  run with '--help' for more information.
Create an AI-Assistant:  input '--manual' to enter manual mode.
  Asking user via keyboard...
6nI want Auto-GPT to:WARNING: your terminal doesn't support cursor position
requests (CPR).
I want Auto-GPT to:
```

참고로 입력하는 내용은 다음과 같이 보이므로 오타에 주의해주세요.

▼ 그림 8-10

```
I want Auto-GPT to:·····································
```

다음과 같이 자신의 이름(Name), 역할(Role), 목표(Goals)에 대해 알려줍니다. 그리고 마지막에 'Input:'과 함께 커서가 깜빡일텐데, 여기에 질문하고자 하는 내용을 입력합니다. 예를 들어 **'문자열에서 중복 문자를 제거하는 파이썬 코드를 작성해주세요.'**라고 요청하겠습니다. 오타에 주의하여 작성한 후 Enter를 누릅니다. 입력 내용을 확인하고 싶다면 그림의 붉은색 상자 부분을 클릭해주세요.

▼ **그림 8-11** 그림 입력 내용 확인

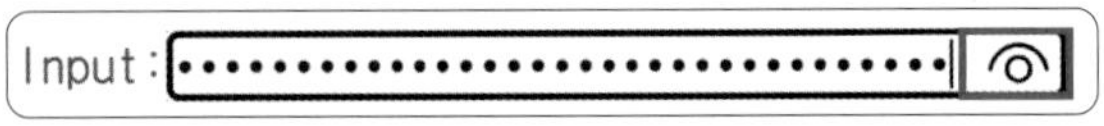

```
Input:·····································
```

실행결과

```
I want Auto-GPT to: 너는 나에게 코드에 대해 알려주는 선생님이야
  Failed to update API costs: KeyError: 'gpt-3.5-turbo-0125'
NOTE:All files/directories created by this agent can be found inside its
workspace at:  /content/Auto-GPT/auto_gpt_workspace
CodeTeachGPT  has been created with the following details:
Name:  CodeTeachGPT
Role:  an AI specialized in teaching coding concepts and techniques to
individuals, providing personalized guidance and support in learning
programming languages and problem-solving skills.
```

```
Goals:
-  Deliver clear and concise explanations of coding concepts tailored
to your learning style and pace, ensuring a solid understanding of the
material.
-  Offer practical examples and exercises to reinforce learning and enhance
your coding skills effectively.
-  Provide timely feedback on your code, pointing out errors, suggesting
improvements, and guiding you towards writing efficient and clean code.
-  Support you in setting and achieving coding-related goals, whether it's
mastering a specific language, completing a project, or preparing for
technical interviews.
-  Stay updated on the latest trends and technologies in the coding world
to offer relevant and up-to-date guidance in your learning journey.
Using memory of type:  JSONFileMemory
Using Browser:  chrome
CODETEACHGPT THOUGHTS:  I need to start by searching for coding concepts
and techniques to teach.
REASONING:  As an AI specialized in teaching coding concepts and techniques,
I need to gather information on the latest trends and technologies in the
coding world to provide relevant and up-to-date guidance.
PLAN:
-  Search the web for coding concepts and techniques
-  Analyze the results and choose the most relevant topics
-  Prepare explanations and examples for teaching
CRITICISM:  I should have started with a more specific query to narrow down
the search results.
SPEAK:  I am going to search the web for coding concepts and techniques to
teach.

NEXT ACTION:  COMMAND = web_search ARGUMENTS = {'query': 'latest coding
concepts and techniques'}
  Enter 'y' to authorise command, 'y -N' to run N continuous commands, 'n'
to exit program, or enter feedback for CodeTeachGPT...
  Asking user via keyboard...
Input:
```

그러면 다음과 같은 결과를 보여줍니다. 'code' 이후의 "" 부분이 AutoGPT가 알려준 코드입니다.

실행결과

```
Input:문자열에서 중복 문자를 제거하는 파이썬 코드를 작성해주세요
SYSTEM: Human feedback: 문자열에서 중복 문자를 제거하는 파이썬 코드를 작성해주세요
CODETEACHGPT THOUGHTS:  The user asked for a Python code to remove duplicate
characters from a string.
REASONING:  I will write a Python code snippet to remove duplicate
characters from a string and share it with the user.
PLAN:
-  Write Python code to remove duplicate characters
-  Share the code with the user
CRITICISM:  I should have anticipated that the user might ask for code
examples.
SPEAK:  I will provide you with a Python code snippet to remove duplicate
characters from a string.

NEXT ACTION:  COMMAND = execute_python_code ARGUMENTS = {'code': "def
remove_duplicates(s):\n return ''.join(sorted(set(s), key=s.index))\n\
ninput_string = 'example'\nresult = remove_duplicates(input_string)\
nprint(result)", 'name': 'remove_duplicates.py'}
  Enter 'y' to authorise command, 'y -N' to run N continuous commands, 'n'
to exit program, or enter feedback for CodeTeachGPT...
Asking user via keyboard...
Input:
```

마지막에는 다른 질문을 할 수 있도록 Input 커서가 깜빡입니다. 코드와 관련된 또 다른 질문을 자유롭게 해보세요.

AutoGPT를 끝내고 싶다면 **n**을 입력한 후 Enter를 누르고, 'Press any key to continue...' 라고 커서가 깜빡이는 곳에서 다시 Enter를 누릅니다.

실행결과

```
Input:n
Exiting...
Press any key to continue...
```

AutoGPT 사용법을 알아봤는데, 어떤가요? 코드 작성 없이 단순히 실행만 하면 되므로 편리하게 사용할 수 있는 장점은 있지만, 제대로 입력했는지 확인도 어렵고, 출력도 한눈에 보기 불편한 점은 있습니다.

이제 조금 더 정교하게 제어가 가능한 에이전트를 만들어보기 위해 바로 이어서 오토젠에 대해 알아보겠습니다.

8.3 오토젠

오토젠은 Microsoft Research의 AI Frontiers Lab에서 개발한 오픈소스 프레임워크로, AI 에이전트 시스템을 구축하는 데 사용됩니다. 오토젠은 LLM과 기타 도구를 통합하여 작업을 자동화할 수 있기 때문에 주로 멀티에이전트나 대화형 서비스를 개발할 때 사용하면 편리합니다.

8.3.1 오토젠 개념 이해하기

오토젠은 다양한 전문성을 가진 AI 에이전트들이 협업하여 문제를 해결하도록 설계된 프레임워크로 UserProxyAgent와 AssistantAgent로 구성됩니다. 6.1절에서는 두 가지 에이전트에 대한 개념을 알아봤다면, 여기서는 좀 더 상세한 동작 방식을 살펴보겠습니다.

UserProxyAgent는 사용자의 입력을 이해하고, 이를 적절한 형식으로 변환하거나 필요한 작업을 다른 에이전트(예 AssistantAgent)로 전달하는 역할을 합니다.

AssistantAgent는 사용자의 요청에 대한 실제 작업을 수행하는 역할을 합니다. 예를 들어 사용자가 코드를 작성해달라고 요청하면 다음 과정이 진행됩니다.

1. 사용자 → UserProxyAgent
    - 사용자가 질문을 입력합니다.
    - UserProxyAgent는 사용자의 요청을 수신하고, 이를 이해 가능한 메시지 형태로 변환합니다.
2. UserProxyAgent → AssistantAgent
    - UserProxyAgent는 요청(질문)을 AssistantAgent에게 전달합니다.
    - AssistantAgent는 요청이 파이썬 코드 생성 요청임을 이해합니다.
3. AssistantAgent → LLM
    - AssistantAgent는 LLM에 '두 숫자의 합을 계산하는 함수를 파이썬으로 만들어줘'와 같은 프롬프트를 전달합니다.
4. LLM → AssistantAgent
    - LLM은 요청에 대한 답변(코드)을 생성하여 AssistantAgent로 반환합니다.
5. AssistantAgent → UserProxyAgent
    - AssistantAgent는 LLM에서 생성된 코드를 검토하고, 필요에 따라 결과를 수정합니다.
6. UserProxyAgent → 사용자
    - UserProxyAgent는 AssistantAgent에서 받은 코드를 사용자에게 전달합니다.
    - 사용자에게 메시지를 출력합니다.

▼ **그림 8-12** UserProxyAgent와 AssistantAgent

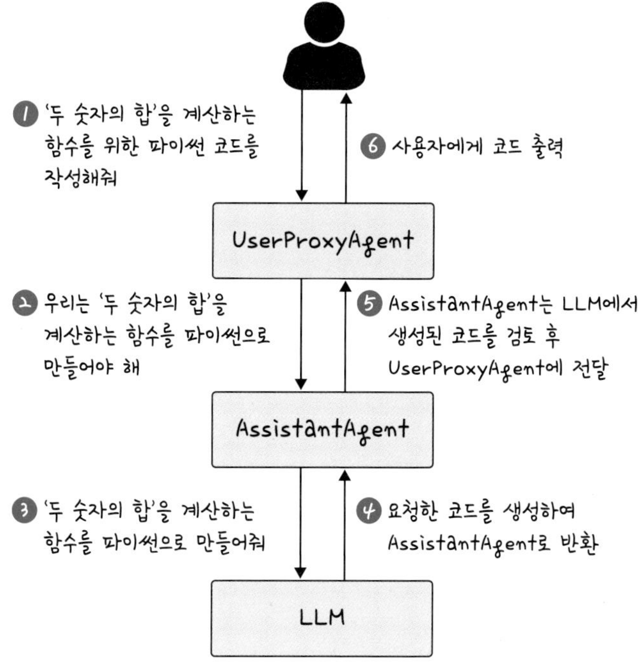

그런데 AssistantAgent는 두 개 이상일 수 있습니다. 예를 들어 AssistantAgent A는 데이터를 분석하고 AssistantAgent B는 보고서를 작성하며 AssistantAgent C는 시각화를 생성할 수 있습니다. 이 과정은 다음과 같습니다.

1. 사용자 → UserProxyAgent
    - 사용자가 UserProxyAgent에 요청을 보냅니다.
2. UserProxyAgent → AssistantAgents
    - UserProxyAgent는 요청을 이해하고 이를 세 가지 작업으로 나눕니다.
        1. 데이터 분석(AssistantAgent A에 할당)
        2. 보고서 작성(AssistantAgent B에 할당)
        3. 시각화 생성(AssistantAgent C에 할당)

3. AssistantAgent A → LLM(데이터 분석 요청)
   - AssistantAgent A가 데이터 분석 작업을 처리하기 위해 LLM에 요청합니다.
   - AssistantAgent A는 LLM에서 반환된 코드를 실행하여 데이터를 분석한 후 UserProxyAgent에 전달합니다.
4. AssistantAgent B → LLM(보고서 작성 요청)
   - AssistantAgent B가 분석 결과를 기반으로 보고서를 작성하기 위해 LLM에 요청합니다.
   - AssistantAgent B는 작성된 보고서를 UserProxyAgent에 전달합니다.
5. AssistantAgent C → LLM(시각화 생성 요청)
   - AssistantAgent C가 데이터를 기반으로 시각화를 생성하기 위해 LLM에 요청합니다.
   - AssistantAgent C는 LLM에서 반환된 코드를 실행하여 시각화를 생성한 후 UserProxyAgent에 전달합니다.

▼ **그림 8-13** 둘 이상의 AssistantAgent

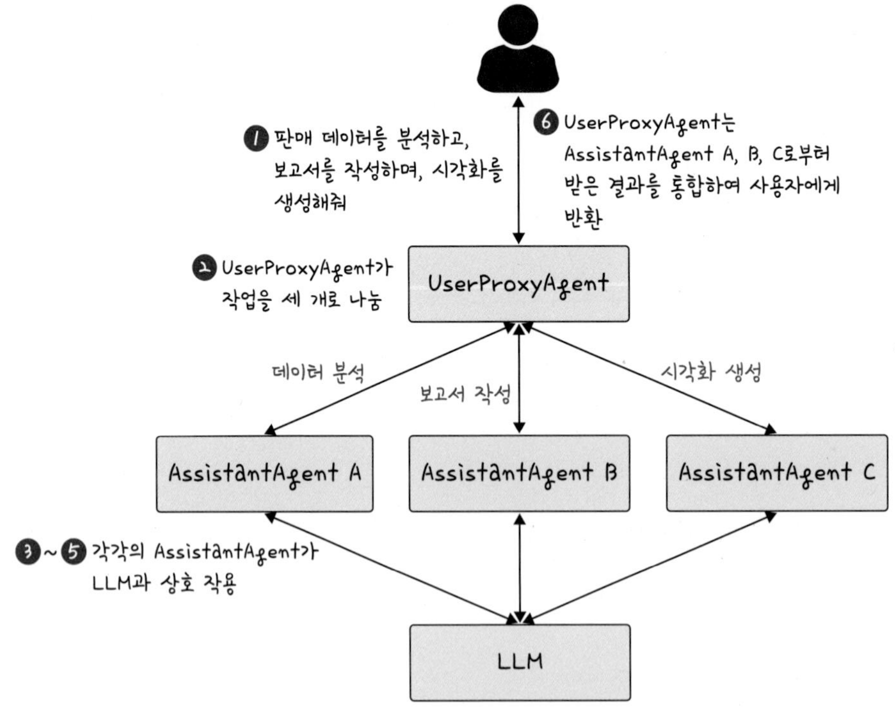

6. UserProxyAgent → 사용자
    - UserProxyAgent는 AssistantAgent A, B, C로부터 받은 결과를 통합합니다.
    - 통합된 결과를 사용자에게 반환합니다

이때 각 AssistantAgent는 동등한 수준에서 작업을 수행할 수도 있고, 하나의 AssistantAgent가 리더 역할을 할 수도 있습니다.

각각의 AssistantAgent가 동등한 수준에서 작업을 수행하는 경우는 다음과 같습니다.

- 작업이 서로 독립적이고 상호 의존성이 없을 때
- UserProxyAgent가 충분히 강력해서 모든 작업을 조정할 수 있을 때
- 에이전트 수가 적거나 작업의 복잡도가 낮을 때

특정 AssistantAgent가 리더 역할을 하는 경우는 다음과 같습니다.

- 작업이 상호 의존적이고 순차적으로 처리되어야 할 때
- 여러 AssistantAgent가 동시에 작동해야 하는 복잡한 작업이 있을 때
- 시스템 확장이 예상되며, UserProxyAgent의 부담을 줄이고 싶을 때

이와 같이 UserProxyAgent와 AssistantAgent를 기반으로 동작하는 것이 오토젠 프레임워크입니다. 그럼 바로 이어서 이들을 어떻게 구현하는지 알아봅시다.

8.3.2 오토젠으로 에이전트 구현하기

오토젠 역시 코랩을 사용합니다. 구현 방법을 익히기 위해 두 개의 실습을 진행합니다.

(1) 간단한 Q&A 에이전트 생성하기

단일 UserProxyAgent와 AssistantAgent를 이용하여 사용자의 질문에 답변하는 코드를 알아봅니다.

▼ 그림 8-14 실습 개념도

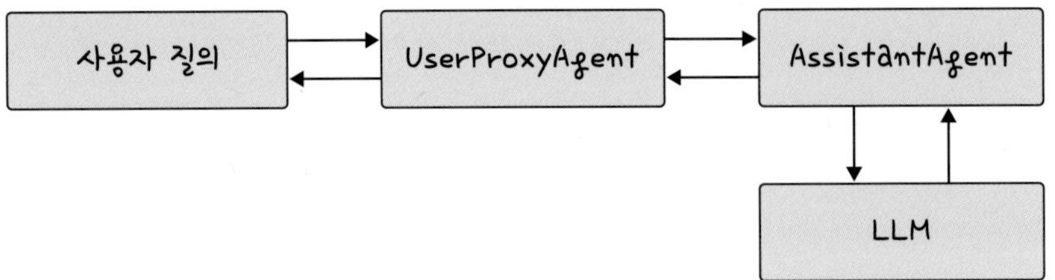

먼저 필요한 라이브러리를 설치합니다. 오토젠은 주로 자동화된 스크립트 생성, 워크플로 간소화, 또는 AI 기반 코드 생성과 같은 작업에 사용됩니다.

코드

```
!pip install autogen "httpx==0.27.2"
```

그러면 결과는 다음과 같습니다.

실행결과

```
Collecting autogen
  Downloading autogen-0.6.1-py3-none-any.whl.metadata (22 kB)
Collecting httpx==0.27.2
  Downloading httpx-0.27.2-py3-none-any.whl.metadata (7.1 kB)
Requirement already satisfied: anyio in /usr/local/lib/python3.10/dist-
packages (from httpx==0.27.2) (3.7.1)
--중간 생략--
Installing collected packages: python-dotenv, flaml, diskcache, tiktoken,
httpx, docker, asyncer, openai, pyautogen, autogen
  Attempting uninstall: httpx
    Found existing installation: httpx 0.28.1
    Uninstalling httpx-0.28.1:
      Successfully uninstalled httpx-0.28.1
  Attempting uninstall: openai
    Found existing installation: openai 1.57.4
    Uninstalling openai-1.57.4:
      Successfully uninstalled openai-1.57.4
Successfully installed asyncer-0.0.8 autogen-0.6.1 diskcache-5.6.3
docker-7.1.0 flaml-2.3.3 httpx-0.27.2 openai-1.59.4 pyautogen-0.6.1 python-
dotenv-1.0.1 tiktoken-0.8.0
```

환경 변수를 설정합니다.

코드

```
import autogen
from autogen import AssistantAgent, UserProxyAgent
import os

os.environ["OPENAI_API_KEY"] = "sk..." # openai 키 입력
llm_config = {"model": "gpt-4o", "api_key": os.environ["OPENAI_API_KEY"]}
```

AssistantAgent와 UserProxyAgent를 정의합니다.

코드

```
# AssistantAgent를 생성
assistant = AssistantAgent("assistant", llm_config=llm_config)

# UserProxyAgent를 생성
proxy = UserProxyAgent(
    "proxy", code_execution_config={"executor": autogen.coding.LocalCommand
LineCodeExecutor(work_dir="coding")}
)
# autogen.coding.LocalCommandLineCodeExecutor: 오토젠 프레임워크에서 제공하는
코드 실행을 담당하는 컴포넌트
```

proxy 객체를 이용하여 다음과 같이 '1부터 10000까지 소수의 개수를 세는 코드를 알려줘'라고 질문합니다.

코드

```
proxy.initiate_chat(
    assistant,
    message="1부터 10000까지 소수의 개수를 세는 코드를 알려줘.",
) # proxy 객체를 사용하여 assistant 에이전트와 대화를 시작
```

다음은 에이전트의 답변입니다.

실행결과

```
proxy (to assistant):

1부터 10000까지 소수의 개수를 세는 코드를 알려줘.

--------------------------------------------------------------------------------
assistant (to proxy):

소수는 1과 자기 자신 이외에는 다른 약수를 가지지 않는 자연수입니다. 1부터 10000까지
의 소수의 개수를 구하기 위해, 에라토스테네스의 체 알고리즘을 사용할 수 있습니다. 이
알고리즘은 효율적으로 소수를 구하는 데 유용합니다.

다음은 1부터 10000까지의 소수를 구하고 그 개수를 세는 Python 코드입니다:

```python
def count_primes(n):
    sieve = [True] * (n + 1)
    sieve[0] = sieve[1] = False  # 0과 1은 소수가 아님

    for start in range(2, int(n ** 0.5) + 1):
        if sieve[start]:
            for i in range(start * start, n + 1, start):
                sieve[i] = False

    return sum(sieve)

# 1부터 10000까지 소수의 개수
prime_count = count_primes(10000)
print(f"1부터 10000까지의 소수의 개수는 {prime_count}개입니다.")
```

이 코드를 실행하면 1부터 10000까지의 소수의 개수를 출력합니다. TERMINATE

Replying as proxy. Provide feedback to assistant. Press enter to skip and
use auto-reply, or type 'exit' to end the conversation:
```

마지막에 피드백을 받는 커서가 깜빡일 텐데 **exit**를 입력합니다. 피드백을 제공하려면 적절한 내용을 입력하면 됩니다. **exit**를 입력하고 Enter를 누르면 다음과 같은 내용을 보여줍니다.

실행결과

```
--------------------------------------------------------------------------------
Replying as proxy. Provide feedback to assistant. Press enter to skip and
use auto-reply, or type 'exit' to end the conversation: exit
ChatResult(chat_id=None, chat_history=[{'content': '1부터 10000까지 소수의 개
수를 세는 코드를 알려줘.', 'role': 'assistant', 'name': 'proxy'}, {'content':
'소수는 1과 자기 자신 이외에는 다른 약수를 가지지 않는 자연수입니다. 1부터 10000까
지의 소수의 개수를 구하기 위해, 에라토스테네스의 체 알고리즘을 사용할 수 있습니다. 이
알고리즘은 효율적으로 소수를 구하는 데 유용합니다.\n\n다음은 1부터 10000까지의 소수
를 구하고 그 개수를 세는 Python 코드입니다:\n\n```python\ndef count_primes(n):\n
sieve = [True] * (n + 1)\n    sieve[0] = sieve[1] = False  # 0과 1은 소수
가 아님\n    \n    for start in range(2, int(n ** 0.5) + 1):\n        if
sieve[start]:\n            for i in range(start * start, n + 1, start):\n
sieve[i] = False\n    \n    return sum(sieve)\n\n# 1부터 10000까지 소수의 개
수\nprime_count = count_primes(10000)\nprint(f"1부터 10000까지의 소수의 개수는
{prime_count}개입니다.")\n```\n\n이 코드를 실행하면 1부터 10000까지의 소수의 개수
를 출력합니다. TERMINATE', 'role': 'user', 'name': 'assistant'}], summary='소
수는 1과 자기 자신 이외에는 다른 약수를 가지지 않는 자연수입니다. 1부터 10000까지의
소수의 개수를 구하기 위해, 에라토스테네스의 체 알고리즘을 사용할 수 있습니다. 이 알
고리즘은 효율적으로 소수를 구하는 데 유용합니다.\n\n다음은 1부터 10000까지의 소수를
구하고 그 개수를 세는 Python 코드입니다:\n\n```python\ndef count_primes(n):\n
sieve = [True] * (n + 1)\n    sieve[0] = sieve[1] = False  # 0과 1은 소수
가 아님\n    \n    for start in range(2, int(n ** 0.5) + 1):\n        if
sieve[start]:\n            for i in range(start * start, n + 1, start):\n
sieve[i] = False\n    \n    return sum(sieve)\n\n# 1부터 10000까지 소수의 개
수\nprime_count = count_primes(10000)\nprint(f"1부터 10000까지의 소수의 개수는
{prime_count}개입니다.")\n```\n\n이 코드를 실행하면 1부터 10000까지의 소수의 개
수를 출력합니다. ', cost={'usage_including_cached_inference': {'total_cost':
0.00391, 'gpt-4o-2024-08-06': {'cost': 0.00391, 'prompt_tokens': 484,
'completion_tokens': 270, 'total_tokens': 754}}, 'usage_excluding_cached_
inference': {'total_cost': 0.00391, 'gpt-4o-2024-08-06': {'cost': 0.00391,
'prompt_tokens': 484, 'completion_tokens': 270, 'total_tokens': 754}}},
human_input=['exit'])
```

(2) 두 개 이상의 AssistantAgent 생성하기

이번에 살펴볼 실습은 다음 그림과 같이 두 개 이상의 AssistantAgent를 생성합니다. 제품 디자인팀에서 새로 디자인한 운동화의 홍보를 진행해야 하는 상황입니다. 제품 디자인팀과 마케팅팀으로부터 의견을 수렴하여 홍보를 담당하는 PM이 의견을 조율하여 최적의 전략을 도출하는 실습입니다.

▼ **그림 8-15** 멀티에이전트 실습 개념도

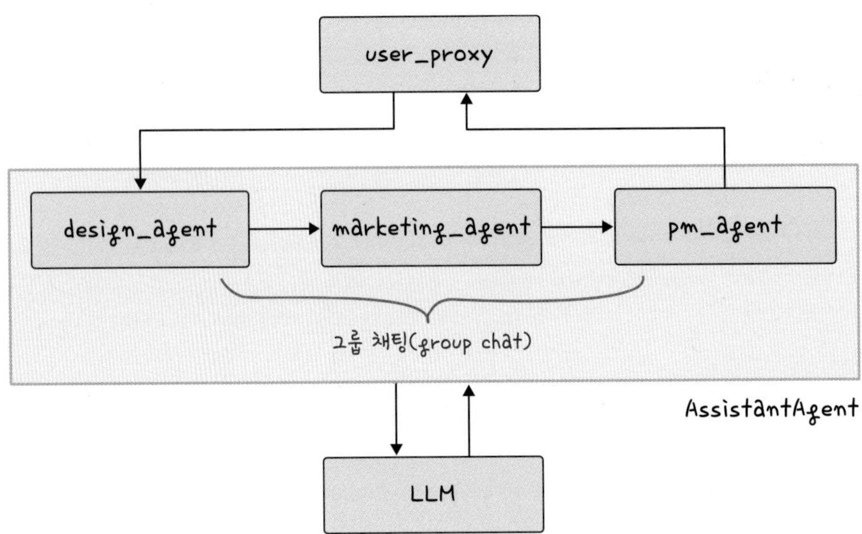

여기서 user_proxy는 UserProxyAgent에 해당되며 design_agent, marketing_agent, pm_agent가 각각 AssistantAgent에 해당됩니다. 그리고 pm_agent가 리더 역할을 담당합니다.

실습 진행을 위해 필요한 라이브러리를 설치합니다.

코드

```
!pip install autogen "httpx==0.27.2"
```

실행 결과는 다음과 같습니다.

실행결과

```
Collecting autogen
  Downloading autogen-0.6.1-py3-none-any.whl.metadata (22 kB)
Collecting httpx==0.27.2
  Downloading httpx-0.27.2-py3-none-any.whl.metadata (7.1 kB)
Requirement already satisfied: anyio in /usr/local/lib/python3.10/dist-
packages (from httpx==0.27.2) (3.7.1)
--중간 생략--
Installing collected packages: python-dotenv, flaml, diskcache, tiktoken,
httpx, docker, asyncer, openai, pyautogen, autogen
  Attempting uninstall: httpx
    Found existing installation: httpx 0.28.1
    Uninstalling httpx-0.28.1:
      Successfully uninstalled httpx-0.28.1
  Attempting uninstall: openai
    Found existing installation: openai 1.57.4
    Uninstalling openai-1.57.4:
      Successfully uninstalled openai-1.57.4
Successfully installed asyncer-0.0.8 autogen-0.6.1 diskcache-5.6.3
docker-7.1.0 flaml-2.3.3 httpx-0.27.2 openai-1.59.4 pyautogen-0.6.1 python-
dotenv-1.0.1 tiktoken-0.8.0
```

GPT-4o 모델과 관련된 설정을 초기화하고, 오토젠 라이브러리를 사용하여 AI 에이전트를 구성하기 위한 준비 작업을 합니다.

코드

```
import autogen
from autogen import AssistantAgent, UserProxyAgent

import os
os.environ["OPENAI_API_KEY"] = "sk..." # openai 키 입력

config_list = [{"model": "gpt-4o", "api_key": os.environ["OPENAI_API_
KEY"]}]
llm_config = {
```

```
    "cache_seed": 42, # 결과를 항상 일정하게 만들어주는 값
    "temperature": 0, # 답변의 다양성을 설정하는 변수
    "config_list": config_list, # API 키와 모델 정보를 전달
    "timeout": 160, # 요청이 처리될 최대 시간(초)
}
```

요구 사항을 정의하기 위한 프롬프트를 만듭니다.

코드

```
# 운동화 신제품 광고를 위해 공통, 제품 디자인팀, 마케팅 팀의 의견 제시
# 공통/일반 작업에 대한 프롬프트
task = '''
 **Task**: 운동화 신제품 광고를 위해 다음 요구 사항에 맞는 솔루션을 제시해야 합니다.
-연령, 성별, 소득 수준, 라이프스타일, 취미 등 세분화.
-고객의 운동화 사용 목적(스포츠, 패션, 일상 등) 분석.
-운동화 제품군 내 다른 제품들과의 차별화 전략.
-경쟁사 신제품 및 광고 전략 분석.
-현재 시장 트렌드와 소비자 선호도 파악.
-광고 제작, 촬영, 유통 채널별 비용 배분.
-인적 자원 및 외부 에이전시 활용 계획.
-신제품 출시 일정과 광고 캠페인 시점의 조율.
'''

# 제품 디자인팀에서 고려해야 할 내용에 대한 프롬프트
design_prompt = '''
**Role**: 당신은 제품 디자인팀의 팀원입니다.
다음의 요구 사항을 기반으로 제품 디자인팀의 의견을 제시합니다:

-제품의 주요 특징 및 USP(Unique Selling Point) 도출
-제품의 세부 디테일과 장점을 강조할 수 있는 촬영 준비.
-초기 광고 시안에서 제기된 소비자 테스트 피드백 반영.
-운동화의 다양한 코디 및 용도(운동, 캐주얼, 정장 등)를 표 형태로 제시.
'''
design_prompt += task

# 마케팅 팀에서 고려해야 할 내용에 대한 프롬프트
```

```
marketing_prompt = '''
**Role**: 당신은 마케팅 팀의 팀원입니다.
온라인 & 오프라인 마케팅을 고려하지 않고 다양한 마케팅 행사를 제안해야 합니다.

-광고 메시지 개발: 슬로건 및 핵심 메시지 작성.
-온라인 & 오프라인 채널별 전략을 비교하여 표 형태로 정리
-광고 도달률, 클릭률, 전환율 등 성과 측정.
-초기 프로모션(할인, 번들 판매 등) 준비.
-광고 후 고객 피드백 및 리뷰 관리.
'''
marketing_prompt += task

# PM이 고려해야 할 내용에 대한 프롬프트
pm_prompt =  '''
**Role**: 당신은 디자인팀과 마케팅 팀의 의견을 수렴하는 PM입니다.

-당신은 제품 디자인팀과 마케팅팀이 제시한 의견의 단점을 지적하거나 추가 작업을 요청해
야 합니다.
-각 의견을 검토한 후, 비즈니스 요구 사항에 따라 최상의 광고 전략을 도출해야 합니다.
-결정을 위해 필요한 만큼의 요약 표를 사용할 수 있습니다.
'''
pm_prompt += task
```

이제 멀티에이전트를 구성합니다. 세 에이전트는 다음과 같은 역할을 합니다.

- **design_agent**: 운동화를 디자인한 팀
- **marketing_agent**: 디자인팀에서 디자인하여 만들어진 운동화에 대한 마케팅을 담당하는 팀
- **pm_agent**: 운동화 홍보를 담당하는 PM

코드

```
user_proxy = UserProxyAgent(
    name="proxy",
    system_message = "Hub for User and AssistantAgent", # 사용자와
AssistantAgent 간의 허브 역할
```

```
    code_execution_config={
        "last_n_messages": 2, # 최근 2개의 메시지만 기억
        "work_dir": "multiagent", # 그룹 채팅 작업 디렉터리를 설정
    },
    human_input_mode="NEVER", # 사용자 입력을 받지 않고 자동으로 작업 처리
) # 다른 에이전트들과 협력하여 메시지를 전달하거나 요청을 처리

design_agent = AssistantAgent(
    name = "design",
    system_message = design_prompt, # 디자인팀과 관련된 초기 프롬프트를 제공하여
에이전트의 역할을 지정
    llm_config={"config_list": config_list} # LLM 호출
    ) # 디자인 관련 요청을 처리하는 에이전트(제품 디자인팀)

marketing_agent = AssistantAgent(
    name = "marketing",
    system_message = marketing_prompt, # 마케팅팀과 관련된 초기 프롬프트를 제공
하여 에이전트의 역할을 지정
    llm_config={"config_list": config_list}
    ) # 마케팅 관련 작업을 처리하는 에이전트(마케팅팀)

pm_agent = AssistantAgent(
    name = "pm",
    system_message = pm_prompt, # PM 역할을 수행하도록 초기 프롬프트를 제공
    llm_config={"config_list": config_list}
) # 홍보 PM으로서 다른 에이전트의 작업을 관리하고 결과를 조정(PM)
```

상태 전환을 위한 함수를 구현합니다. 주어진 대화 참여자(제품 디자인팀, 마케팅팀, PM) 중, 마지막 화자(latest_speaker)를 기준으로 다음 참여자로 상태를 전환합니다. 이 과정을 통해 특정 작업이나 대화가 여러 에이전트 간에 순차적으로 진행될 수 있습니다.

코드

```
# latest_speaker: 대화에서 마지막으로 발언한 에이전트(현재 상태), groupchat: 대화
의 전체 컨텍스트를 담고 있는 객체
def state_transition(latest_speaker, groupchat):
    messages = groupchat.messages
```

```
    if latest_speaker is user_proxy:
        return design_agent # 마지막 화자가 user_proxy라면 다음 상태로 design_
agent를 반환
    elif latest_speaker is design_agent:
        return marketing_agent # 마지막 화자가 design_agent라면 다음 상태로
marketing_agent를 반환
    elif latest_speaker is marketing_agent:
        return pm_agent # 마지막 화자가 marketing_agent라면 다음 상태로 pm_
agent를 반환
    elif latest_speaker is pm_agent:
        return None # 마지막 화자가 pm_agent라면 더 이상 상태 전환이 없으며,
None을 반환하여 대화가 종료
```

각 에이전트가 순차적으로 작업을 수행하는 대화를 시작합니다. 대화는 user_proxy로 시작됩니다.

코드

```
groupchat = autogen.GroupChat(
    agents=[user_proxy, design_agent, marketing_agent, pm_agent], # 대화에
참여하는 에이전트들의 리스트
    messages=[], # 초기 메시지의 리스트로, 비어 있는 상태([])로 시작
    max_round=4, # 대화의 최대 라운드 수(무한 루프를 방지)
    speaker_selection_method=state_transition, # 대화에서 다음 화자를 결정하는
함수
)

manager = autogen.GroupChatManager(
    groupchat=groupchat,
    llm_config=llm_config
) # GroupChatManager: 그룹 채팅의 전체 흐름을 관리하는 객체

user_proxy.initiate_chat(
    manager,
    message="이 비즈니스 요구 사항을 기반으로 최상의 운동화 광고 전략을 제안하세요."
) # user_proxy가 초기 메시지를 보냄으로써 대화가 시작
```

그러면 다음과 같은 결과를 보여줍니다.

실행결과

```
proxy (to chat_manager):

이 비즈니스 요구 사항을 기반으로 최상의 운동화 광고 전략을 제안하세요.

--------------------------------------------------------------------------------

Next speaker: design

design (to chat_manager):

운동화 신제품 광고를 위한 전략은 다음과 같이 제안합니다.

1. **타깃 소비자 세분화**:
   - **연령**: 18-35세, 패션에 민감하고 트렌드에 민감한 젊은 층.
   - **성별**: 남녀 모두를 타깃으로 하여 다양한 컬러 옵션 제공.
   - **소득 수준**: 중상층, 패션이나 스포츠에 투자하는 것을 즐기는 소비자.
   - **라이프스타일**: 활동적이며 건강을 중시하고 개성을 표현하고자 하는 사람들.
   - **취미**: 런닝, 피트니스, 여행 등 활동적인 취미를 가진 사람들.

2. **고객의 운동화 사용 목적 분석**:
   - **스포츠**: 고성능 기능성을 제공하는 혁신적인 소재 사용.
   - **패션**: 최신 트렌드를 반영한 디자인과 다양한 컬러 옵션으로 스타일을 강조.
   - **일상**: 편안한 착용감과 내구성을 통한 일상적 사용 최적화.

3. **제품 차별화 전략**:
   - 독창적인 디자인 요소와 최신 기술(예: 통풍 소재, 경량 쿠션 등) 강조.
   - 맞춤형 피팅 옵션 제공.

4. **경쟁사 분석**:
   - 경쟁사의 최신 신제품과 광고 전략을 분석하고, 차별화된 USP(Unique Selling
Point)를 강조.
   - 자사만의 독창적 브랜드 스토리를 기반으로 한 감성적 광고 캠페인 추진.

5. **시장 트렌드와 소비자 선호도**:
   - 지속 가능성 트렌드를 반영하여 친환경 소재 사용 강조.
```

```
   - 커스터마이징 옵션을 제공하여 소비자 참여 유도.

6. **광고 제작, 촬영, 유통 채널별 비용 배분**:
   - **광고 제작**: 전문 광고 제작사와 협업하여 고퀄리티의 시각적 콘텐츠 제작.
   - **촬영**: 실내 스튜디오와 야외에서 다양한 스타일을 강조할 수 있는 촬영.
   - **유통 채널**: 소셜 미디어 플랫폼(인스타그램, 틱톡) 및 온라인 광고 중심으로 예
산 배분, 오프라인 매장에서는 체험 중심의 이벤트 실시.

7. **인적 자원 및 외부 에이전시 활용 계획**:
   - 유명 인플루언서를 홍보 대사로 채용하여 파급력 있는 마케팅 진행.
   - 크리에이티브 에이전시와 협업하여 참신한 광고 아이디어 개발 및 실행.

8. **신제품 출시 일정과 광고 캠페인 시점의 조율**:
   - 주요 이벤트(예: 스포츠 행사)와 맞춘 론칭 일정 설정.
   - 제품 출시 이전, 티저 캠페인 시작으로 관심 유도 및 판매량 극대화 전략.

이 전략을 통해 다양한 소비자층을 효과적으로 공략하고, 차별화된 광고 캠페인을 통해 시
장 점유율 확대를 기대할 수 있을 것입니다.

--------------------------------------------------------------------------------

Next speaker: marketing

marketing (to chat_manager):

**광고 메시지 개발**:
- **슬로건**: "Step into Excellence"
- **핵심 메시지**: "당신의 걸음 한 걸음이 더 멀리, 더 편안하게. 혁신적인 기술과 스
타일이 조화된 우리의 운동화를 만나보세요."

**온라인 & 오프라인 채널별 전략 비교**:

| 채널              | 온라인 전략
| 오프라인 전략                                          |
|------------------|---------------------------------------------------------
--------------|-----------------------------------------------------|
| 소셜 미디어       | 인스타그램/틱톡 캠페인, 인플루언서 협업, 사용자가 생성한 콘텐츠
```

```
¦ 오프라인 체험 이벤트, 팝업 스토어                              ¦
¦ 검색 엔진 광고      ¦ 구글 애드워즈 활용, 키워드 최적화
¦ -                                                     ¦
¦ 이메일 마케팅       ¦ 개인화된 추천 이메일, 출시 이벤트 알림
¦ 멤버십 프로그램을 통한 혜택 제공                               ¦
¦ 웹사이트          ¦ 브랜드 스토리 및 제품 정보, 온라인 구매 옵션
¦ -                                                     ¦
¦ 텔레비전/라디오      ¦ -
¦ 지역 방송 및 라디오 광고, 특정 시간대 타기팅                        ¦
¦ 인쇄 광고          ¦ -
¦ 패션 잡지 및 스포츠 잡지 활용                                ¦

**성과 측정**:
- 광고 도달률: 소셜 미디어 및 웹사이트 방문자 수, 광고 노출 수 분석.
- 클릭률(CTR): 온라인 광고 및 이메일 캠페인을 통한 클릭률 모니터링.
- 전환율: 온라인 구매 전환 및 오프라인 매장 방문 전환율 측정.

**초기 프로모션 준비**:
- 출시 기념 20% 할인 쿠폰 제공.
- 구매 시 무료 양말 증정.
- 신제품 운동화와 관련 액세서리 번들 할인 패키지 제공.

**광고 후 고객 피드백 및 리뷰 관리**:
- 온라인 리뷰 플랫폼에서 고객 리뷰 모니터링 및 빠른 대응.
- 만족 고객의 후기 수집 및 리워드 제공, 부정적 리뷰 해결을 위한 고객 서비스 강화.

이러한 전략과 준비를 통해 신제품 운동화의 성공적인 시장 진입과 브랜드 인지도 향상, 매
출 증대 효과를 기대할 수 있습니다.

--------------------------------------------------------------------------------

Next speaker: pm

pm (to chat_manager):

# 분석 및 추가 지시
```

```
광고 전략을 성공적으로 실행하기 위해, 디자인팀과 마케팅팀의 제안에서 몇 가지 개선사항
과 추가적인 작업 요구를 아래와 같이 제시합니다.

### 디자인 팀 제안 검토:
**1. 타깃 소비자 세분화 및 고객 분석**
- **추가 작업요청**: 더 세분화된 데이터가 필요합니다. 설문 조사나 시장 데이터를 활용
하여 고객 세그먼트를 정확히 정의해주세요. 예를 들어 '활동적'이라는 라이프스타일을 좀
더 구체적인 소비자 프로파일로 세분화할 필요가 있습니다. 고객들의 라이프스타일에 대한
심층 인터뷰도 추천드립니다.

**2. 제품 차별화 요소**
- **추가 작업요청**: 최신 기술 및 독창적 디자인에 대한 명확한 USP가 있으면 좋겠습니
다. 현재 트렌드를 기반으로 한 디자인 연구와 소비자가 선호하는 기능적 요소에 대한 구체
적인 정보를 포함해주세요.

### 마케팅 팀 제안 검토:
**1. 광고 메시지와 채널전략**
- **단점**: 슬로건과 메시지가 귀에 잘 들어오지만 더 다듬어질 필요가 있습니다. 소비자
의견을 반영하여 수정 시 중요한 메시지가 전달되도록 하세요.
- **추가 작업요청**: 온라인과 오프라인 전략이 명확히 분리되어 있지만, 두 채널 간의
시너지를 고려한 접근도 필요합니다. 예를 들어, 온라인 캠페인을 통해 오프라인 이벤트로
유도하는 전략을 더 강화해주세요.

**2. 프로모션 준비 및 고객 피드백**
- **추가 작업요청**: 피드백 데이터 분석을 통해 지속적인 제품 개선과 광고 메시지 수정
을 위한 루프백 시스템이 필요합니다. 충성고객 체험 프로그램을 통해 고객 피드백을 더 체
계적으로 수집하세요.

### 최종 광고 전략 도출 제안
- **광고 메시지 및 캠페인 플랫폼 통합 관리**: 단계별 메시지를 통합된 캠페인으로 만들
어 온라인과 오프라인 플랫폼의 최고의 시너지를 창출하십시오.
- **소비자 참여와 피드백 구조 완성**: 소비자로부터의 피드백을 보다 체계적으로 관리하
고, 프로모션 참여를 통한 지속적인 고객 관계 구축을 목표로 하는 한편, 각 고객 세그먼
트를 위한 맞춤형 광고를 준비하십시오.
- **경쟁사 대비 차별화 명확화**: 경쟁사와의 비교를 통해 명확하게 드러날 수 있는 차별
화 전략을 구체화하고, 이를 광고 캠페인의 주제로 설정하세요.

이와 같은 조정 및 제안을 통해 더 효율적이고 성공적인 광고 캠페인을 추진할 수 있을 것
```

```
입니다. 디자인 및 마케팅 팀의 구체적이고 세부적인 실행 계획을 기대합니다.
--------------------------------------------------------------------------------
--이하 생략--
```

UserProxyAgent와 AssistantAgent에 대한 개념만 이해한다면 어렵지 않게 코드를 구현할 수 있는 것을 확인해봤습니다. 이어서 라마인덱스에 대해 알아보겠습니다.

8.4 SECTION 라마인덱스

라마인덱스(LlamaIndex)는 RAG를 구현할 때에도 사용하지만 에이전트를 생성할 때에도 사용합니다. 이 두 가지에 대한 사용 방법을 알아보겠습니다.

8.4.1 라마인덱스 개념 이해하기

라마인덱스는 데이터에 접근하고 이를 기반으로 질의응답을 할 수 있게 해주는 오픈소스 프레임워크입니다. 일반적으로 우리가 알고 있는 RAG를 구현하는 데 사용하면 편리하다는 의미겠죠? 라마인덱스는 단순히 RAG 기반의 실행을 넘어서는 포괄적인 기능을 갖춘 에이전트를 제공합니다.

라마인덱스에서 에이전트는 AgentRunner와 OpenAIAgentWorker라는 두 개의 구성 요소로 이루어져 있습니다. AgentRunner가 에이전트를 실행하고 관리하는 역할을 한다면, OpenAIAgentWorker는 OpenAI 기반 에이전트를 설정하고 실행하는 역할을 합니다.

▼ 그림 8-16 라마인덱스 구성 요소

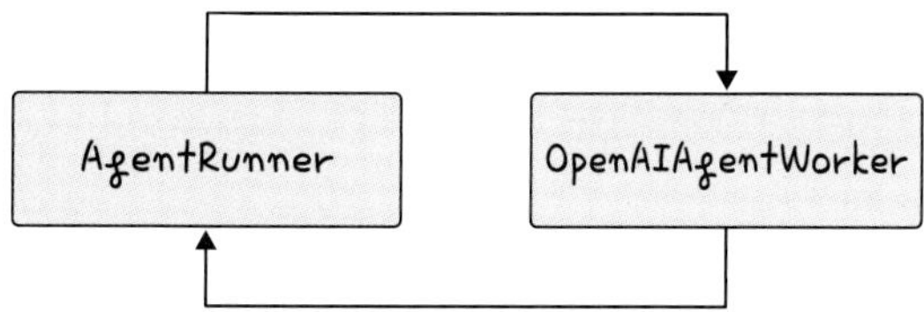

각각의 역할에 대해 좀 더 자세히 알아볼까요?

AgentRunner는 조율자로서 다음을 관리합니다.

- 상태(State): 에이전트의 상태를 저장합니다.
- 대화 메모리(Conversational Memory): 이전 대화 기록을 유지합니다.
- 작업 생성(Create Tasks): 새 작업을 생성합니다.
- 작업 단계 실행(Run Steps for each Task): 각 작업에 필요한 단계를 실행합니다.

OpenAIAgentWorker는 다음과 같은 역할을 담당합니다.

- 도구 선택 및 사용(Selecting and using tools): 적절한 도구를 선택하고 실행합니다.
- LLM 선택 및 사용(Select the LLM to make use of the tools): 도구 사용에 필요한 LLM을 선택하고 활용합니다.

▼ 그림 8-17 라마인덱스 구성 요소별 역할

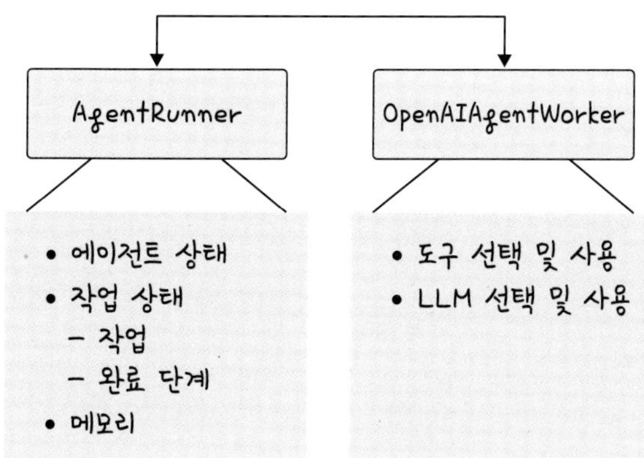

그럼 이어서 에이전트 생성을 위한 파이썬 코드를 알아보겠습니다.

8.4.2 라마인덱스로 에이전트 구현하기

라마인덱스 역시 구현 방법을 익히기 위해 두 가지 실습을 진행합니다.

(1) 수학 계산 에이전트 생성하기

수학 계산을 위한 예제의 개념도는 다음과 같습니다. 다음 그림과 같이 곱셈을 위한 multiply_tool과 나눗셈을 위한 divide_tool 두 개의 도구를 사용합니다.

▼ **그림 8-18** 실습 개념도

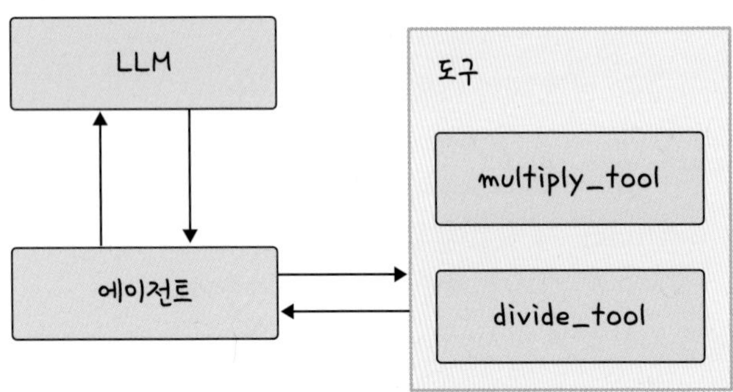

예제 진행을 위해 필요한 라이브러리를 설치합니다.

코드

```
!pip install llama-index langchain_community "httpx==0.27.2"
```

그러면 다음과 같은 결과를 보여줍니다.

실행결과

```
Collecting llama-index
  Downloading llama_index-0.12.2-py3-none-any.whl.metadata (11 kB)
Collecting langchain_community
  Downloading langchain_community-0.3.8-py3-none-any.whl.metadata (2.9 kB)
Collecting llama-index-agent-openai<0.5.0,>=0.4.0 (from llama-index)
  Downloading llama_index_agent_openai-0.4.0-py3-none-any.whl.metadata (726
bytes)
Collecting llama-index-cli<0.5.0,>=0.4.0 (from llama-index)
  Downloading llama_index_cli-0.4.0-py3-none-any.whl.metadata (1.5 kB)
```

```
Collecting llama-index-core<0.13.0,>=0.12.2 (from llama-index)
Downloading llama_index_core-0.12.2-py3-none-any.whl.metadata (2.5 kB)
--중간 생략--
Attempting uninstall: langchain
    Found existing installation: langchain 0.3.7
    Uninstalling langchain-0.3.7:
    Successfully uninstalled langchain-0.3.7
Successfully installed SQLAlchemy-2.0.35 dataclasses-json-0.6.7
dirtyjson-1.0.8 filetype-1.2.0 httpx-sse-0.4.0 langchain-0.3.9 langchain-
core-0.3.21 langchain_community-0.3.8 llama-cloud-0.1.5 llama-index-0.12.2
llama-index-agent-openai-0.4.0 llama-index-cli-0.4.0 llama-index-core-0.12.2
llama-index-embeddings-openai-0.3.1 llama-index-indices-managed-llama-
cloud-0.6.3 llama-index-legacy-0.9.48.post4 llama-index-llms-openai-0.3.2
llama-index-multi-modal-llms-openai-0.3.0 llama-index-program-openai-0.3.1
llama-index-question-gen-openai-0.3.0 llama-index-readers-file-0.4.0 llama-
index-readers-llama-parse-0.4.0 llama-parse-0.5.15 marshmallow-3.23.1 mypy-
extensions-1.0.0 pydantic-settings-2.6.1 pypdf-5.1.0 python-dotenv-1.0.1
striprtf-0.0.26 tenacity-8.5.0 tiktoken-0.8.0 typing-inspect-0.9.0
```

OpenAI API 키를 위한 환경 변수를 설정합니다.

코드

```
import os
os.environ["OPENAI_API_KEY"] = "sk..."
```

라마인덱스를 사용하여 파이썬 함수를 도구로 등록합니다.

코드

```
from llama_index.core.tools import FunctionTool
import nest_asyncio

nest_asyncio.apply()

def multiply(a: int, b: int) -> int:
    return a * b
```

```
# multiply 함수를 곱하기 도구로 등록
multiply_tool = FunctionTool.from_defaults(fn=multiply)

def divide(a: int, b: int) -> int:
    return a / b

# divide 함수를 나누기 도구로 등록
divide_tool = FunctionTool.from_defaults(fn=divide)
tools = [multiply_tool, divide_tool] # 등록된 도구들을 리스트로 관리
```

이때 사용된 라이브러리는 다음과 같습니다.

- **FunctionTool**: 파이썬 함수를 도구로 등록하기 위한 라이브러리입니다.
- **nest_asyncio**: 비동기[2] 이벤트 루프가 중첩되는 문제를 해결하기 위한 라이브러리입니다.

라마인덱스와 OpenAI를 활용하여 대화형 에이전트를 생성하고, 도구를 사용하여 (121 * 12) / 4를 계산합니다.

코드

```
from llama_index.core.agent import AgentRunner
from llama_index.agent.openai import OpenAIAgentWorker
from llama_index.llms.openai import OpenAI

llm = OpenAI(model="gpt-4o")
agent_engine = OpenAIAgentWorker.from_tools(
    tools,
    llm=llm,
    verbose=True
) # 도구와 LLM을 결합하여 에이전트를 생성
agent = AgentRunner(agent_engine)
```

2 비동기란 작업을 병렬로 처리할 수 있는 방법을 의미합니다.

```
# "(121 * 12) / 4 결과는?"을 작업으로 생성
task = agent.create_task("(121 * 12) / 4 결과는?")

# 모든 단계 실행
# 작업 ID를 기반으로 아직 실행되지 않은 단계(step)들을 반환
while len(agent.get_upcoming_steps(task.task_id)) > 0:
    agent.run_step(task.task_id) # 한 번에 하나의 단계를 실행

# 최종 응답 확인
# 모든 단계가 완료되었는지 확인한 후, 작업의 최종 결과를 생성
response = agent.finalize_response(task.task_id)
print(f"Final Response: {response}")
```

여기서 사용된 라이브러리는 다음과 같습니다.

- **AgentRunner**: 에이전트의 실행 관리에 사용되는 라마인덱스 클래스입니다.
- **OpenAIAgentWorker**: OpenAI 모델을 기반으로 작업을 수행하는 에이전트입니다.
- **OpenAI**: OpenAI API 호출을 지원하는 파이썬 라이브러리입니다.

그러면 다음과 같은 결과를 보여줍니다.

실행결과

```
Added user message to memory: (121 * 12) / 4 결과는?
=== Calling Function ===
Calling function: multiply with args: {"a": 121, "b": 12}
Got output: 1452
========================

=== Calling Function ===
Calling function: divide with args: {"a": 1452, "b": 4}
Got output: 363.0
========================

Final Response: \( (121 \times 12) \div 4 \)의 결과는 363입니다.
```

간단한 라마인덱스 사용 방법에 대해 알아봤습니다. 개념만 이해한다면 어렵지 않게 구현할 수 있으므로, 원리에 대해 충분히 숙지해야 합니다.

이어서 라마인덱스를 이용한 RAG를 구현해보겠습니다. RAG는 엄밀히 에이전트 기반으로 동작하지는 않지만, 라마인덱스의 또 다른 기능 중 하나이므로 소개합니다.

(2) PDF 문서 검색하기

이번에 진행할 실습은 RAG입니다. RAG의 핵심은 검색 엔진인데 여기서는 라마인덱스에서 제공하는 검색 엔진을 이용합니다.

▼ **그림 8-19** 실습 개념도

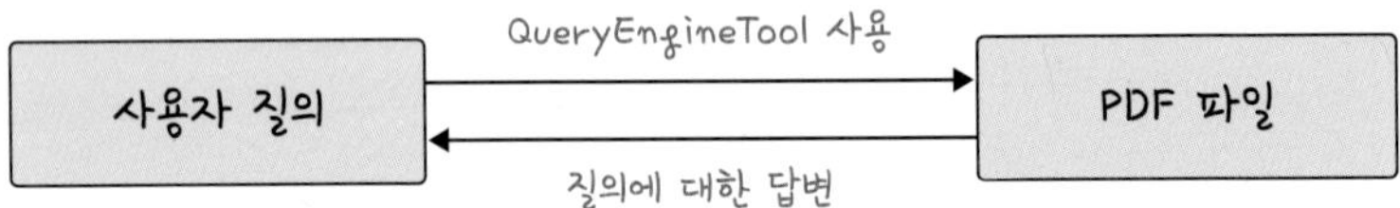

필요한 라이브러리를 설치합니다.

코드

```
!pip install llama-index python-dotenv "httpx==0.27.2"
```

다음은 라이브러리 설치 결과입니다.

실행결과

```
Collecting llama-index
  Downloading llama_index-0.12.2-py3-none-any.whl.metadata (11 kB)
Collecting python-dotenv
  Downloading python_dotenv-1.0.1-py3-none-any.whl.metadata (23 kB)
--중간 생략--
Installing collected packages: striprtf, filetype, dirtyjson, tenacity,
python-dotenv, pypdf, mypy-extensions, marshmallow, typing-inspect,
tiktoken, llama-cloud, dataclasses-json, llama-index-legacy, llama-index-
core, llama-parse, llama-index-readers-file, llama-index-llms-openai, llama-
index-indices-managed-llama-cloud, llama-index-embeddings-openai, llama-
index-readers-llama-parse, llama-index-multi-modal-llms-openai, llama-
```

```
index-cli, llama-index-agent-openai, llama-index-program-openai, llama-
index-question-gen-openai, llama-index
  Attempting uninstall: tenacity
    Found existing installation: tenacity 9.0.0
    Uninstalling tenacity-9.0.0:
    Successfully uninstalled tenacity-9.0.0
Successfully installed dataclasses-json-0.6.7 dirtyjson-1.0.8 filetype-1.2.0
llama-cloud-0.1.6 llama-index-0.12.2 llama-index-agent-openai-0.4.0
llama-index-cli-0.4.0 llama-index-core-0.12.2 llama-index-embeddings-
openai-0.3.1 llama-index-indices-managed-llama-cloud-0.6.3 llama-index-
legacy-0.9.48.post4 llama-index-llms-openai-0.3.2 llama-index-multi-modal-
llms-openai-0.3.0 llama-index-program-openai-0.3.1 llama-index-question-
gen-openai-0.3.0 llama-index-readers-file-0.4.0 llama-index-readers-llama-
parse-0.4.0 llama-parse-0.5.15 marshmallow-3.23.1 mypy-extensions-1.0.0
pypdf-5.1.0 python-dotenv-1.0.1 striprtf-0.0.26 tenacity-8.5.0
tiktoken-0.8.0 typing-inspect-0.9.0
```

설치한 라이브러리를 가져옵니다.

코드

```
import os
import nest_asyncio

from llama_index.core import VectorStoreIndex, SimpleDirectoryReader
from llama_index.core.tools import QueryEngineTool, ToolMetadata
from llama_index.core.query_engine import SubQuestionQueryEngine

os.environ["OPENAI_API_KEY"] = "sk..."
nest_asyncio.apply() # 중첩 실행 허용
```

설치한 라이브러리는 다음과 같습니다.

- **VectorStoreIndex**: 문서를 색인화하고 벡터화하여 효율적인 검색을 지원합니다.
- **SimpleDirectoryReader**: 디렉터리에서 문서를 읽고, 라마인덱스가 처리할 수 있는 데이터로 변환합니다.

- **QueryEngineTool**: 색인화된 데이터에서 질의(query)를 처리합니다.
- **ToolMetadata**: 질의 도구(QueryEngineTool)에 대한 메타데이터를 정의하고 관리합니다.
- **SubQuestionQueryEngine**: 복잡한 질문을 여러 하위 질문으로 나누어 처리합니다.

gpt-4o 모델을 설정합니다.

코드

```
from llama_index.llms.openai import OpenAI

# LLM 설정
llm = OpenAI(model="gpt-4o")  # 원하는 LLM 모델 설정
```

PDF 파일을 읽어옵니다. 파일은 /content/drive/MyDrive/store/에 위치하며(7.1.3절에서 만들어 두었던 폴더) 파일명은 '차세대 한국형 스마트팜 개발.pdf'입니다.

코드

```
# '/content/drive/MyDrive/store/'는 PDF 파일이 위치한 경로입니다.
pdf_file = SimpleDirectoryReader(
    input_dir="/content/drive/MyDrive/store/"
).load_data()
```

노트

오류가 발생해요.

코드를 실행했을 때 다음과 같은 오류가 발생한다면 구글 드라이브가 마운트되지 않았다는 의미입니다.

실행결과

```
ValueError: Directory /content/drive/MyDrive/store/ does not exist.
```

이 경우 마운트를 시켜줘야 합니다. 왼쪽 메뉴에서 **드라이브 마운트**를 클릭합니다.

▼ **그림 8-20** '드라이브 마운트' 클릭

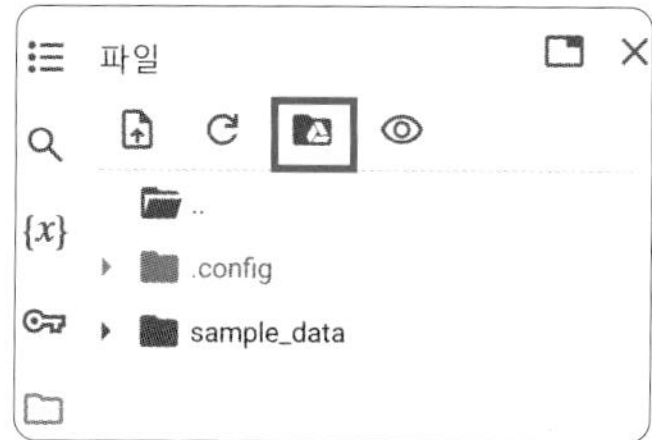

다음과 같은 코드가 나오면 **셀 실행**을 클릭합니다.

▼ **그림 8-21** '셀 실행' 클릭

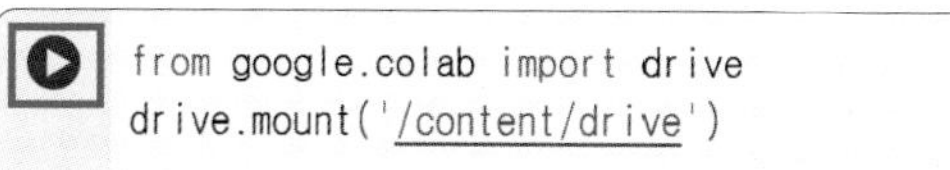

```
from google.colab import drive
drive.mount('/content/drive')
```

Google Drive에 연결을 클릭합니다.

▼ **그림 8-22** 'Google Drive에 연결' 클릭

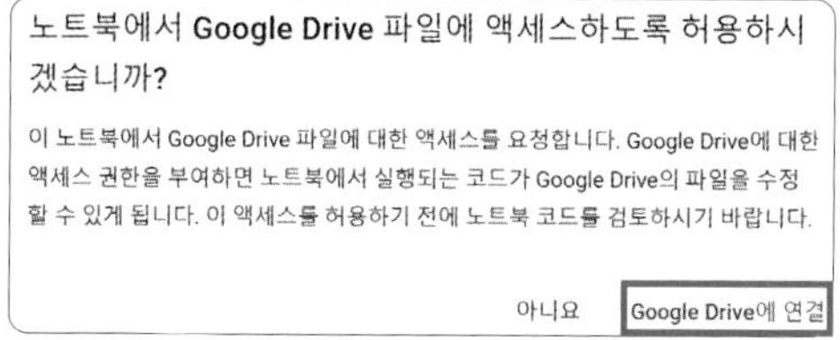

사용 중인 계정을 선택합니다. 다른 계정을 사용하려면 다른 계정 사용을 클릭한 후 계정과 비밀번호를 입력합니다.

▼ **그림 8-23** 계정 선택

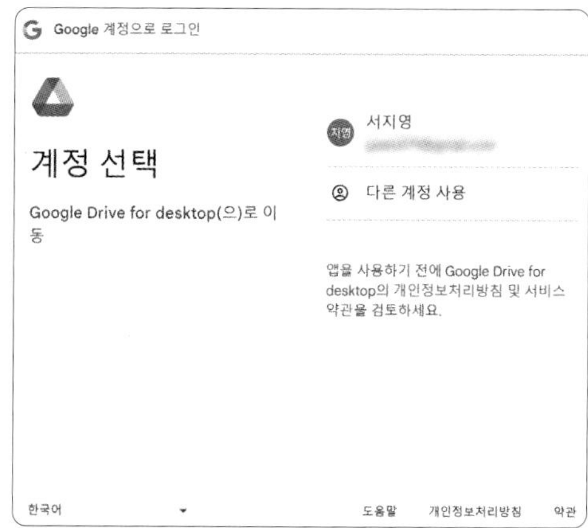

구글 계정으로 로그인하겠다는 화면이 나오면 **계속**을 클릭합니다.

▼ **그림 8-24** Google Drive에 로그인

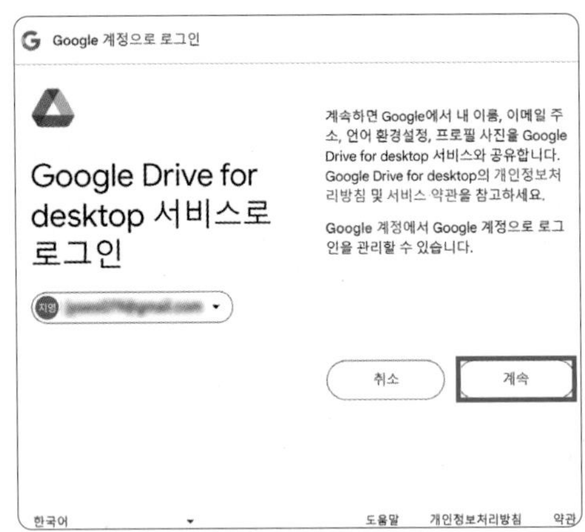

액세스 권한을 확인하는 단계로 **계속**을 클릭합니다.

▼ **그림 8-25** 액세스 권한 확인

그러면 다음과 같이 앞에서 생성되었던 코드가 실행됩니다.

▼ **그림 8-26** 코드 실행 후 드라이브 마운트

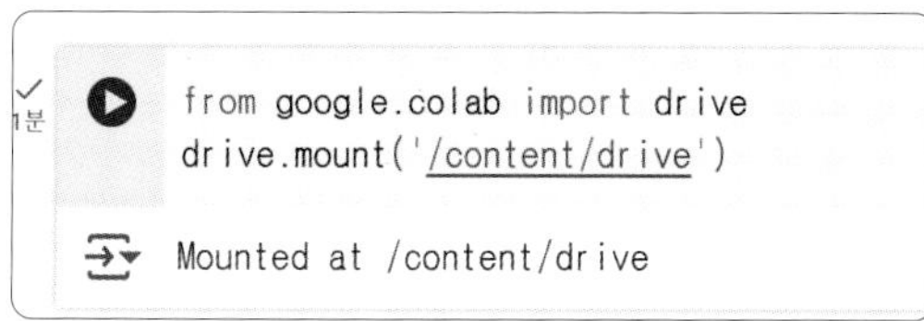

다시 왼쪽 메뉴로 돌아오면 drive라는 폴더가 보입니다. **drive > MyDrive > store**에 PDF 파일이 있는지 확인합니다.

▼ **그림 8-27** PDF 파일 확인

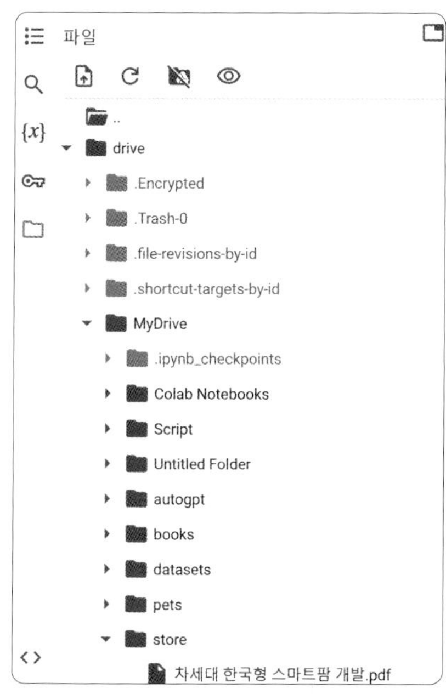

노트

파일의 경로는 어떻게 확인하나요?

참고로 파일의 경로를 확인하는 방법은 다음과 같습니다. PDF 파일에 마우스 커서를 위치시키면 ⋮ 이 나타납니다.

⋮ 을 클릭한 후 **경로 복사**를 선택합니다.

▼ 그림 8-28 PDF 파일에 마우스 위치

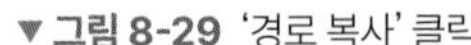

▼ 그림 8-29 '경로 복사' 클릭

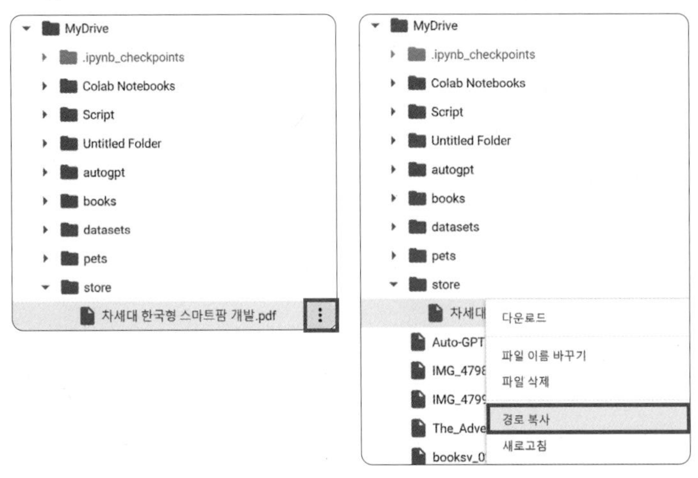

그리고 메모장에 붙여 넣으면 '/content/drive/MyDrive/store/차세대 한국형 스마트팜 개발.pdf'라고 파일의 경로를 확인할 수 있습니다.

PDF 파일을 벡터화한 후 질의 응답(query_engine) 기능을 활성화합니다.

코드

```
# 문서를 벡터로 변환하여 저장
vector_query_engine = VectorStoreIndex.from_documents(
    pdf_file,
    use_async=True,
).as_query_engine() # VectorStoreIndex를 기반으로 질의 응답 기능을 활성화
```

질의 응답 엔진(query_engine)과 이를 기반으로 하위 질문을 처리하기 위한 SubQuestionQueryEngine을 설정합니다.

코드

```
query_engine_tools = [
    QueryEngineTool(
        query_engine=vector_query_engine,
        metadata=ToolMetadata(
            name="Q&A bot",
            description="당신은 사용자 질문에 답변하는 봇입니다",
        ),
    ),
] # 사용자 질문에 대한 답변 생성

query_engine = SubQuestionQueryEngine.from_defaults(
    query_engine_tools=query_engine_tools,
    llm=llm,  # 추가된 LLM 사용
    use_async=True,
) # 복잡한 질문을 하위 질문(Sub-Question)으로 분리하여 처리하고 결과를 조합
```

PDF 파일의 내용과 관련된 질문을 합니다.

코드

```
response = query_engine.query(
    "한국형 스마트팜을 구축하기 위해 필요한 기술은?"
)
print(response)
```

다음은 사용자 질문에 대한 결과입니다.

실행결과

```
Generated 6 sub questions.
[Q&A bot] Q: 한국형 스마트팜을 구축하기 위해 필요한 주요 기술은 무엇인가요?
[Q&A bot] Q: 스마트팜 구축 시 고려해야 할 한국의 기후 및 환경적 요인은 무엇인가요?
[Q&A bot] Q: 한국형 스마트팜에 적합한 자동화 기술은 무엇인가요?
[Q&A bot] Q: 스마트팜 운영에 필요한 데이터 분석 기술은 무엇인가요?
[Q&A bot] Q: 한국형 스마트팜에서 활용할 수 있는 IoT 기술은 무엇인가요?
[Q&A bot] Q: 스마트팜의 에너지 효율성을 높이기 위한 기술은 무엇인가요?
[Q&A bot] A: 빅데이터 분석 기술
```

```
[Q&A bot] A: 에너지 효율성을 높이기 위한 기술은 에너지 최적화 및 로봇 자동화 등 스마트팜 통합시스템을 구현하는 것입니다.
[Q&A bot] A: When establishing a smart farm in Korea, it is important
to consider the country's aging agricultural population, high labor
intensity, difficulty in attracting young farmers, and the need for
efficient agricultural practices to enhance productivity and reduce labor.
Additionally, factors such as the optimal management of crop growth
environments, labor reduction, and productivity improvement through
technologies like IoT, big data, AI, and robotics should be taken into
account to address the challenges in the agricultural sector.
[Q&A bot] A: 사물인터넷(IoT) 기술을 활용하여 한국형 스마트팜에서는 농산물의 생육환경을 최적상태로 관리하고 노동력 절감 및 생산성 향상을 구현하는 효율적인 농업형태를 구현할 수 있습니다.
[Q&A bot] A: 한국형 스마트팜을 구축하기 위해 필요한 주요 기술은 사물인터넷, 빅데이터, 인공지능, 로봇 등을 활용하여 농산물의 생육환경을 최적상태로 관리하고 노동력 절감과 생산성 향상을 구현하는 효율적인 농업기술입니다.
[Q&A bot] A: 자동화 기술로는 인공지능을 활용한 생육환경 관리, 생산량 및 품질 향상을 위한 정밀한 생육관리, 환기/보온/영상감시/관수/난방/안전 시스템 등이 적합할 것으로 예상됩니다.
한국형 스마트팜을 구축하기 위해 필요한 기술은 사물인터넷, 빅데이터, 인공지능, 로봇 등을 활용하여 농산물의 생육환경을 최적상태로 관리하고 노동력 절감과 생산성 향상을 구현하는 효율적인 농업기술입니다.
```

PDF 파일과 관련된 다양한 질문을 해보세요.

크루AI

크루AI는 여러 에이전트가 협력하여 복잡한 작업을 수행할 수 있도록 설계된 프레임워크입니다. 먼저 개념부터 알아보겠습니다.

8.5.1 크루AI 개념 이해하기

요즘 '크루를 결성하다'라는 말을 종종 들을 수 있습니다. 여기서 크루는 동일한 목적을 갖는 사람들의 집합을 의미하는데, 크루AI에서의 크루(Crew) 역시 동일한 의미입니다. 다만 사람이 아니라 에이전트의 집합으로 보면 됩니다.

크루AI는 여러 AI 에이전트를 협력적으로 작동하게 만들어 복잡한 문제를 해결하도록 돕는 AI 프레임워크입니다. 각각의 에이전트는 특정 역할을 맡고, 크루로 구성되어 작업을 분담하며, 주어진 목표를 달성하기 위해 소통하고 협력합니다. 쉽게 말해 AI 기반의 팀워크를 하겠다는 의미죠.

크루AI의 다섯 가지 핵심 요소는 에이전트(Agents), 도구(Tools), 작업(Tasks), 프로세스(Process), 크루(Crews)입니다.

에이전트는 독립적으로 작업을 수행하며, 필요한 경우 다른 에이전트 또는 도구와 협력하는 역할을 합니다. 따라서 에이전트에는 역할, 목표 등의 정보가 포함될 수 있습니다.

도구는 에이전트가 작업을 수행하는 데 사용되는 것으로 단순한 검색 기능부터 API 사용과 같은 복잡한 통합 작업까지 가능합니다.

작업은 AI 에이전트가 완료해야 할 과제나 업무를 의미합니다. 작업에는 어떤 에이전트가 수행해야 하는지, 필요한 도구가 무엇인지와 같은 추가 정보가 포함될 수 있습니다.

프로세스는 에이전트들이 작업을 효율적으로 수행할 수 있도록 작업의 흐름을 조정하는 역할을 합니다. 즉, 작업이 어떤 순서로, 어떤 방식으로 수행되어야 하는지를 정의합니다.

마지막으로 **크루**는 특정 역할을 가진 에이전트들이 팀을 이루어 공통 목표를 달성하기 위해 협력하는 구조입니다. 따라서 크루는 에이전트를 모으고, 각자의 작업을 정의하며, 작업 수행 순서를 설정하는 역할을 합니다.

정리하면 다음과 같습니다.

- **에이전트**: 특정 역할과 책임을 가진 자율적 실행 단위입니다.
- **도구**: 에이전트가 작업을 수행하는 데 사용하는 외부 리소스 또는 기능입니다.
- **작업**: 에이전트가 수행해야 할 구체적인 과제입니다.

- **프로세스**: 작업의 실행 흐름을 나타냅니다.
- **크루**: 여러 에이전트로 구성된 팀을 의미합니다.

이 관계를 정리하면 다음 그림과 같이 표현할 수 있습니다.

▼ **그림 8-30** 크루AI 개념도

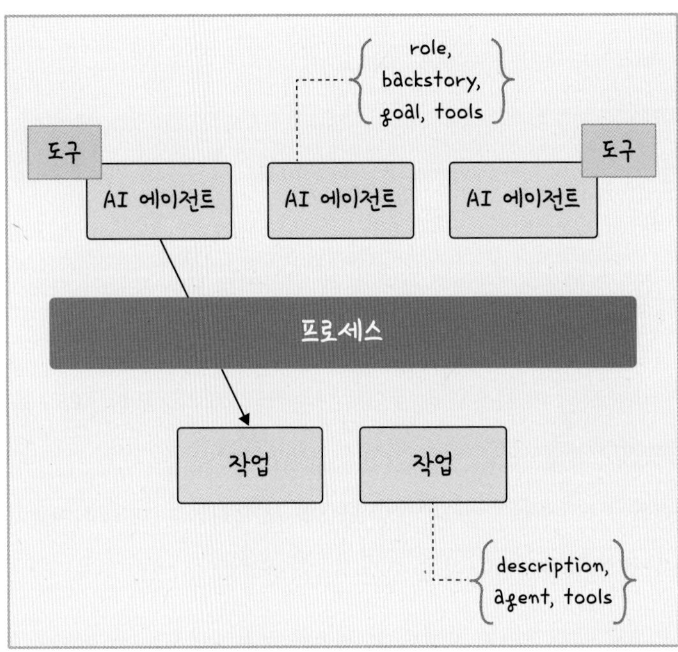

개념에 이어서 이번에는 파이썬으로 구현하는 방법에 대해 확인해봅시다.

8.5.2 크루AI로 에이전트 생성하기

크루AI 역시 두 가지 실습을 진행합니다. 먼저 간단하게 데이터를 웹에서 검색하고 답변을 작성하는 예제부터 알아보겠습니다.

(1) 데이터 검색 및 내용 작성하기

이번 실습에서는 사용자가 질의를 하면 그것을 검색하고 문장을 생성하는 과정을 구현합니다. 다음 그림과 같이 간단한 실습이니 잘 따라와주세요.

▼ **그림 8-31** 실습 개념도

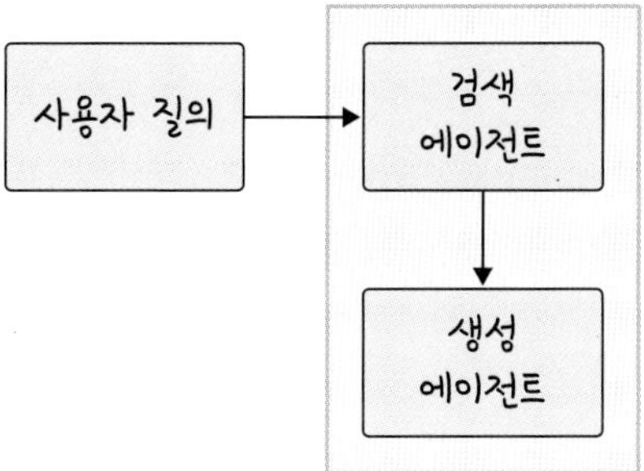

필요한 라이브러리를 설치합니다.

코드

```
!pip install 'crewai[tools]'
```

그러면 다음과 같은 결과를 보여줍니다. 이때 다음과 같이 오류가 발생할 수 있습니다. 하지만 마지막에 'Successfully'라는 단어가 있다면 정상적으로 설치된 것입니다.

실행결과

```
Collecting crewai[tools]
  Downloading crewai-0.85.0-py3-none-any.whl.metadata (19 kB)
Collecting appdirs>=1.4.4 (from crewai[tools])
  Downloading appdirs-1.4.4-py2.py3-none-any.whl.metadata (9.0 kB)
Collecting auth0-python>=4.7.1 (from crewai[tools])
  Downloading auth0_python-4.7.2-py3-none-any.whl.metadata (8.9 kB)
--중간 생략--
Attempting uninstall: langchain
    Found existing installation: langchain 0.3.7
    Uninstalling langchain-0.3.7:
    Successfully uninstalled langchain-0.3.7
ERROR: pip's dependency resolver does not currently take into account
```

```
all the packages that are installed. This behaviour is the source of the
following dependency conflicts.
tensorflow 2.17.1 requires protobuf!=4.21.0,!=4.21.1,!=4.21.2,!=4.21.3,!=
4.21.4,!=4.21.5,<5.0.0dev,>=3.20.3, but you have protobuf 5.29.1 which is
incompatible.
tensorflow-metadata 1.13.1 requires protobuf<5,>=3.20.3, but you have
protobuf 5.29.1 which is incompatible.
Successfully installed Mako-1.3.7 alembic-1.14.0 appdirs-1.4.4 asgiref-3.8.1
auth0-python-4.7.2 backoff-2.2.1 bcrypt-4.2.1 build-1.2.2.post1
chroma-hnswlib-0.7.6 chromadb-0.5.23 cohere-5.13.2 coloredlogs-15.0.1
crewai-0.85.0 crewai-tools-0.14.0 dataclasses-json-0.6.7 deprecation-2.1.0
docker-7.1.0 docx2txt-0.8 durationpy-0.9 embedchain-0.1.125 fastapi-0.115.6
fastavro-1.9.7 gptcache-0.1.44 grpcio-1.68.1 grpcio-tools-1.68.1 h2-
4.1.0 hpack-4.0.0 httptools-0.6.4 httpx-sse-0.4.0 humanfriendly-10.0
hyperframe-6.0.1 instructor-1.7.0 jedi-0.19.2 jiter-0.6.1 json-repair-0.30.3
jsonref-1.1.0 kubernetes-31.0.0 lancedb-0.16.0 langchain-0.3.9 langchain-
cohere-0.3.3 langchain-community-0.3.9 langchain-core-0.3.21 langchain-
experimental-0.3.3 langchain-openai-0.2.11 litellm-1.53.7 marshmallow-3.23.1
mem0ai-0.1.34 mmh3-5.0.1 monotonic-1.6 mypy-extensions-1.0.0 nodeenv-1.9.1
onnxruntime-1.20.1 openai-1.56.2 opentelemetry-exporter-otlp-proto-
common-1.28.2 opentelemetry-exporter-otlp-proto-grpc-1.28.2 opentelemetry-
exporter-otlp-proto-http-1.28.2 opentelemetry-instrumentation-0.49b2
opentelemetry-instrumentation-asgi-0.49b2 opentelemetry-instrumentation-
fastapi-0.49b2 opentelemetry-proto-1.28.2 opentelemetry-util-http-0.49b2
outcome-1.3.0.post0 overrides-7.7.0 parameterized-0.9.0 pdfminer.six-
20231228 pdfplumber-0.11.4 portalocker-2.10.1 posthog-3.7.4 protobuf-5.29.1
pydantic-settings-2.6.1 pylance-0.19.2 pypdf-5.1.0 pypdfium2-4.30.0
pypika-0.48.9 pyproject_hooks-1.2.0 pyright-1.1.390 pysbd-0.3.4
python-dotenv-1.0.1 pytube-15.0.0 pyvis-0.3.2 qdrant-client-1.12.1
schema-0.7.7 selenium-4.27.1 sortedcontainers-2.4.0 starlette-0.41.3
tiktoken-0.7.0 tomli-w-1.1.0 trio-0.27.0 trio-websocket-0.11.1 types-
requests-2.32.0.20241016 typing-inspect-0.9.0 uv-0.5.6 uvicorn-0.32.1
uvloop-0.21.0 watchfiles-1.0.0 websockets-14.1 wsproto-1.2.0
```

API 키를 위한 환경 변수를 설정합니다.

코드

```
import os
os.environ["OPENAI_API_KEY"] = "sk..." # openai 키 입력
os.environ["SERPER_API_KEY"] = "..." # serper 키 입력
```

크루AI 라이브러리를 사용하여 두 개의 에이전트(searching과 answer)를 설정합니다. searching은 데이터를 수집하고 answer는 이를 분석 및 설명하는 역할을 수행하도록 코드를 작성합니다.

코드

```
from crewai import Agent
from crewai_tools import SerperDevTool

# 구글 검색 API를 활용해 정보를 검색하는 기능을 제공
search_tool = SerperDevTool()

searching = Agent(
    role='Searching',
    goal='{topic}에 대한 적절한 내용을 찾아주세요',
    verbose=True,
    memory=True,
    backstory=("당신은 주제에 대한 검색에 최적화되어 있습니다."),
    tools=[search_tool],
    allow_delegation=True # 다른 에이전트에 작업을 위임할 수 있게 허용
) # searching 에이전트

answer = Agent(
    role='Writing',
    goal='{topic}에 대한 내용을 설명하세요',
    verbose=True,
    memory=True,
    backstory=("간결하면서도 명확하게 작성하세요."),
    tools=[search_tool], # answer도 검색 도구를 사용할 수 있음
    allow_delegation=False
) # answer 에이전트
```

여기서 사용된 라이브러리는 다음과 같습니다.

- **Agent**: 크루AI에서 제공하는 에이전트 클래스입니다. 역할(role), 목표(goal), 도구(tools) 등을 설정하여 다양한 작업을 수행합니다.
- **SerperDevTool**: 구글 검색 API를 사용하는 도구로, 에이전트가 실시간 정보를 검색할 수 있도록 지원합니다.

Task 라이브러리를 사용하여 두 개의 작업을 정의합니다.

코드

```
from crewai import Task # 크루AI에서 특정 작업을 정의하고 실행

search_task = Task(
    description=(
        "{topic}에서 주목할 만한 키워드를 파악하세요. 장점과 단점을 식별하고 전반적
인 관점으로 분석하세요."
    ),
    expected_output='{topic}에 검색 결과를 3문단 분량으로 정리하세요.',
    tools=[search_tool],
    agent=searching,
) # 첫 번째 작업, searching 에이전트를 사용해 {topic}에 대한 검색 결과를 작성

answer_task = Task(
    description=(
        "{topic}에 대한 통찰력 있는 기사를 작성하세요. 최신 동향과 그것의 파급력을
중점적으로 다루세요."
    ),
    expected_output='{topic}에 관한 4문단짜리 기사로, 마크다운 형식으로 작성하세요.',
    tools=[search_tool],
    agent=answer,
    async_execution=False,
    output_file='/content/new-blog-post.md' # 결과 지정한 파일에 저장
) # 두 번째 작업, answer 에이전트를 사용하여 {topic}에 대한 기사를 작성
```

crew 객체를 생성하고, searching과 answer 에이전트가 search_task와 answer_task를 수행하도록 설정합니다.

코드

```
from crewai import Crew, Process

crew = Crew( # crew 객체 설정
   agents=[searching, answer], # crew 객체에 포함된 에이전트 리스트
   tasks=[search_task, answer_task], # crew 객체에 포함된 작업 리스트
   process=Process.sequential, # 작업을 순차적으로 실행
   memory=True, # 대화 기록을 메모리에 저장하여 재사용
       cache=True,
       max_rpm=100,
       share_crew=True
)
```

여기서 사용된 라이브러리는 다음과 같습니다.

- **Crew**: 여러 에이전트와 작업을 통합하여 효율적으로 관리하는 클래스입니다.
- **Process**: 작업 처리 방식을 결정하는 클래스입니다. 예를 들어 Process.sequential은 작업을 순차적으로 실행하라는 의미입니다.

kickoff 메서드를 활용하여 정의된 작업과 에이전트를 실행하고, 그 결과를 출력합니다.

코드

```
result = crew.kickoff(
    inputs={'topic': 'AI 에이전트가 AI 산업에 미치는 영향은?'}
) # crew 객체에 정의된 작업과 에이전트를 실행
print(result)
```

그러면 다음과 같은 결과를 보여줍니다. searching은 웹에서 검색을 하고, answer는 질문에 대한 답변을 작성해줍니다.

실행결과

```
# Agent: Searching
## Task: AI 에이전트가 AI 산업에 미치는 영향은?에서 주목할 만한 키워드를 파악하세요.
장점과 단점을 식별하고 전반적인 관점으로 분석하세요.
```

```
# Agent: Searching
## Using tool: Search the internet
## Tool Input:
"{\"search_query\": \"AI agents impact on the AI industry advantages
disadvantages analysis\"}"
## Tool Output:
```

```
{'searchParameters': {'q': 'AI agents impact on the AI industry advantages
disadvantages analysis', 'type': 'search', 'num': 10, 'engine': 'google'},
'organic': [{'title': "What are the risks and benefits of 'AI agents'? ¦
World Economic Forum", 'link': 'https://www.weforum.org/stories/2024/12/ai-
agents-risks-artificial-intelligence/', 'snippet': 'In a world of talent
scarcity, AI agents can help to close skills gaps in various industries,
where human expertise is lacking or in high demand ...', 'position': 1},
{'title': 'Top 5 Advantages and Disadvantages of Using AI Agents', 'link':
'https://hardiks.medium.com/top-5-advantages-and-disadvantages-of-using-ai-
agents-31b9213e705a', 'snippet': 'AI agents also minimize the risk of human
error, which can lead to costly mistakes. Industries such as manufacturing,
logistics, and customer ...', 'position': 2}, {'title': 'What are the
advantages and disadvantages of artificial intelligence?', 'link': 'https://
www.tableau.com/data-insights/ai/advantages-disadvantages', 'snippet':
'Adopting AI has a myriad of benefits, but the disadvantages include things
like the cost of implementation and degradation over time.', 'position': 3},
{'title': 'What is an AI Agent? Characteristics, Advantages, Challenges ...',
'link': 'https://www.simform.com/blog/ai-agent/', 'snippet': 'Reasoning
and decision-making: AI agents are intelligent tools that can analyze data
and make decisions to achieve goals. They use reasoning ...', 'position':
4}, {'title': 'Advantages and Disadvantages of AI ¦ Salesforce US',
'link': 'https://www.salesforce.com/artificial-intelligence/advantages-
disadvantages-ai/', 'snippet': 'What are the advantages and disadvantages
of AI? Learn about the benefits AI offers and the challenges it poses to
business and society.', 'position': 5}, {'title': 'Blog: AI Agents: Types,
Functions, Advantages & Challenges', 'link': 'https://lablab.ai/blog/the-
best-ai-agents-in-2023', 'snippet': 'AI agents offer numerous benefits,
such as improved efficiency, automation, decision-making, and problem-
solving capabilities in various fields ...', 'position': 6}, {'title':
'Artificial Intelligence Advantages & Disadvantages - IBM', 'link':
'https://www.ibm.com/think/insights/artificial-intelligence-advantages-
disadvantages', 'snippet': 'AI development and deployment can come with
```

data privacy concerns, job displacements and cybersecurity risks, not to mention the massive ...', 'position': 7}, {'title': 'Balancing the Pros and Cons of AI in the Workplace - New Horizons', 'link': 'https://www.newhorizons.com/resources/blog/pros-and-cons-of-ai-in-the-workplace', 'snippet': 'Decisions made by AI may be affected by biases inherent in the training data, which can lead to unfair consequences. Moreover, there are serious ...', 'position': 8}, {'title': 'AI Agents : The Future of Intelligent Automation - Akira AI', 'link': 'https://www.akira.ai/blog/what-are-ai-agents', 'snippet': 'AI agents revolutionize task management with autonomous functionality, enhancing efficiency and reducing manual oversight.', 'position': 9}, {'title': 'Understanding AI Agents: Insights into Next-Gen Artificial Intelligence', 'link': 'https://www.inscribe.ai/ai-for-financial-services/ai-agent', 'snippet': 'This article unpacks the various types of AI agents, the ways they impact industries, and the challenges developers face, equipping you with ...', 'position': 10}], 'peopleAlsoAsk': [{'question': 'What are the disadvantages of AI agents?', 'snippet': "Despite their potential, AI agents pose certain risks around technical limitations, ethical concerns and broader societal impacts associated with a system's level of autonomy and the overall potential of its use when humans are removed from the loop.\nDec 16, 2024", 'title': "What are the risks and benefits of 'AI agents'? | World Economic Forum", 'link': 'https://www.weforum.org/stories/2024/12/ai-agents-risks-artificial-intelligence/'}, {'question': 'What is AI and what are the advantages and disadvantages of AI?', 'snippet': 'But beyond the headlines that either peddle hype or fear, what does AI do? The advantages range from streamlining, saving time, eliminating biases, and automating repetitive tasks, just to name a few. The disadvantages are things like costly implementation, potential human job loss, and lack of emotion and creativity.', 'title': 'What are the advantages and disadvantages of artificial intelligence?', 'link': 'https://www.tableau.com/data-insights/ai/advantages-disadvantages'}, {'question': 'What is the impact of AI on intelligence analysis?', 'snippet': 'The adoption of AI for intelligence analysis enables intelligence agencies to meet the deluge of data created by digital communications and so using AI to facilitate the analysis of data will prove a key strategic advantage.', 'title': 'The Ethics of Artificial Intelligence for Intelligence Analysis: a Review of ...', 'link': 'https://pmc.ncbi.nlm.nih.gov/articles/PMC10073779/'}, {'question': 'What are intelligent agents and how are they used in AI?', 'snippet': 'An

```
intelligent agent is a program that can make decisions or perform a service
based on its environment, user input and experiences. These programs
can be used to autonomously gather information on a regular, programmed
schedule or when prompted by the user in real time.', 'title': 'What is an
Intelligent Agent? ¦ Definition from TechTarget', 'link': 'https://www.
techtarget.com/searchenterpriseai/definition/agent-intelligent-agent'}],
'relatedSearches': [{'query': 'Ai agents impact on the ai industry
advantages disadvantages analysis essay'}, {'query': 'Advantages and
disadvantages of AI'}, {'query': '10 benefits of artificial intelligence'},
{'query': 'Disadvantages of artificial intelligence'}, {'query':
'Disadvantages of artificial intelligence PDF'}, {'query': 'Advantages
and disadvantages of AI essay'}, {'query': 'Disadvantages of AI in daily
life'}, {'query': 'Advantages and disadvantages of Artificial Intelligence
ppt'}], 'credits': 1}
# Agent: Writing
## Task: Write a three-paragraph analysis on the impact of AI agents on the
AI industry, focusing on key advantages and disadvantages.
--중간 생략--

# Agent: Writing
## Final Answer:
# AI 에이전트가 AI 산업에 미치는 영향

AI 에이전트의 등장인는 AI 산업에 깊은 영향을 미치고 있으며, 생산성과 효율성을 크게
향상시키는 장점을 제공하고 있습니다. 이러한 에이전트는 반복적이고 단순한 작업을 처리
하는 데 탁월하여, 인적 자원이 보다 복잡하고 전략적인 업무에 집중할 수 있도록 합니다.
데이터 분석 능력이 뛰어난 AI 에이전트는 대량의 정보를 신속하고 정확하게 처리함으로써
여러 섹터, 특히 의료, 금융, 고객 서비스 등에서 의사 결정 과정을 개선하고 운영 효율성
을 극대화하고 있습니다.

그러나 AI 에이전트의 부상에는 간과할 수 없는 위험도 따릅니다. 주요 걱정 중 하나는 바
로 일자리 대체입니다. 자동화의 상승으로 인해 전통적으로 인간이 수행해 온 작업들을 AI
가 대체함으로써, 특히 일상적인 작업이 많은 산업에서 고용 문제가 발생할 수 있습니다.
이러한 변화는 일자리 감소와 관련된 심각한 도전과제를 초래할 수 있으며, 기업들은 이를
해결하기 위해 체계적인 접근이 필요합니다.

또한, AI 에이전트의 자율성과 의사 결정 능력은 윤리적 문제를 야기할 수 있습니다. 알고
리즘의 편향과 같은 예기치 않은 결과로 이어질 수 있으며, 기업은 이러한 윤리적 딜레마를
```

```
신중하게 다루어야 합니다. AI 구현이 공정성과 무결성을 해치지 않도록 하는 것이 매우 중
요합니다. 이해관계자들은 에이전트를 도입할 때 이러한 윤리적 기준을 강화해야 할 필요가
있습니다.

결론적으로, AI 에이전트는 AI 산업의 혁신과 효율성을 증진하는 변화를 이끌고 있지만,
이에 따른 위험 요소도 함께 고려해야 합니다. 일자리 손실을 줄이고 윤리적 기준을 강화하
는 전략을 통해 AI 산업이 AI 에이전트의 모든 잠재력을 활용하면서도 부정적인 영향을 최
소화할 수 있도록 해야 합니다. 이런 균형 잡힌 접근이 AI 시대에서 지속 가능하고 공정한
미래를 여는 열쇠가 될 것입니다.
```

크루AI와 조금 더 친숙해지기 위해 실습을 하나 더 해볼까요? 이번에는 유튜브에서 필요한 내용을 검색해보겠습니다.

(2) 특정 유튜브 채널에서 데이터 검색하기

이번 실습 역시 앞에서 해본 실습과 유사합니다. 단지 사용자의 질의가 특정 유튜브 채널에 해당된다는 것만 다릅니다. 앞의 실습과 비교하면서 진행해주세요.

▼ 그림 8-32 실습 개념도

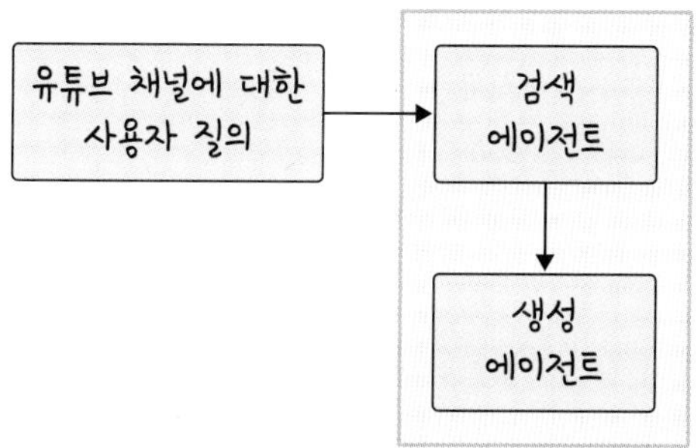

필요한 라이브러리를 설치합니다.

코드

```
!pip install 'crewai[tools]'
```

그러면 다음과 같은 결과를 보여줍니다.

실행결과

```
Collecting crewai[tools]
  Downloading crewai-0.85.0-py3-none-any.whl.metadata (19 kB)
Collecting appdirs>=1.4.4 (from crewai[tools])
  Downloading appdirs-1.4.4-py2.py3-none-any.whl.metadata (9.0 kB)
Collecting auth0-python>=4.7.1 (from crewai[tools])
  Downloading auth0_python-4.7.2-py3-none-any.whl.metadata (8.9 kB)
--중간 생략--
Attempting uninstall: langchain
    Found existing installation: langchain 0.3.7
    Uninstalling langchain-0.3.7:
    Successfully uninstalled langchain-0.3.7
ERROR: pip's dependency resolver does not currently take into account
all the packages that are installed. This behaviour is the source of the
following dependency conflicts.
tensorflow 2.17.1 requires protobuf!=4.21.0,!=4.21.1,!=4.21.2,!=4.21.3,!=
4.21.4,!=4.21.5,<5.0.0dev,>=3.20.3, but you have protobuf 5.29.1 which is
incompatible.
tensorflow-metadata 1.13.1 requires protobuf<5,>=3.20.3, but you have
protobuf 5.29.1 which is incompatible.
Successfully installed Mako-1.3.7 alembic-1.14.0 appdirs-1.4.4 asgiref-3.8.1
auth0-python-4.7.2 backoff-2.2.1 bcrypt-4.2.1 build-1.2.2.post1
chroma-hnswlib-0.7.6 chromadb-0.5.23 cohere-5.13.2 coloredlogs-15.0.1
crewai-0.85.0 crewai-tools-0.14.0 dataclasses-json-0.6.7 deprecation-2.1.0
docker-7.1.0 docx2txt-0.8 durationpy-0.9 embedchain-0.1.125 fastapi-0.115.6
fastavro-1.9.7 gptcache-0.1.44 grpcio-1.68.1 grpcio-tools-1.68.1 h2-
4.1.0 hpack-4.0.0 httptools-0.6.4 httpx-sse-0.4.0 humanfriendly-10.0
hyperframe-6.0.1 instructor-1.7.0 jedi-0.19.2 jiter-0.6.1 json-repair-0.30.3
jsonref-1.1.0 kubernetes-31.0.0 lancedb-0.16.0 langchain-0.3.9 langchain-
cohere-0.3.3 langchain-community-0.3.9 langchain-core-0.3.21 langchain-
experimental-0.3.3 langchain-openai-0.2.11 litellm-1.53.7 marshmallow-3.23.1
mem0ai-0.1.34 mmh3-5.0.1 monotonic-1.6 mypy-extensions-1.0.0 nodeenv-1.9.1
onnxruntime-1.20.1 openai-1.56.2 opentelemetry-exporter-otlp-proto-
common-1.28.2 opentelemetry-exporter-otlp-proto-grpc-1.28.2 opentelemetry-
exporter-otlp-proto-http-1.28.2 opentelemetry-instrumentation-0.49b2
opentelemetry-instrumentation-asgi-0.49b2 opentelemetry-instrumentation-
fastapi-0.49b2 opentelemetry-proto-1.28.2 opentelemetry-util-http-0.49b2
outcome-1.3.0.post0 overrides-7.7.0 parameterized-0.9.0 pdfminer.six-
```

```
20231228 pdfplumber-0.11.4 portalocker-2.10.1 posthog-3.7.4 protobuf-5.29.1
pydantic-settings-2.6.1 pylance-0.19.2 pypdf-5.1.0 pypdfium2-4.30.0
pypika-0.48.9 pyproject_hooks-1.2.0 pyright-1.1.390 pysbd-0.3.4
python-dotenv-1.0.1 pytube-15.0.0 pyvis-0.3.2 qdrant-client-1.12.1
schema-0.7.7 selenium-4.27.1 sortedcontainers-2.4.0 starlette-0.41.3
tiktoken-0.7.0 tomli-w-1.1.0 trio-0.27.0 trio-websocket-0.11.1 types-
requests-2.32.0.20241016 typing-inspect-0.9.0 uv-0.5.6 uvicorn-0.32.1
uvloop-0.21.0 watchfiles-1.0.0 websockets-14.1 wsproto-1.2.0
```

OpenAI 키를 위한 환경 변수를 설정합니다.

코드

```
import os
os.environ["OPENAI_API_KEY"] = "sk..." # openai 키 입력
```

특정 유튜브 채널을 지정합니다. 교재에서는 @AI-km1yn을 사용했지만 필요에 따라 변경할 수 있습니다.

코드

```
from crewai_tools import YoutubeChannelSearchTool

# 특정 유튜브 채널에서 데이터 검색하기
yt_tool = YoutubeChannelSearchTool(
    youtube_channel_handle='@AI-km1yn'
)
```

실행하면 다음과 같은 결과가 나옵니다.

실행결과

```
Inserting batches in chromadb: 100%|██████████| 1/1 [00:00<00:00,
3.72it/s]
```

크루AI 라이브러리를 사용하여 두 개의 에이전트(searching과 answer)를 정의합니다.

코드

```
from crewai import Agent, LLM

searching = Agent(
    role='YouTube 비디오에서 전문가 수준의 콘텐츠를 연구',
    goal='{topic}와 관련된 유튜브 비디오의 모든 콘텐츠를 검색하세요.',
    verbose=True,
    memory=True,
    backstory=(
        'AI에 관한 유튜브 비디오를 이해하고 파악하는데 전문가.'
        '머신러닝(Machine Learning), 딥러닝(Deep Learning), 생성형
AI(Generative AI)에 관한 유튜브 비디오를 이해하고 분석하며, 관련 콘텐츠를 제공하는
전문가.'
   ),
    tool = [yt_tool],
    allow_delegation=True
) # searching 에이전트, 유튜브에서 도메인 전문가 수준의 콘텐츠를 검색하고 분석

answer = Agent(
    role='기사 작성자',
    goal='유튜브 비디오 주제: {topic}에 대한 체계적이고 유익한 기사를 작성하세요.',
    verbose=True,
    memory=True,
    backstory=(
       '복잡한 기술적인 내용을 명확히 이해하고 체계적으로 답변을 작성하세요.'
    ),
    tool = [yt_tool],
    allow_delegation=False
) # answer 에이전트, searching 에이전트가 수집한 정보를 바탕으로 기사를 작성
```

Task 라이브러리를 사용하여 두 가지 작업(search_task, answer_task)을 정의합니다.

코드

```
from crewai import Task

search_task = Task(
    description=(
```

```
        "YouTube 비디오 {topic}을 검색하세요."
        "채널에서 비디오에 대한 전문적이고 자세한 콘텐츠나 정보를 가져오세요."
    ),
    expected_output='{topic}을 주제로 검색한 내용을 4단락으로 정리하세요.', # 작
업의 예상 결과
    tools = [yt_tool],
    agent = searching
) # search_task는 주어진 {topic}과 관련된 유튜브 데이터를 수집하고 분석

answer_task = Task(
    description=(
        "YouTube 채널의 비디오에서 {topic}에 대한 기사를 작성하세요."
  ),
    expected_output='YouTube 채널의 내용을 요약하고, YouTube 채널 비디오를 바탕
으로 {topic}에 대한 자세하고 체계적인 기사를 작성하세요.',
    tools = [yt_tool],
    agent=answer,
    async_execution=False,
    output_file='/content/new-article.md'
) # answer_task는 search_task에서 수집된 정보를 바탕으로 {topic}에 대한 기사를
작성
```

에이전트와 작업을 통합 관리하는 crew 객체를 생성하고 실행합니다. searching과 answer라는 두 에이전트가 각각 search_task와 answer_task라는 작업을 순차적으로 수행합니다.

코드

```
from crewai import Crew,Process

crew = Crew( # crew 객체 생성
   agents=[searching, answer],
   tasks=[search_task, answer_task],
   process=Process.sequential,
   memory=True,
   cache=True,
   max_rpm=100,
   share_crew=True
```

```
)

result = crew.kickoff(
    inputs={'topic': 'AI Agent가 무엇인가요?'}
) # 작업 실행
print(result)
```

그러면 결과는 다음과 같습니다. 유튜브 내용 자체가 영문이었음에도 한글로 답변을 보여줍니다.

실행결과

```
# Agent: YouTube 비디오에서 전문가 수준의 콘텐츠를 연구
## Task: YouTube 비디오 AI Agent가 무엇인가요?을 검색하세요.채널에서 비디오에 대한 전문적이고 자세한 콘텐츠나 정보를 가져오세요.
WARNING:chromadb.segment.impl.vector.local_persistent_hnsw:Number of requested results 3 is greater than number of elements in index 1, updating n_results = 1

# Agent: YouTube 비디오에서 전문가 수준의 콘텐츠를 연구
## Using tool: Search a Youtube Channels content
## Tool Input:
"{\"search_query\": \"AI Agent\\uac00 \\ubb34\\uc5c7\\uc778\\uac00\\uc694?\"}"
## Tool Output:
Relevant Content:
@AI-km1yn
WARNING:chromadb.segment.impl.vector.local_persistent_hnsw:Number of requested results 3 is greater than number of elements in index 1, updating n_results = 1

# Agent: YouTube 비디오에서 전문가 수준의 콘텐츠를 연구
## Using tool: Search a Youtube Channels content
## Tool Input:
"{\"search_query\": \"AI Agent\\ub780?\"}"
## Tool Output:
Relevant Content:
```

```
@AI-km1yn
WARNING:chromadb.segment.impl.vector.local_persistent_hnsw:Number of
requested results 3 is greater than number of elements in index 1, updating
n_results = 1

# Agent: YouTube 비디오에서 전문가 수준의 콘텐츠를 연구
## Using tool: Search a Youtube Channels content
## Tool Input:
"{\"search_query\": \"AI Agent \\uc124\\uba85\"}"
## Tool Output:
Relevant Content:
@AI-km1yn

You ONLY have access to the following tools, and should NEVER make up tools
that are not listed here:

Tool Name: Search a Youtube Channels content
Tool Arguments: {'search_query': {'description': 'Mandatory search query
you want to use to search the Youtube Channels content', 'type': 'str'}}
Tool Description: A tool that can be used to semantic search a query the @
AI-km1yn Youtube Channels content.
--중간 생략--

# Agent: 기사 작성자
## Final Answer:
## AI Agent란 무엇인가요?

AI Agent는 컴퓨터 시스템으로, 알고리즘과 모델을 활용하여 임무를 수행하고 결정을 내
리며 주변 환경과 상호 작용하는 능력을 가진 엔티티입니다. 이러한 AI 에이전트는 센서
기술을 통해 주변 정보를 인식하고, AI 기술을 통해 데이터를 처리한 후, 프로그래밍 및
학습한 경험에 따라 행동을 취하도록 설계되었습니다. 이러한 인식(perception), 처리
(processing) 및 행동(action)의 기능적 삼위일체는 AI 에이전트를 단순한 자동화 시스
템과 구별짓는 요소입니다. AI 에이전트는 동적 상황에서 적응성과 지능을 보여주는 능력을
갖추고 있습니다.

### AI Agent의 기능
```

AI Agent의 기능은 광범위하며 여러 분야에서 분류할 수 있습니다. 대표적인 기능으로는 자율 내비게이션(autonomous navigation), 자연어 처리(natural language processing), 그리고 데이터 분석(data analysis) 등이 있습니다.

1. **자율 내비게이션**: 자율주행차에서 AI Agent는 차량 주변의 감지 데이터를 실시간으로 해석하여 가속, 제동, 차선 변경 등의 결정을 내립니다. 이는 모든 자율주행 시스템에서 필수적인 요소입니다.
2. **자연어 처리**: 고객 서비스 분야에서는 AI 기반 챗봇이 고객의 문의를 이해하고 자연어 처리를 통해 응답합니다. 이를 통해 원활한 상호 작용과 효율적인 문의 해결이 가능해집니다.
3. **데이터 분석**: 데이터 기반 환경에서는 AI Agent가 대량의 데이터 세트를 분석하여 실행 가능한 통찰력을 추출하며, 이는 일반적으로 인간의 판단이 필요한 의사 결정 과정을 자동화하는 데 기여합니다.

AI Agent의 예시

AI Agent의 예는 다양한 기술에서 찾아볼 수 있습니다. 아마존의 알렉사(Alexa)나 애플의 시리(Siri)는 자연어 처리와 머신러닝을 활용하여 사용자 작업을 관리하고 정보를 제공하며 스마트 홈 장치를 제어하는 AI Agent입니다.
의료 분야에서도 AI Agent는 의료 데이터를 분석하여 진단을 지원하고, 환자 치료에 있어 더욱 빠르고 정확한 의사 결정을 가능하게 합니다. 로봇 공학에서는 자율 드론과 로봇이 농업 및 감시와 같은 산업에서 에이전트로서 운영의 효율성을 높이고 인적 노동을 줄이는 데 기여하고 있습니다.

AI Agent의 응용 분야

AI Agent의 응용은 금융, 의료, 운송, 그리고 엔터테인먼트 등 다양한 분야에 걸쳐 있습니다.
- **금융**: AI Agent는 알고리즘 거래에 활용되어 시장 트렌드를 분석하고, 인간 거래자보다 더 빠르게 거래를 실행합니다.
- **엔터테인먼트**: Netflix나 Spotify의 추천 시스템은 사용자의 취향을 분석하여 맞춤형 콘텐츠를 제안하는 AI Agent로 기능합니다.
AI 기술이 발전함에 따라 AI Agent의 역할은 더욱 확장될 것으로 전망됩니다. 점점 더 복잡한 문제를 해결할 수 있는 능력을 갖추게 되어, 다양한 산업에서 새로운 기능을 활성화할 가능성이 높아지고 있습니다.
이처럼 AI Agent는 우리의 일상 속에서 다양한 방식으로 존재하며, 앞으로의 발전은 인류의 삶에 큰 영향을 미칠 것으로 기대됩니다.

사용 방법이 많이 어렵지는 않죠? 두 가지 실습이 비슷한 점이 많아서 진행해보면 코드가 금방 눈에 들어올 것입니다. 크루AI는 여기까지 진행하고, 사용자들에게 가장 관심을 많이 받고 있는 랭그래프에 대해 알아봅시다.

8.6 랭그래프 활용하기

랭그래프는 **여러 단계의 작업을 처리하거나, 필요하면 같은 작업을 반복할 수 있게 도와주는 프레임워크**입니다. 특히 그래프를 이용하여 시각적으로 확인할 수 있는 장점이 있습니다. 먼저 랭그래프의 개념부터 알아봅시다.

8.6.1 랭그래프 개념 이해하기

랭그래프는 랭체인의 생태계에서 파생되었으며, 워크플로를 구조화하고 시각적으로 관리할 수 있는 프레임워크입니다. 복잡한 작업을 그래프 기반으로 설계하며, 에이전트와 도구를 사용하여 자동화된 시스템을 구축할 수 있습니다. 앞에서 여러 프레임워크를 소개했지만, 개발자들이 가장 많이 찾고 있는 프레임워크 중 하나라고 할 수 있습니다.

랭체인은 비순환 그래프(DAG, Directed Acyclic Graph)를 사용하여 선형적인 워크플로를 생성할 수 있도록 하지만, 랭그래프는 이를 한 단계 발전시켜 순환(cycle)을 추가할 수 있습니다. 이러한 순환 구조는 프로세스를 지속적으로 반복하며, 변화하는 조건에 따라 어떤 작업을 수행할지 동적으로 결정할 수 있는 장점이 있습니다. 비순환 그래프와 순환 그래프는 다음과 같은 차이점이 있습니다.

▼ **표 8-1** 비순환 그래프와 순환 그래프 차이

특징	비순환 그래프(DAG)	순환 그래프
순환 여부	순환이 없음	순환이 있음
개념도	시작 Step A Step B Step C 끝	시작 Step A Step B Step C 끝
작업 흐름	선형적, 계층적 작업 흐름	동적, 반복적 작업 가능
사용 목적	작업 스케줄링, 의존성 관리, 데이터 흐름	상태 변화 관리, 반복 학습
시작/종료 노드	시작과 끝이 명확	시작과 끝이 명확하지 않을 수 있음
복잡성	상대적으로 단순	상대적으로 복잡

랭그래프의 핵심은 상태를 유지하는 그래프 개념에 있습니다. 따라서 다음과 같은 핵심 개념을 이해하는 것이 필요합니다.

- **상태 그래프(StateGraph)**: 작업(Task)의 흐름(상태와 전환)을 정의하는 그래프로 각 작업 단계를 노드(node)로, 단계 간의 연결을 에지(edge)로 표현합니다.
- **노드(Node)**: 작업의 개별 단계를 나타냅니다. 각 노드는 특정 작업(예 검색, 계산, 응답 생성)을 수행할 수 있습니다.
- **에지(Edge)**: 단계 간의 연결을 나타냅니다. 예를 들어 조건에 따라 다음 단계로 전환하거나 특정 흐름을 선택할 수 있습니다.
- **상태(State)**: 각 노드(Node)와 에지(Edge) 간에 데이터를 전달하고, 조건에 따라 작업을 동적으로 변경할 수 있도록 지원합니다.

- **워크플로(Workflow)**: 노드와 에지를 연결하는 전체 작업 흐름을 의미합니다. 즉, 입력 데이터를 처리하여 최종 결과를 생성하는 전 단계를 의미합니다.
- **에이전트(Agent)**: 작업을 수행하는 실행 단위입니다.
- **도구(Tool)**: 에이전트가 작업을 수행하기 위해 사용하는 추가 기능(API, 검색 엔진 등)입니다.

핵심 개념을 그림으로 표현하면 다음과 같습니다.

▼ **그림 8-33** 랭그래프 개념도

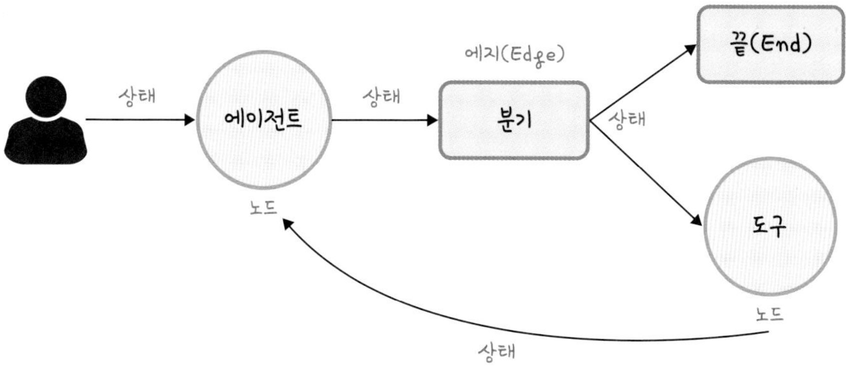

이와 같이 랭그래프를 이용하면 그래프 구조, 상태 등을 원활하게 관리함으로써 멀티에이전트 애플리케이션을 손쉽게 구축할 수 있습니다.

그럼 이어서 랭그래프를 파이썬으로 어떻게 구현하는지 알아봅시다.

8.6.2 랭그래프로 에이전트 생성하기

랭그래프에 대한 실습은 랭체인과 함께 사용하는 것으로 진행합니다. 따라서 다른 프레임워크와는 다르게 네 가지 실습을 진행할 예정이니 다른 프레임워크와의 차이점을 고려하여 살펴보세요.

(1) Tavily를 이용한 정보 검색하기

먼저 간단하게 웹에서 정보를 검색하는 예제를 진행해보겠습니다. 에이전트는 사용자의 질의를 분석한 뒤, Tavily 도구를 통해 검색한 정보를 LLM으로 전달하여 답변을 제공합니다. 그러나 LLM이 이미 학습한 내용을 바탕으로 직접 답변할 수 있는 경우에는 Tavily를 사용할 필요가 없을 것입니다(물론, 이는 설계 방식에 따라 달라질 수 있습니다). 따라서 Tavily를 활용한 정보 검색은 주로 다음과 같은 상황에서 이루어질 가능성이 높습니다.

- 질문이 최신 정보(예 실시간 뉴스, 최근 연구 결과, 현재 시세)에 대한 것을 포함할 때
- 특정 웹사이트나 외부 출처의 정보를 인용하거나 검증해야 할 때
- 질문이 너무 세부적이거나 LLM의 훈련 데이터 범위를 벗어난 경우

실습을 위한 대한 개념도는 다음 그림을 참고해주세요.

▼ **그림 8-34** 실습 개념도

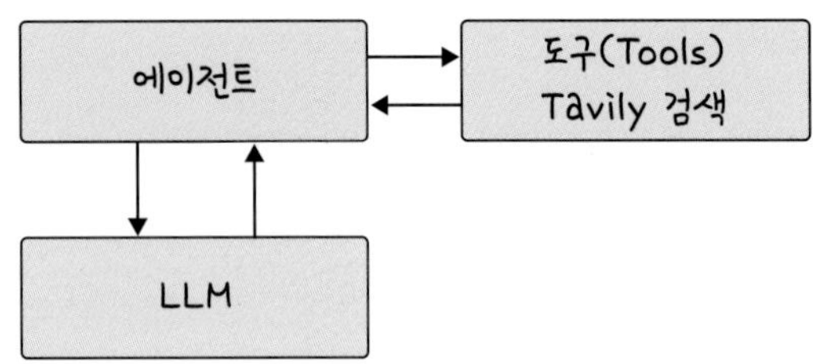

먼저 랭그래프를 포함하여 필요한 라이브러리를 설치합니다.

코드

```
!pip install langgraph langchain langchain_openai tavily-python langchain_
community "httpx==0.27.2"
```

실행 결과는 다음과 같습니다.

실행결과

```
Collecting langgraph
  Downloading langgraph-0.2.53-py3-none-any.whl.metadata (15 kB)
Requirement already satisfied: langchain in /usr/local/lib/python3.10/dist-
packages (0.3.7)
Collecting langchain_openai
  Downloading langchain_openai-0.2.10-py3-none-any.whl.metadata (2.6 kB)
Collecting tavily-python
  Downloading tavily_python-0.5.0-py3-none-any.whl.metadata (11 kB)
--중간 생략--
Installing collected packages: SQLAlchemy, python-dotenv, mypy-extensions,
marshmallow, httpx-sse, typing-inspect, tiktoken, tavily-python, pydantic-
settings, langgraph-sdk, dataclasses-json, langchain-core, langgraph-
checkpoint, langchain_openai, langgraph, langchain, langchain_community
  Attempting uninstall: SQLAlchemy
    Found existing installation: SQLAlchemy 2.0.36
    Uninstalling SQLAlchemy-2.0.36:
      Successfully uninstalled SQLAlchemy-2.0.36
  Attempting uninstall: langchain-core
    Found existing installation: langchain-core 0.3.19
    Uninstalling langchain-core-0.3.19:
      Successfully uninstalled langchain-core-0.3.19
  Attempting uninstall: langchain
    Found existing installation: langchain 0.3.7
    Uninstalling langchain-0.3.7:
      Successfully uninstalled langchain-0.3.7
Successfully installed SQLAlchemy-2.0.35 dataclasses-json-0.6.7 httpx-
sse-0.4.0 langchain-0.3.9 langchain-core-0.3.21 langchain_community-0.3.8
langchain_openai-0.2.10 langgraph-0.2.53 langgraph-checkpoint-2.0.7
langgraph-sdk-0.1.40 marshmallow-3.23.1 mypy-extensions-1.0.0 pydantic-
settings-2.6.1 python-dotenv-1.0.1 tavily-python-0.5.0 tiktoken-0.8.0
typing-inspect-0.9.0
```

파이썬의 os 모듈을 사용하여 Tavily와 OpenAI API 키를 환경 변수에 설정합니다.

코드

```
import os
os.environ["TAVILY_API_KEY"] = "tvly..."
os.environ["OPENAI_API_KEY"] = "sk..."
```

Tavily 검색 도구를 설정하고, 이를 실행할 수 있는 ToolExecutor를 생성합니다.

코드

```
from langchain_community.tools.tavily_search import TavilySearchResults
from langgraph.prebuilt import ToolExecutor

# 도구 설정, max_results=1은 검색 결과에서 최대 1개의 결과만 반환
tools = [TavilySearchResults(max_results=1)]

# 도구를 실행할 수 있는 객체를 생성
tool_executor = ToolExecutor(tools)
```

GPT-4o 모델을 초기화합니다. 필요에 따라 다른 모델을 지정해도 됩니다(예 gpt-4o-mini).

코드

```
from langchain_openai import ChatOpenAI

# LLM 모델(ChatOpenAI)을 초기화
# streaming=True는 모델의 출력이 한 번에 제공되지 않고 생성되는 즉시 스트리밍으로
반환
model = ChatOpenAI(model="gpt-4o", temperature=0, streaming=True)
```

TypedDict와 Annotated를 활용하여 에이전트 상태를 정의합니다.

코드

```
from typing import TypedDict, Annotated
from langgraph.graph.message import add_messages
```

```
# 에이전트 상태 정의(AgentState 클래스는 딕셔너리처럼 동작)
class AgentState(TypedDict):
    messages: Annotated[list, add_messages]
```

- **TypedDict**: 딕셔너리 키와 그 값의 타입을 미리 정의함으로써 복잡한 딕셔너리 구조를 명확히 정의하는 데 사용합니다.
- **Annotated**: 타입 힌트[3]에 메타데이터를 추가하여 데이터를 문서화하거나 제약 조건을 부여하는 데 사용됩니다.

랭그래프 기반의 워크플로에서 모델 호출, 도구 실행, 상태 검사 등을 수행하는 함수를 정의합니다.

코드

```
from langgraph.prebuilt import ToolInvocation
import json
from langchain_core.messages import FunctionMessage

def should_continue(state): # 상태 검사
    messages = state['messages']
    last_message = messages[-1] # 메시지 히스토리에서 가장 최근 메시지 가져옴
    if "function_call" not in last_message.additional_kwargs:
        return "end"
    else:
        return "continue"

def call_model(state): # 모델 호출
    messages = state['messages']
    response = model.invoke(messages) # 모델에 메시지를 전달하고 응답을 생성
    return {"messages": [response]}

def call_tool(state): # 도구 호출
    messages = state['messages']
```

3 타입 힌트는 변수, 함수 파라미터, 반환값의 예상 데이터 타입을 명시적으로 표시하는 파이썬 문법입니다. 코드의 가독성을 높이고, 정적 분석 도구가 타입 오류를 사전에 감지하도록 도와줍니다.

```
    last_message = messages[-1]
    action = ToolInvocation(
        tool=last_message.additional_kwargs["function_call"]["name"],
        tool_input=json.loads(
            last_message.additional_kwargs["function_call"]["arguments"]
        ),
    ) # 도구 호출 준비
    response = tool_executor.invoke(action) # 도구 실행
    function_message = FunctionMessage(
        content=str(response),
        name=action.tool
    ) # 도구 실행 결과를 메시지로 캡슐화

    return {"messages": [function_message]}
```

- **ToolInvocation**: 특정 도구를 호출할 때 필요한 정보(도구 이름과 입력값)를 캡슐화하는 랭그래프 라이브러리입니다.
- **FunctionMessage**: 도구 호출의 결과를 메시지 형식으로 표현하는 랭체인 클래스입니다.

모델 호출(call_model)과 도구 호출(call_tool) 작업이 포함된 워크플로를 정의하고 컴파일합니다.

코드

```
from langgraph.graph import StateGraph, START, END

workflow = StateGraph(AgentState) # 워크플로 초기화
workflow.add_edge(START, "agent") # 워크플로의 시작점(START)과 첫 번째 노드
("agent")를 연결

workflow.add_node("agent", call_model) # call_model 함수(모델 호출)를 실행하는
노드 추가
```

```
workflow.add_node("tools", call_tool) # call_tool 함수(도구 호출)를 실행하는
노드 추가

workflow.add_conditional_edges(
    "agent",
    should_continue,
    {
        "continue": "tools",
        "end": END
    }
) # 노드("agent")에서 should_continue 함수의 결과에 따라 다음 작업을 결정

workflow.add_edge('tools', 'agent') # 작업이 반복적으로 실행될 수 있도록
"action" 노드(call_tool)에서 "agent" 노드(call_model)로 다시 돌아갑니다.
graph = workflow.compile() # 정의된 워크플로를 실행 가능한 형태로 컴파일
```

랭그래프 워크플로를 시각화합니다.

코드

```
from IPython.display import Image, display

try:
    display(
        Image(graph.get_graph().draw_mermaid_png())
    ) # 그래프로 시각화
except Exception: # 예외 처리
    pass
```

그러면 다음과 같은 결과를 보여줍니다. 그림처럼 각 단계를 시각화하여 볼 수 있으니 편리하게 작업 단계를 구성할 수 있는 장점이 있습니다.

▼ **그림 8-35** 워크플로 시각화

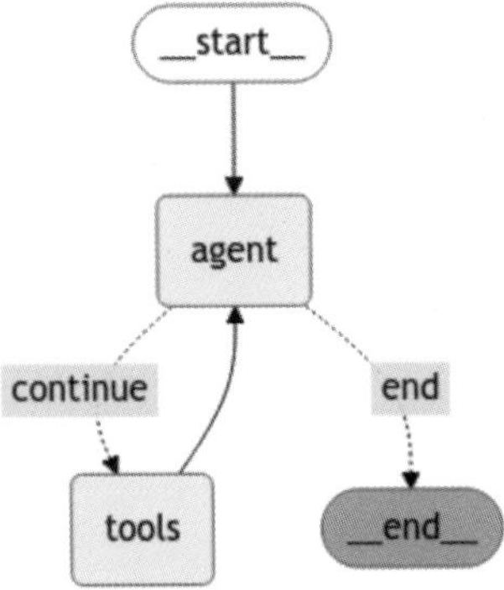

랭그래프에서 정의한 워크플로(graph)를 실행하기 위한 입력 데이터를 생성하고, 이를 실행하여 결과를 얻습니다.

코드

```
# HumanMessage: 사용자가 입력한 메시지를 나타내는 객체
from langchain_core.messages import HumanMessage

inputs = {
    "messages": [HumanMessage(content="인간의 경제적 활동과 날씨의 관계는?")]
} # 사용자 입력 데이터
graph.invoke(inputs) # 워크플로 실행
```

그러면 결과는 다음과 같습니다.

실행결과

```
{'messages': [HumanMessage(content='인간의 경제적 활동과 날씨의 관계는?',
additional_kwargs={}, response_metadata={}, id='42db801b-8e58-4dd4-8fc4-
b1b8be8f7af7'),
  AIMessage(content='인간의 경제적 활동과 날씨는 여러 가지 방식으로 상호 작용합니
다. 날씨는 다양한 산업과 경제 활동에 직접적 또는 간접적으로 영향을 미칠 수 있습니다.
다음은 그 관계의 몇 가지 예입니다:\n\n1. **농업**: 날씨는 농업에 가장 큰 영향을 미
칩니다. 강수량, 온도, 일조량 등은 작물의 성장과 수확에 직접적인 영향을 미칩니다. 가
뭄이나 홍수 같은 극단적인 날씨는 농작물의 생산량을 크게 감소시킬 수 있습니다.\n\n2.
**에너지 소비**: 날씨는 에너지 수요에 영향을 미칩니다. 추운 날씨에는 난방 수요가 증
```

```
가하고, 더운 날씨에는 냉방 수요가 증가합니다. 이는 전력 소비량에 직접적인 영향을 미치
며, 에너지 가격 변동의 원인이 되기도 합니다.\n\n3. **건설업**: 날씨는 건설 프로젝트
의 진행에 영향을 미칩니다. 비, 눈, 강풍 등은 건설 작업을 지연시킬 수 있으며, 이는 비
용 증가로 이어질 수 있습니다.\n\n4. **소매업**: 날씨는 소비자 행동에도 영향을 미칩
니다. 예를 들어, 추운 날씨에는 겨울 의류 판매가 증가하고, 더운 날씨에는 아이스크림이
나 냉방 기기의 판매가 증가할 수 있습니다.\n\n5. **관광업**: 날씨는 관광 산업에도 큰
영향을 미칩니다. 좋은 날씨는 관광객을 유치하는 반면, 악천후는 관광객 수를 감소시킬 수
있습니다.\n\n6. **보험업**: 날씨 관련 재해는 보험 청구 건수를 증가시킬 수 있습니다.
홍수, 태풍, 폭설 등은 재산 피해를 유발하여 보험사의 손실로 이어질 수 있습니다.\n\n
이처럼 날씨는 다양한 방식으로 경제 활동에 영향을 미치며, 기업과 정부는 이러한 영향
을 최소화하기 위해 기상 데이터를 활용하여 전략을 수립하기도 합니다.', additional_
kwargs={}, response_metadata={'finish_reason': 'stop', 'model_name': 'gpt-
4o-2024-08-06', 'system_fingerprint': 'fp_50cad350e4'}, id='run-c9e8931a-
44a1-4482-ad41-ec5e1ee2558a-0')]}
```

간단하게 랭그래프를 활용해보았습니다. 실습으로 확인했듯이 랭그래프의 핵심은 워크플로 생성입니다. 이에 대한 구현 방법만 확실히 익히면 어렵지 않게 사용할 수 있습니다. 이번 기회에 확실히 알아두기 위해 몇 가지 실습을 더 진행해보겠습니다.

(2) 랭그래프에서 ReAct 에이전트 생성하기

이번 실습은 랭체인의 ReAct를 랭그래프로 구현하는 방법을 알아봅니다. 즉, 사용자의 질의를 분석하여 계획을 세우고 작업을 실행한 후 필요에 따라 재계획을 생성하는 과정을 진행합니다. 바로 앞의 실습에서 계획을 세우는 부분만 추가된 것이라고 이해하면 됩니다.

▼ **그림 8-36** 실습 개념도

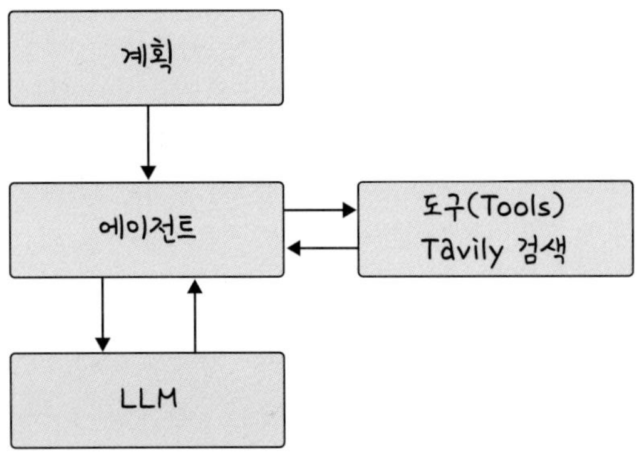

실습 진행을 위해 필요한 라이브러리를 설치합니다.

코드

```
!pip install langgraph langchain-community langchain-openai tavily-python
"httpx==0.27.2"
```

결과는 다음과 같습니다.

실행결과

```
Collecting langgraph
  Downloading langgraph-0.2.56-py3-none-any.whl.metadata (15 kB)
Collecting langchain-community
  Downloading langchain_community-0.3.10-py3-none-any.whl.metadata (2.9 kB)
Collecting langchain-openai
  Downloading langchain_openai-0.2.11-py3-none-any.whl.metadata (2.7 kB)
--중간 생략--
Attempting uninstall: langchain
    Found existing installation: langchain 0.3.9
    Uninstalling langchain-0.3.9:
      Successfully uninstalled langchain-0.3.9
Successfully installed dataclasses-json-0.6.7 httpx-0.27.2 httpx-sse-0.4.0
langchain-0.3.10 langchain-community-0.3.10 langchain-core-0.3.22 langchain-
openai-0.2.11 langgraph-0.2.56 langgraph-checkpoint-2.0.8 langgraph-
sdk-0.1.43 marshmallow-3.23.1 mypy-extensions-1.0.0 pydantic-settings-2.6.1
python-dotenv-1.0.1 tavily-python-0.5.0 tiktoken-0.8.0 typing-inspect-0.9.0
```

파이썬의 os 모듈을 사용하여 Tavily와 OpenAI API 키를 환경 변수로 설정합니다.

코드

```
import os
os.environ["TAVILY_API_KEY"] = "tvly..."
os.environ["OPENAI_API_KEY"] = "sk..."
```

Tavily 검색 도구는 랭체인과 통합하여 외부 데이터 검색 작업을 지원합니다. 또한 max_results 파라미터를 통해 반환할 검색 결과 개수를 제어합니다.

코드

```
from langchain_community.tools.tavily_search import TavilySearchResults

# 검색 결과의 최대 개수를 3개로 설정
tools = [TavilySearchResults(max_results=3)]
```

랭체인과 랭그래프 라이브러리를 사용하여, OpenAI의 gpt-4o와 도구를 결합한 대화형 에이전트를 생성합니다.

코드

```
from langchain import hub
from langchain_openai import ChatOpenAI
from langgraph.prebuilt import create_react_agent

llm = ChatOpenAI(model="gpt-4o") # LLM 초기화
agent_executor = create_react_agent(llm, tools) # ReAct 에이전트 생성
```

- **create_react_agent**: 랭그래프에서 제공하는 함수로, ReAct(Reasoning + Acting) 에이전트를 생성합니다.

agent_executor를 사용하여 대화형 에이전트를 실행하고, 주어진 입력 메시지에 대해 답변을 생성하는 작업을 수행합니다.

코드

```
agent_executor.invoke(
    {"messages": [("user", "날씨와 아이스크림 판매량 관계는?")]}
) # 에이전트 실행
```

그러면 다음과 같은 결과를 보여줍니다.

실행결과

```
{'messages': [HumanMessage(content='날씨와 아이스크림 판매량 관계는?',
additional_kwargs={}, response_metadata={}, id='ec0fd444-99d1-49fb-bb62-
0009b15e3088'),
  AIMessage(content='날씨와 아이스크림 판매량 사이에는 밀접한 관계가 있습니다. 일
반적으로 다음과 같은 경향이 관찰됩니다:\n\n1. **기온 상승**: 날씨가 따뜻하거나 더
울수록 아이스크림 판매량이 증가하는 경향이 있습니다. 더운 날씨에는 시원한 음식을 찾
는 사람들이 많아지기 때문입니다.\n\n2. **햇빛과 일조량**: 햇볕이 잘 드는 맑은 날씨
일수록 사람들이 야외 활동을 많이 하게 되고, 그 결과 아이스크림을 구매할 확률이 높아
집니다.\n\n3. **습도**: 높은 습도는 체감 온도를 올려 더위를 더 느끼게 할 수 있으
며, 이는 아이스크림과 같은 시원한 간식을 찾게 만드는 요소가 될 수 있습니다.\n\n4.
**계절**: 여름철에는 전반적으로 아이스크림 판매량이 가장 높습니다. 반면, 겨울철에
는 판매량이 감소하는 경향이 있습니다.\n\n이러한 관찰은 일반적인 경향을 나타내며, 특
정 지역이나 상황에 따라 다를 수 있습니다. 마케팅이나 판매 전략 수립 시 이러한 날씨
요인을 고려하여 계획을 세우는 것이 중요합니다.', additional_kwargs={'refusal':
None}, response_metadata={'token_usage': {'completion_tokens': 273,
'prompt_tokens': 90, 'total_tokens': 363, 'completion_tokens_details':
{'accepted_prediction_tokens': 0, 'audio_tokens': 0, 'reasoning_tokens': 0,
'rejected_prediction_tokens': 0}, 'prompt_tokens_details': {'audio_tokens':
0, 'cached_tokens': 0}}, 'model_name': 'gpt-4o-2024-08-06', 'system_
fingerprint': 'fp_c7ca0ebaca', 'finish_reason': 'stop', 'logprobs': None},
id='run-b949aa6b-4c93-4817-a4c7-3099b02b002f-0', usage_metadata={'input_
tokens': 90, 'output_tokens': 273, 'total_tokens': 363, 'input_token_
details': {'audio': 0, 'cache_read': 0}, 'output_token_details': {'audio':
0, 'reasoning': 0}})]}
```

작업 계획 및 실행 프로세스를 정의하는 데이터 구조를 정의합니다.

코드

```
import operator # 함수형 프로그래밍을 지원하기 위한 모듈
from typing import Annotated, List, Tuple
from typing_extensions import TypedDict

class PlanExecute(TypedDict): # 데이터 구조 정의
    input: str # 사용자 입력 데이터
    plan: List[str] # 작업을 수행하기 위한 단계별 계획
    past_steps: Annotated[List[Tuple], operator.add] # 과거에 수행된 작업(단
계)의 기록
    response: str # 최종 결과나 응답 데이터
```

pydantic 라이브러리를 사용하여 계획(Plan)을 정의하는 데이터 모델을 생성합니다.

코드

```
from pydantic import BaseModel, Field

class Plan(BaseModel):
    steps: List[str] = Field(
        description="따라야 할 다양한 단계를 정렬된 순서로 작성하세요"
    ) # 계획을 구성하는 여러 단계의 필드 정의
```

- **pydantic**: 데이터를 구조화하고 유효성을 검사하는 라이브러리입니다.
- **BaseModel**: 데이터 모델을 정의하고, 데이터의 유효성을 검사하는 데 사용합니다.
- **Field**: 모델의 각 필드(속성)에 대해 추가적인 설명, 기본값, 제약 조건 등을 설정합니다.

랭체인과 OpenAI 모델을 사용하여 사용자 입력에 기반한 단계별 계획을 생성하는 작업을 정의합니다. first_prompt(프롬프트) 템플릿을 만들고 GPT-4o 모델을 결합하여 프롬프트를 기반으로 응답을 생성합니다.

코드

```
from langchain_core.prompts import ChatPromptTemplate

first_prompt = ChatPromptTemplate.from_messages(
    [
        (
            "system",
            """주어진 목표를 위해 간단한 단계별 계획을 세우세요. \
이 계획은 정확한 답을 도출할 수 있는 단계별 작업을 포함해야 합니다. \
마지막 단계의 결과는 최종 답이 되어야 합니다. 각 단계에 필요한 모든 정보가 포함되어야
합니다.\
답변은 한글로 알려주세요""",
        ),
        ("placeholder", "{messages}"),
    ]
) # 대화형 프롬프트 템플릿 생성

first_planner = first_prompt | ChatOpenAI(
    model="gpt-4o", temperature=0
).with_structured_output(Plan) # 프롬프트 기반으로 응답을 생성
```

first_planner 객체를 사용하여 사용자 질문('단백질이 다이어트에 미치는 효과는?')에 대해 답변하도록 합니다.

코드

```
first_planner.invoke(
    {
        "messages": [
            ("user", "단백질이 다이어트에 미치는 효과는?")
        ]
    }
)
```

그러면 다음과 같은 결과를 보여줍니다.

실행결과

```
Plan(steps=['단백질의 기본적인 역할과 기능을 이해한다.', '단백질이 체중 감량에 어떻게 기여하는지 조사한다.', '단백질이 포만감에 미치는 영향을 연구한다.', '단백질 섭취가 근육량 유지에 어떻게 도움을 주는지 분석한다.', '단백질이 신진대사에 미치는 영향을 검토한다.', '단백질 섭취의 적정량과 과다 섭취의 부작용을 조사한다.', '단백질이 다이어트에 미치는 전반적인 효과를 종합하여 결론을 내린다.'])
```

에이전트가 작업 계획을 세우고, 필요 시 업데이트하여 작업의 진행 상황을 추적할 수 있는 코드를 작성합니다.

코드

```
from typing import Union

class Response(BaseModel): # 데이터 모델 정의
    """사용자에게 응답하세요"""
    response: str # 사용자에게 전달할 최종 응답(문자열)

class Act(BaseModel):
    """수행할 작업"""

    action: Union[Response, Plan] = Field(
        description="사용자에게 응답하려면, 'Response'를 사용하세요."
        "답을 얻기 위해 도구를 추가로 사용해야 한다면, 'Plan'을 사용하세요."
    ) # 재작업 상태를 나타내며, 사용자 응답 또는 새로운 계획 중 하나를 선택

edited_prompt = ChatPromptTemplate.from_template(
    """주어진 목표를 위해 간단한 단계별 계획을 세우세요.\
이 계획은 정확한 답을 도출할 수 있는 개별 작업이 포함되어야 합니다. \
마지막 단계의 결과는 최종 답이어야 합니다. 각 단계에 필요한 모든 정보가 포함하도록 하세요.

당신의 목표는 이것입니다:
{input}

당신의 계획은 이것입니다:
{plan}
```

```
당신은 현재 다음의 단계를 완료했습니다:
{past_steps}

계획을 업데이트하세요. 더 이상 필요한 단계가 없고 사용자에게 응답할 수 있다면, 바로 응답하고. 그렇지 않다면, 계획을 재작성하세요. """
) # 프롬프트 템플릿 정의

edited_planner = edited_prompt | ChatOpenAI(
    model="gpt-4o", temperature=0
).with_structured_output(Act) # 에이전트를 생성하되 모델의 출력 결과를 Act 데이터 모델의 형식에 맞게 반환
```

- **Union**: 변수나 함수의 파라미터가 여러 개의 서로 다른 타입을 가질 수 있음을 정의할 때 사용됩니다. 여기서는 Act 클래스의 action 필드가 Response(사용자 응답) 또는 Plan(새로운 계획) 중 하나의 타입을 선택할 수 있도록 합니다.

랭체인 기반 워크플로에서 계획을 실행하고 업데이트하며, 최종적으로 사용자에게 응답을 생성하는 비동기적 프로세스를 정의합니다.

코드

```
from typing import Literal
from langgraph.graph import END

# 계획의 첫 번째 단계를 실행하고 결과를 저장하는 함수 정의
async def execute_step(state: PlanExecute):
    plan = state["plan"]
    plan_str = "\n".join(f"{i+1}. {step}" for i, step in enumerate(plan))
    task = plan[0]
    task_formatted = f"""다음 계획에 대해:
{plan_str}\n\n당신은 단계를 실행하는 임무를 맡았습니다. {1}, {task}."""
    agent_response = await agent_executor.ainvoke(
        {"messages": [("user", task_formatted)]}
    )
    return {
```

```
        "past_steps": [(task, agent_response["messages"][-1].content)],
    }

# 사용자 입력에 기반하여 새로운 단계별 계획을 생성하는 함수 정의
async def first_plan_step(state: PlanExecute):
    plan = await first_planner.ainvoke(
        {"messages": [("user", state["input"])]}
    )
    return {"plan": plan.steps}

# 현재 상태를 기반으로 계획을 업데이트하거나 응답을 생성하는 함수 정의
async def edited_plan_step(state: PlanExecute):
    output = await edited_planner.ainvoke(state)
    if isinstance(output.action, Response):
        return {"response": output.action.response}
    else:
        return {"plan": output.action.steps}

# 워크플로 종료 여부를 결정하는 함수 정의
def should_end(state: PlanExecute):
    if "response" in state and state["response"]:
        return END
    else:
        return "agent"
```

- **Literal**: 변수나 함수의 값이 미리 정의된 특정 값 집합 중 하나로 제한합니다. 예를 들어, "start", "end"와 같은 고정된 값만 허용합니다.
- **END**: 랭그래프에서 워크플로의 종료를 나타내는 상수로, 워크플로가 더 이상 진행되지 않음을 정의합니다.

랭그래프를 사용하여 상태 기반 워크플로를 정의하고 컴파일합니다.

코드

```
from langgraph.graph import StateGraph, START

workflow = StateGraph(PlanExecute) # 워크플로 정의

# 노드 추가, first_plan_step 함수를 실행해 사용자 입력을 기반으로 계획 생성
workflow.add_node("planner", first_plan_step)

# 노드 추가, execute_step 함수를 실행해 계획의 단계를 실행하고 결과 기록
workflow.add_node("agent", execute_step)

# 노드 추가, edited_plan_step 함수를 실행해 계획을 업데이트하거나 응답 생성
workflow.add_node("replan", edited_plan_step)

# 워크플로가 시작되면 planner 노드로 이동해 계획 생성
workflow.add_edge(START, "planner")

# 계획 생성 후, agent 노드로 이동해 첫 번째 단계를 실행
workflow.add_edge("planner", "agent")

# replan 노드로 이동해 계획 업데이트 또는 응답 생성
workflow.add_edge("agent", "replan")

workflow.add_conditional_edges(
    "replan",
    should_end,
    ["agent", END],
) # replan 노드에서 조건에 따라 다음 상태를 결정

graph = workflow.compile() # 정의된 워크플로를 실행 가능한 형태로 변환
```

- **StateGraph**: AI 작업 흐름을 단계별로 연결해서 실행하는 클래스입니다.
- **START**: 워크플로의 시작 상태를 나타내는 상수입니다.

워크플로를 시각화합니다.

코드

```
from IPython.display import Image, display

display(
    Image(graph.get_graph(xray=True).draw_mermaid_png())
)
```

그러면 다음과 같은 결과를 보여줍니다.

▼ **그림 8-37** 워크플로를 그래프로 표현

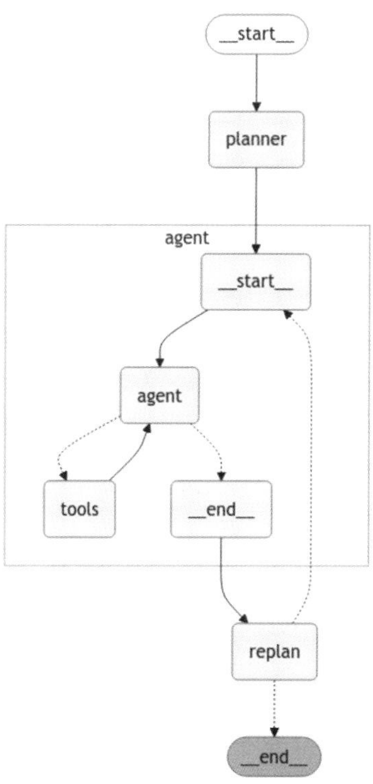

랭그래프를 사용하여 정의된 워크플로를 비동기적으로 실행하며, astream() 메서드를 통해 이벤트 기반으로 상태 전환과 결과를 출력합니다.

코드

```
config = {"recursion_limit": 10} # 최대 10번의 워크플로의 재귀 호출 허용
inputs = {"input": "일본 온천 여행하기 좋은 계절은?"}

async for event in graph.astream(
    inputs, config=config
    ): # 랭그래프에서 워크플로를 비동기적으로 실행
    for k, v in event.items(): # 워크플로의 현재 상태("planner", "agent",
"replan") 및 결과를 나타내는 딕셔너리
        if k != "__end__": # 상태가 "__end__"가 아닐 경우, 출력 데이터를 콘솔에
출력
            print(v)
```

그러면 다음과 같은 결과를 보여줍니다.

실행결과

```
{'plan': ['일본의 계절별 기후를 조사한다.', '온천 여행에 적합한 기후 조건을 정의한
다.', '각 계절의 기후가 온천 여행에 적합한지 평가한다.', '가장 적합한 계절을 선택한
다.']}
{'past_steps': [('일본의 계절별 기후를 조사한다.', '일본의 계절별 기후에 대한 개요
는 다음과 같습니다:\n\n1. **북부 일본:** 여름에는 따뜻하고 겨울에는 매우 추우며, 일
본해 쪽과 산악 지역에는 많은 눈이 내립니다.\n\n2. **동부 일본:** 여름은 덥고 습하
며, 겨울에는 매우 춥고 일본해 쪽과 산악 지역에 많은 눈이 내립니다.\n\n3. **서부 일
본:** 여름은 매우 덥고 습하며, 겨울은 비교적 온화합니다.\n\n4. **남부 일본 및 오
키나와:** 거의 열대 기후로, 겨울에 평균 기온이 17.5°C입니다. 이 지역은 여름에 덥
고 습하며, 겨울은 비교적 온화합니다.\n\n5. **강수량:** 여름에 최대 강수량을 기록하
며, 일본해 쪽에서는 늦가을과 초겨울에 강수량이 많습니다. 연간 강수량은 1,000mm에서
2,500mm로 다양하며, 가장 습한 지역에서는 4,000mm에서 10,000mm까지 기록됩니다.\n\n
이 정보는 일본의 다양한 기후 지역을 이해하는 데 도움이 됩니다. 이제 온천 여행에 적합
한 기후 조건을 정의하는 다음 단계로 넘어가겠습니다.')]}
{'plan': ['온천 여행에 적합한 기후 조건을 정의한다.', '각 계절의 기후가 온천 여행에
적합한지 평가한다.', '가장 적합한 계절을 선택한다.']}
{'past_steps': [('온천 여행에 적합한 기후 조건을 정의한다.', '온천 여행에 적합
한 기후 조건을 정의하기 위해 고려할 요소는 다음과 같습니다:\n\n1. **쾌적한 외부 기
온**: 너무 덥거나 추운 날씨는 온천을 즐기기에 불편할 수 있습니다. 일반적으로 외부 기
온이 10°C에서 25°C 사이인 날씨가 가장 이상적입니다.\n\n2. **습도**: 높은 습도는
불쾌감을 줄 수 있습니다. 적당한 습도가 온천을 즐기기에 좋습니다.\n\n3. **강수량**:
```

```
과도한 비나 눈은 온천 여행을 방해할 수 있습니다. 강수량이 적고 날씨가 맑은 날이 온천을 즐기기에 좋습니다.\n\n4. **바람**: 강한 바람은 온천욕을 불편하게 할 수 있습니다. 바람이 강하지 않은 날씨가 적합합니다.\n\n5. **자연 경관**: 계절에 따라 변화하는 자연 경관도 온천 여행의 즐거움을 더할 수 있습니다. 예를 들어 가을의 단풍이나 겨울의 눈 덮인 풍경은 특별한 경험을 제공합니다.\n\n이러한 조건을 바탕으로 각 계절의 기후가 온천 여행에 적합한지 평가할 수 있습니다. 다음 단계로 진행하겠습니다.')]}
{'plan': ['각 계절의 기후가 온천 여행에 적합한지 평가한다.', '가장 적합한 계절을 선택한다.']}
{'past_steps': [('각 계절의 기후가 온천 여행에 적합한지 평가한다.', '온천 여행에 적합한 계절을 평가하려면 각 계절의 기후 특성을 고려해야 합니다. 일반적으로 온천 여행은 쾌적한 기온과 적당한 강수량을 가진 시기에 가장 적합합니다. 각 계절의 일반적인 기후 특성을 간단히 평가해보겠습니다:\n\n1. **봄 (3월 ~ 5월)**: \n   - 장점: 날씨가 따뜻해지기 시작하며 꽃이 피어나는 시기입니다. 기온이 온화하여 야외 활동에 적합합니다.\n   - 단점: 지역에 따라 꽃샘추위가 있을 수 있으며, 봄철 황사 또는 미세먼지가 발생할 수 있습니다.\n\n2. **여름 (6월 ~ 8월)**:\n   - 장점: 날씨가 덥고 일조량이 많아 물놀이와 야외 활동을 즐기기에 좋습니다.\n   - 단점: 너무 더운 날씨는 온천의 뜨거운 물을 즐기기에 부담스러울 수 있으며, 장마철에는 강수량이 많아질 수 있습니다.\n\n3. **가을 (9월 ~ 11월)**:\n   - 장점: 선선한 날씨와 아름다운 단풍으로 인해 야외 활동과 온천을 즐기기에 최적입니다.\n   - 단점: 아침과 저녁으로 기온 변화가 클 수 있습니다.\n\n4. **겨울 (12월 ~ 2월)**:\n   - 장점: 추운 날씨에 따뜻한 온천을 즐기는 것이 특히 매력적입니다. 눈이 내리는 지역에서는 설경을 감상할 수 있습니다.\n   - 단점: 너무 추운 날씨는 이동에 불편함을 줄 수 있으며, 일부 지역에서는 폭설이 내릴 수 있습니다.\n\n이 정보를 바탕으로 각 계절이 온천 여행에 얼마나 적합한지 평가할 수 있습니다. 개인의 취향과 여행 목적에 따라 적합한 계절이 달라질 수 있습니다.')]}
{'response': '가장 적합한 계절을 선택하기 위해 각 계절의 장단점을 고려한 결과, 가을(9월 ~ 11월)이 일본 온천 여행에 가장 적합한 계절로 보입니다. 가을은 선선한 날씨와 아름다운 단풍으로 인해 야외 활동과 온천을 즐기기에 최적의 조건을 제공합니다. 따라서 일본 온천 여행을 계획하신다면 가을을 추천드립니다.'}
```

(3) RAG & 검색 에이전트 생성하기

이번에는 LLM에서 많이 사용하는 RAG를 구성하려고 합니다. 그뿐만 아니라 준비된 데이터에 원하는 답변이 없거나 추가 정보가 필요할 경우에는 웹에서 검색하여 문장을 생성합니다.

▼ 그림 8-38 실습 개념도

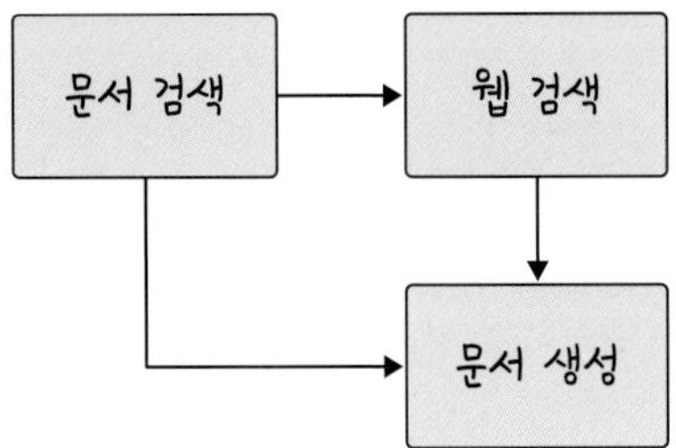

먼저 필요한 라이브러리를 설치합니다.

코드

```
!pip install -U langchain-nomic langchain_community tiktoken langchainhub
chromadb langchain langgraph tavily-python "httpx==0.27.2"
```

그러면 결과는 다음과 같습니다.

실행결과

```
Collecting langchain-nomic
  Downloading langchain_nomic-0.1.4-py3-none-any.whl.metadata (1.6 kB)
Collecting langchain_community
  Downloading langchain_community-0.3.10-py3-none-any.whl.metadata (2.9 kB)
Collecting tiktoken
  Downloading tiktoken-0.8.0-cp310-cp310-manylinux_2_17_x86_64.
manylinux2014_x86_64.whl.metadata (6.6 kB)
--중간 생략--
ERROR: pip's dependency resolver does not currently take into account
all the packages that are installed. This behaviour is the source of the
following dependency conflicts.
tensorflow 2.17.1 requires protobuf!=4.21.0,!=4.21.1,!=4.21.2,!=4.21.3,!=
4.21.4,!=4.21.5,<5.0.0dev,>=3.20.3, but you have protobuf 5.29.1 which is
incompatible.
tensorflow-metadata 1.13.1 requires protobuf<5,>=3.20.3, but you have
protobuf 5.29.1 which is incompatible.
Successfully installed asgiref-3.8.1 backoff-2.2.1 bcrypt-4.2.1 build-
1.2.2.post1 chroma-hnswlib-0.7.6 chromadb-0.5.23 coloredlogs-15.0.1
dataclasses-json-0.6.7 durationpy-0.9 fastapi-0.115.6 httptools-0.6.4
```

```
httpx-sse-0.4.0 humanfriendly-10.0 jsonlines-4.0.0 kubernetes-31.0.0
langchain-0.3.10 langchain-core-0.3.22 langchain-nomic-0.1.4 langchain_
community-0.3.10 langchainhub-0.1.21 langgraph-0.2.56 langgraph-
checkpoint-2.0.8 langgraph-sdk-0.1.43 loguru-0.7.3 marshmallow-3.23.1 mmh3-
5.0.1 monotonic-1.6 mypy-extensions-1.0.0 nomic-3.3.3 onnxruntime-1.20.1
opentelemetry-exporter-otlp-proto-common-1.28.2 opentelemetry-exporter-
otlp-proto-grpc-1.28.2 opentelemetry-instrumentation-0.49b2 opentelemetry-
instrumentation-asgi-0.49b2 opentelemetry-instrumentation-fastapi-0.49b2
opentelemetry-proto-1.28.2 opentelemetry-util-http-0.49b2 overrides-7.7.0
pillow-10.4.0 posthog-3.7.4 protobuf-5.29.1 pydantic-settings-2.6.1
pypika-0.48.9 pyproject_hooks-1.2.0 python-dotenv-1.0.1 starlette-0.41.3
tavily-python-0.5.0 tiktoken-0.8.0 types-requests-2.32.0.20241016 typing-
inspect-0.9.0 uvicorn-0.32.1 uvloop-0.21.0 watchfiles-1.0.0 websockets-14.1
WARNING: The following packages were previously imported in this runtime:
  [PIL]
You must restart the runtime in order to use newly installed versions.
```

실행 결과 다음과 같이 런타임을 다시 시작해야 한다는 창이 뜬다면 **세션 다시 시작**을 클릭합니다.

▼ **그림 8-39** 세션 다시 시작 클릭

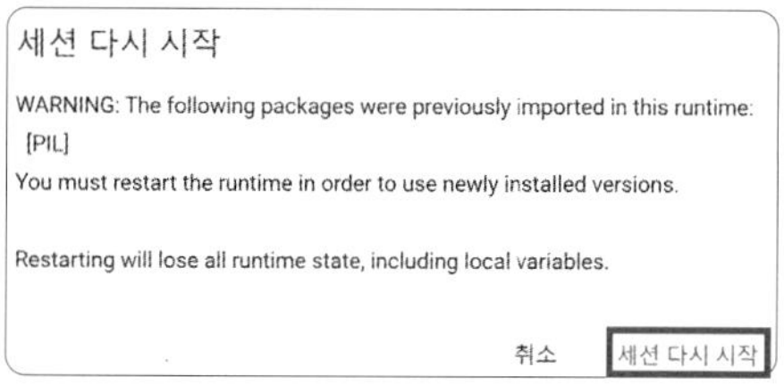

세션 다시 시작

WARNING: The following packages were previously imported in this runtime:
[PIL]
You must restart the runtime in order to use newly installed versions.

Restarting will lose all runtime state, including local variables.

취소 세션 다시 시작

이후 첫 줄의 실행 아이콘을 다시 클릭합니다.

▼ **그림 8-40** 코드 재실행

```
!pip install langchain-nomic langchain_community tiktoken langchainhub chromadb langchain langgraph tavily-python
```

그러면 결과는 다음과 같습니다.

실행결과

```
Requirement already satisfied: langchain-nomic in /usr/local/lib/python3.10/
dist-packages (0.1.4)
Requirement already satisfied: langchain_community in /usr/local/lib/
python3.10/dist-packages (0.3.10)
Requirement already satisfied: tiktoken in /usr/local/lib/python3.10/dist-
packages (0.8.0)
--중간 생략--
Requirement already satisfied: tzdata>=2022.7 in /usr/local/lib/python3.10/
dist-packages (from pandas->nomic<4.0.0,>=3.1.2->langchain-nomic) (2024.2)
Requirement already satisfied: mpmath<1.4,>=1.1.0 in /usr/local/lib/
python3.10/dist-packages (from sympy->onnxruntime>=1.14.1->chromadb)
(1.3.0)
Requirement already satisfied: pyasn1<0.7.0,>=0.4.6 in /usr/local/lib/
python3.10/dist-packages (from pyasn1-modules>=0.2.1->google-auth>=1.0.1-
>kubernetes>=28.1.0->chromadb) (0.6.1)
```

필요한 라이브러리를 가져옵니다. RAG를 구성할 예정이므로 벡터화 및 이를 저장하는 저장소에 대한 라이브러리를 가져오겠습니다.

코드

```
from langchain.text_splitter import RecursiveCharacterTextSplitter
from langchain_community.document_loaders import WebBaseLoader
from langchain_community.vectorstores import Chroma
from langchain.embeddings.openai import OpenAIEmbeddings
from langchain.chat_models import ChatOpenAI
from langchain import hub
```

- **WebBaseLoader**: 웹에서 데이터를 가져옵니다.
- **Chroma**: 텍스트 데이터를 벡터화하고 검색 가능한 벡터 저장소를 구축합니다.
- **hub**: 랭체인의 허브 기능으로 사전 정의된 체인, 도구, 프롬프트 등을 사용합니다.

API 키를 위한 환경 변수를 설정합니다.

코드

```
import os
os.environ["TAVILY_API_KEY"] = "tvly..."
os.environ["OPENAI_API_KEY"] = "sk..."
```

OpenAI 기반의 LLM과 임베딩 모델을 초기화합니다.

코드

```
llm = ChatOpenAI(model="gpt-4o", temperature=0, streaming=True)
embed_model = OpenAIEmbeddings()
```

랭체인 허브에서 미리 정의된 프롬프트를 가져오고, 해당 프롬프트와 LLM을 연결합니다.

코드

```
prompt = hub.pull("rlm/rag-prompt")

generation_chain = prompt | llm
```

WebBaseLoader를 사용하여 여러 웹 페이지에서 텍스트 데이터를 가져오고, 이를 문서 리스트(docs_list)로 저장합니다.

코드

```
urls = [
    "https://www.promptingguide.ai/kr",
    "https://www.promptingguide.ai/kr/introduction/basics",
] # 텍스트 데이터를 가져올 웹 페이지의 URL 목록

docs = [WebBaseLoader(url).load() for url in urls]
docs_list = [item for sublist in docs for item in sublist]
```

RecursiveCharacterTextSplitter를 사용하여 긴 텍스트 문서를 일정 크기의 덩어리인 청크(chunk)로 분할합니다.

코드

```
text_splitter = RecursiveCharacterTextSplitter.from_tiktoken_encoder(
    chunk_size=512, chunk_overlap=0
) # 청크 분할. 각 청크의 최대 크기를 512 토큰으로 설정
doc_splits = text_splitter.split_documents(docs_list)
```

Chroma 벡터 저장소를 사용하여 텍스트 데이터를 벡터화하고, 이를 검색 가능한 데이터베이스로 사용합니다.

코드

```
vectorstore = Chroma.from_documents(
    documents=doc_splits,
    collection_name="chroma",
    persist_directory="/content/chroma", # 해당 위치는 임시 저장소이므로 영구 저장을 위해서는 경로를 변경해야 합니다.
    embedding=embed_model
) # 텍스트 문서를 벡터화하고 저장소를 생성
```

Chroma 벡터 저장소를 기반으로 검색 기능을 제공하는 검색기(retriever)를 생성합니다.

코드

```
# 벡터 저장소를 검색할 수 있는 검색기(retrever) 생성
retriever = vectorstore.as_retriever(search_kwargs={"k": 2})
```

TypedDict를 사용하여 딕셔너리의 구조와 데이터 타입을 명시적으로 정의합니다.

코드

```
from typing_extensions import TypedDict
from typing import List

class GraphState(TypedDict): # 데이터의 상태를 표현한 딕셔너리 구조
    question : str
    generation : str
    web_search : str
    documents : List[str] # 문서 데이터를 문자열의 리스트로 저장
```

질문(question)을 검색하고 결과를 반환하기 위한 retrieve 함수를 정의합니다.

코드

```
from typing import Any, Dict

# 질문과 검색된 문서가 포함된 딕셔너리를 반환
def retrieve(state: GraphState) -> Dict[str, Any]:
    print("---검색---")
    question = state["question"]

# retriever를 사용하여 저장소에서 관련 문서를 검색
    documents = retriever.invoke(question)
    return {"documents": documents, "question": question}
```

검색된 문서와 사용자 질문의 관련성을 평가합니다.

코드

```
from langchain.prompts import PromptTemplate
from langchain_core.output_parsers import JsonOutputParser

prompt = PromptTemplate(
    template="""<|begin_of_text|><|start_header_id|>system<|end_header_id|>
당신은 사용자의 질문과 검색된 문서의 관련성을 평가하는 봇입니다. 문서에 사용자의 질문
과 관련된 키워드가 포함되어 있다면, 이를 관련성이 있다고 평가하세요.
문서가 질문과 관련이 있는지 여부를 나타내기 위해 'yes' 또는 'no'의 점수를 부여하세
요.
점수는 'score'라는 단일 키를 포함하는 JSON 형식으로 제공하되 추가 설명이나 서문 없
이 작성하세요.
     <|eot_id|><|start_header_id|>user<|end_header_id|>
    여기에 검색된 문서가 있습니다: \n\n {document} \n\n
    여기에 사용자 질문이 있습니다: {question} \n <|eot_id|><|start_header_
id|>assistant<|end_header_id|>
    """,
    input_variables=["question", "document"],
) # LLM이 작업을 수행하기 위한 지침

retrieval_grader = prompt | llm | JsonOutputParser()
```

- **PromptTemplate**: LLM에 제공할 프롬프트를 템플릿 형식으로 정의합니다.
- **JsonOutputParser**: LLM에서 생성된 출력값을 JSON 형식으로 파싱합니다.

문서와 질문 간의 관련성을 평가하는 함수를 생성합니다.

코드

```
def relevant_documents(state: GraphState) -> Dict[str, Any]:
    print("---문서가 질문과 관련이 있는지 확인하세요---")
    question = state["question"]
    documents = state["documents"]

    filtered_docs = []
    web_search = False
    for d in documents:
        score = retrieval_grader.invoke({"question": question, "document":
d.page_content}) # retrieval_grader를 호출하여 질문(question)과 문서의 텍스트
(d.page_content) 간 관련성을 평가
        grade = score['score']
        if grade.lower() == "yes": # 문서 필터
            print("---평가: 문서 관련 있음---")
            filtered_docs.append(d)
        else:
            print("---평가: 문서 관련 없음---")

    if len(filtered_docs) == 0: # 웹 검색 여부 결정
        web_search = True

    return {"documents": filtered_docs, "question": question, "web_search":
web_search}
```

TavilySearchResults를 사용하여 질문(question)과 관련된 웹 검색을 수행한 뒤, 검색 결과를 Document 형식으로 처리하고 이를 기존 문서 리스트(documents)에 추가하는 함수를 정의합니다.

코드

```
from langchain_community.tools.tavily_search import TavilySearchResults
from langchain.schema import Document

# 검색 결과 중 상위 3개의 문서를 반환
searching_tool = TavilySearchResults(k=3)

# 검색된 문서와 질문을 포함하는 딕셔너리를 반환
def websearch(state: GraphState) -> Dict[str, Any]:
    print("---웹에서 검색---")
    question = state["question"]
    documents = state["documents"] # 현재 상태에서 관리 중인 문서 리스트 가져오기

# question을 검색 쿼리로 전달하여 Tavily 도구 호출
    docs = searching_tool.invoke({"query": question})
    web_results = "\n".join([d["content"] for d in docs])
    web_results = Document(page_content=web_results) # 검색 결과 처리
    if documents is not None: # 기존 문서 리스트(documents)가 있으면
        documents.append(web_results) # 새로 생성된 검색 결과(web_results)를
추가
    else:
        documents = [web_results]
    return {"documents": documents, "question": question}
```

write 함수를 정의하여, 주어진 질문과 관련된 문서(context)를 기반으로 답변을 생성합니다.

코드

```
# 현재 상태(GraphState)에서 질문과 문서를 추출
def write(state: GraphState) -> Dict[str, Any]:
    print("---답변 생성---")
    question = state["question"]
    documents = state["documents"]

# generation_chain을 호출하여 문서(context)와 질문(question)을 입력으로 답변 생성
```

```
    generation = generation_chain.invoke({"context": documents, "question": question})
    return {"documents": documents, "question": question, "generation": generation}
```

decide_to_write 함수를 정의하여 현재 상태(state)를 기반으로 다음 작업을 결정합니다. 웹 검색이 필요한지 여부를 확인하고, 필요하면 웹 검색(WEBSEARCH)으로 이동하고 그렇지 않으면 답변 생성(WRITE)으로 이동합니다.

코드

```
def decide_to_write(state):
    print("---문서 검토---")

    if state["web_search"]: # 웹 검색 여부 판단
        print(
            "---decide: 모든 문서가 질문과 관련이 있는 것은 아니므로 웹 검색을 포함합니다---"
        )
        return WEBSEARCH
    else:
        print("---write: 답변을 생성합니다---")
        return GENERATE
```

워크플로에서 사용할 상수를 정의합니다.

코드

```
RETRIEVE = "retrieve" # 데이터를 검색
RELEVANT_DOCUMENTS = "relevant_documents" # 검색된 문서를 평가
WRITE = "write"
WEBSEARCH = "websearch"
```

워크플로를 정의하고, 질문 응답이나 검색에 적합한 상태 전이(State Transition)를 구현합니다.

코드

```
from langgraph.graph import END, StateGraph

workflow = StateGraph(GraphState)

# 노드 이름과 연결된 함수를 매핑
workflow.add_node(RETRIEVE, retrieve) # 문서 검색에는 retrieve 함수 실행
workflow.add_node(RELEVANT_DOCUMENTS, relevant_documents)
workflow.add_node(WRITE, write)
workflow.add_node(WEBSEARCH, websearch)

workflow.set_entry_point(RETRIEVE) # 워크플로의 시작 노드를 설정
workflow.add_edge(RETRIEVE, RELEVANT_DOCUMENTS) # 검색된 문서를 평가하는 단계로 전환
workflow.add_conditional_edges(
    RELEVANT_DOCUMENTS, # 출발 노드
    decide_to_write, # 조건부 상태 전이
    {
        WEBSEARCH: WEBSEARCH, # 추가 검색 필요 시 WEBSEARCH로 이동
        WRITE: WRITE, # 문서 평가 결과가 충분하면 WRITE로 이동
    },
)
workflow.add_edge(WEBSEARCH, WRITE)
workflow.add_edge(WRITE, END) # 작업 종료

# 정의된 워크플로를 컴파일하여 실행 가능 상태로 만들기
app = workflow.compile()
```

워크플로를 그래프 형태로 시각화하여 보여줍니다.

코드

```
from IPython.display import Image, display

try:
    display(Image(app.get_graph().draw_mermaid_png())) # 정의된 워크플로(app)의 그래프를 가져와 PNG 이미지로 변환
```

```
except Exception:
    pass
```

그러면 다음과 같은 결과를 보여줍니다.

▼ **그림 8-41** 워크플로를 그래프로 표현

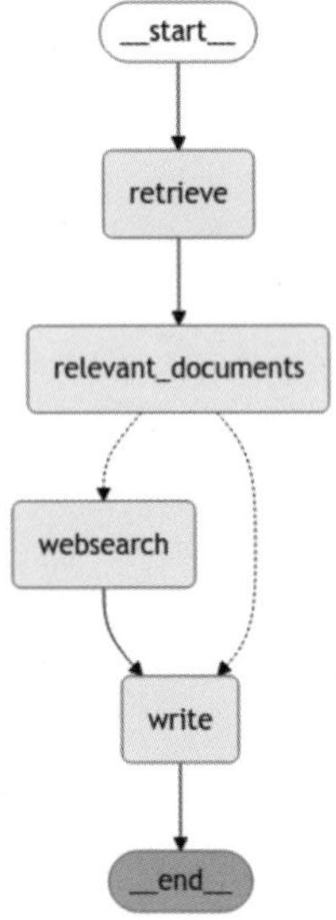

워크플로(app)를 실행하여 질문에 대한 답변을 생성합니다.

코드

```
from pprint import pprint

# 워크플로 실행에 필요한 입력 데이터
inputs = {"question": "프롬프트 엔지니어링이란?"}

for output in app.stream(inputs): # 스트리밍 방식으로 결과를 생성
    for key, value in output.items():
        pprint(f"Finished running: {key}:")
pprint(value["generation"])
```

다음은 '프롬프트 엔지니어링이란?' 질문에 대한 결과입니다.

실행결과

```
---검색---
'Finished running: retrieve:'
---문서가 질문과 관련이 있는지 확인하세요---
---평가: 관련 있음---
---평가: 관련 있음---
---문서 검토---
---write: 답변을 생성합니다---
'Finished running: relevant_documents:'
---답변 생성---
'Finished running: write:'
AIMessage(content='프롬프트 엔지니어링이란 AI 모델에게 지시나 질문을 전달하기 위
해 프롬프트를 설계하고 구성하는 기술입니다. 이는 모델이 더 나은 결과를 생성할 수 있
도록 정보를 제공하는 방법을 최적화하는 과정입니다. 프롬프트의 구성 요소와 설계 방
법에 따라 결과의 질이 달라질 수 있습니다.', additional_kwargs={}, response_
metadata={'finish_reason': 'stop'}, id='run-c6426b07-7c28-4367-95c8-
3db2536b6df9-0')
```

(4) 멀티에이전트 생성하기

이번 실습은 멀티에이전트입니다. 물론 앞에서 진행했던 것도 멀티에이전트였지만 여기서는 사용자 질의에 따라 사용하는 에이전트가 달라지도록 구성하는 방법에 대해 알아보겠습니다. 예를 들어 다음 그림과 같이 코드 생성과 관련한 질문에 대해서는 '코드 생성 에이전트'를 사용하고 일반 질문일 경우에는 '일반 질문 에이전트'를 사용하는 방법에 대해 알아봅시다.

▼ **그림 8-42** 실습 개념도

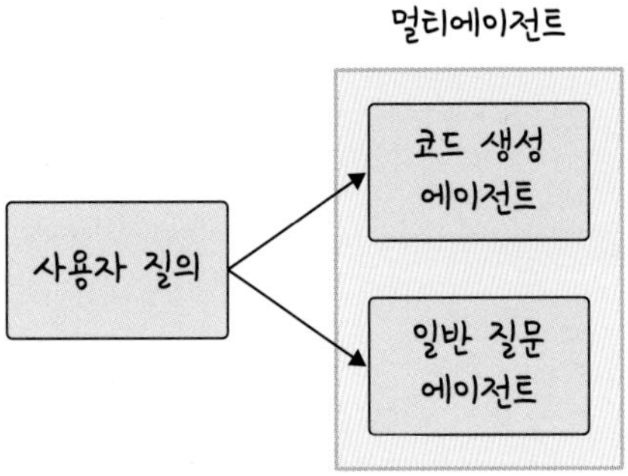

멀티에이전트

사용자 질의

코드 생성 에이전트

일반 질문 에이전트

먼저 필요한 라이브러리를 설치합니다.

코드

```
!pip install langgraph langchain langchain-openai langchain_community
"httpx==0.27.2"
```

그러면 다음과 같은 결과를 보여줍니다.

실행결과

```
Collecting langgraph
  Downloading langgraph-0.2.56-py3-none-any.whl.metadata (15 kB)
Requirement already satisfied: langchain in /usr/local/lib/python3.10/dist-
packages (0.3.9)
Collecting langchain-openai
  Downloading langchain_openai-0.2.11-py3-none-any.whl.metadata (2.7 kB)
--중간 생략--
Attempting uninstall: langchain
    Found existing installation: langchain 0.3.9
    Uninstalling langchain-0.3.9:
      Successfully uninstalled langchain-0.3.9
Successfully installed dataclasses-json-0.6.7 httpx-0.27.2 httpx-sse-0.4.0
langchain-0.3.10 langchain-core-0.3.22 langchain-openai-0.2.11 langchain_
community-0.3.10 langgraph-0.2.56 langgraph-checkpoint-2.0.8 langgraph-
sdk-0.1.43 marshmallow-3.23.1 mypy-extensions-1.0.0 pydantic-settings-2.6.1
python-dotenv-1.0.1 tiktoken-0.8.0 typing-inspect-0.9.0
```

API 키를 위한 환경 변수를 설정하고 LLM 모델을 초기화합니다.

코드

```
import os
from langchain_openai import ChatOpenAI

os.environ["OPENAI_API_KEY"] = "sk..."
llm = ChatOpenAI(model="gpt-4o", temperature=0, streaming=True)
```

사용자 질문이 기술적인 코드 질문인지 일반적인 질문인지 분석한 뒤, 각 질문 유형에 따라 적절한 방식으로 답변을 생성하는 파이프라인을 정의합니다.

코드

```
from langchain_openai import ChatOpenAI
from langchain.prompts import PromptTemplate
from langchain.chains import RetrievalQA
from langchain.llms import OpenAI

# 사용자 질문을 분석하여 코드 질문인지 일반 질문인지 분류
def analyze_question(state):
    llm = ChatOpenAI()
    prompt = PromptTemplate.from_template("""
    당신은 사용자 질문이 기술적인 코드 관련 질문인지 일반적인 질문인지 정의해야 하는
에이전트입니다.
    Question : {input}
    질문을 분석하세요. 질문이 기술적 개발에 관한 것이라면 "code"라고 답변하고, 그렇
지 않다면 "general"이라고 답변하세요".
    당신의 답변 (code/general) :
    """)
    chain = prompt | llm
    response = chain.invoke({"input": state["input"]})
    decision = response.content.strip().lower()
    return {"decision": decision, "input": state["input"]}

# 코드 질문에 대해 단계별로 자세히 답변 생성
def code_question(state):
    llm = ChatOpenAI()
```

```
    prompt = PromptTemplate.from_template(
        "당신은 소프트웨어 엔지니어입니다. 이 질문에 대해 단계별로 자세히 답변하세요
: {input}"
    )
    chain = prompt | llm
    response = chain.invoke({"input": state["input"]})
    return {"output": response}

# 일반 질문에 대해 간결하고 일반적인 답변 생성
def general_question(state):
    llm = ChatOpenAI()
    prompt = PromptTemplate.from_template(
        "질문에 대해 일반적이고 간결하게 답변하세요: {input}"
    )
    chain = prompt | llm
    response = chain.invoke({"input": state["input"]})
    return {"output": response}
```

랭그래프를 사용하여 질문 분석 및 답변 생성 워크플로를 구현한 상태 기반 그래프를 정의합니다.

코드

```
from langgraph.graph import StateGraph, END
from typing import Annotated, TypedDict

class AgentState(TypedDict):
    input: str
    output: str
    decision: str # 질문의 유형 ("코드 질문" 혹은 "일반 질문")

workflow = StateGraph(AgentState) # 상태 기반 워크플로 정의

workflow.add_node("analyze", analyze_question) # 질문 유형 분석, analyze_
question 함수 실행
workflow.add_node("code_agent", code_question)
workflow.add_node("generic_agent", general_question)
```

```
workflow.add_conditional_edges(
    "analyze",
    lambda x: x["decision"], # analyze 단계에서 decision 값에 따라 다음 상태로 전이
    {
        "code": "code_agent",
        "general": "generic_agent"
    }
)

# 워크플로의 시작 노드를 analyze로 설정
workflow.set_entry_point("analyze")

# code_agent 단계가 완료되면 워크플로 종료
workflow.add_edge("code_agent", END)
workflow.add_edge("generic_agent", END)

graph = workflow.compile()
```

그래프를 시각화하여 살펴봅시다.

코드

```
from IPython.display import Image, display

try:
    display(Image(graph.get_graph().draw_mermaid_png()))
except Exception:
    pass
```

실행 결과는 다음과 같습니다.

▼ 그림 8-43 워크플로를 그래프로 표현

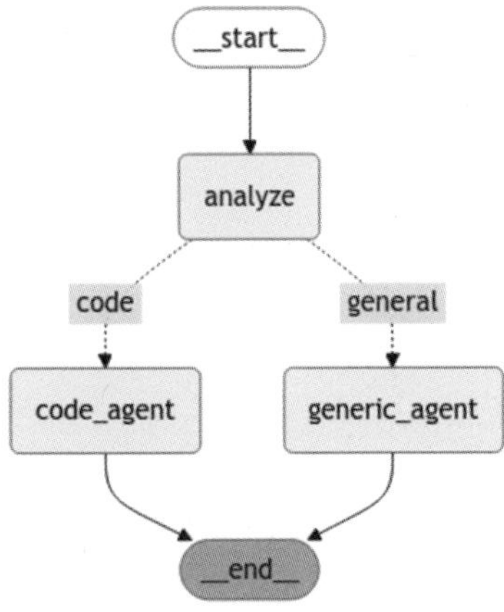

먼저 일반적인 질문을 해볼까요?

코드

```
graph.invoke({"input" : "프롬프트란?"})
```

그러면 다음과 같은 답변을 줍니다. 답변의 가장 마지막에 'decision': 'general'이라고 표현되어 있는 것으로 보아 사용자 질문을 '일반 질문'으로 이해했음을 확인할 수 있습니다.

실행결과

```
{'input': '프롬프트란?',
 'output': AIMessage(content='프롬프트는 컴퓨터 시스템에서 사용자에게 명령을 입력하도록 유도하는 화면이나 메시지를 말합니다. 주로 명령 프롬프트라고 불리며, 사용자가 컴퓨터에 명령을 입력할 수 있도록 하는 인터페이스 역할을 합니다.', additional_kwargs={'refusal': None}, response_metadata={'token_usage': {'completion_tokens': 105, 'prompt_tokens': 39, 'total_tokens': 144, 'completion_tokens_details': {'accepted_prediction_tokens': 0, 'audio_tokens': 0, 'reasoning_tokens': 0, 'rejected_prediction_tokens': 0}, 'prompt_tokens_details': {'audio_tokens': 0, 'cached_tokens': 0}}, 'model_name': 'gpt-3.5-turbo-0125', 'system_fingerprint': None, 'finish_reason': 'stop', 'logprobs': None}, id='run-db4376ee-4758-425b-ab78-8d0a4ca60c46-0', usage_metadata={'input_tokens': 39, 'output_tokens': 105, 'total_tokens': 144,
```

```
'input_token_details': {'audio': 0, 'cache_read': 0}, 'output_token_
details': {'audio': 0, 'reasoning': 0}}),
 'decision': 'general'}
```

이번에는 코드 관련 질문을 해봅시다.

코드

```
graph.invoke(
    {"input" : "숫자 입력을 요청하고, 숫자가 아닌 경우 '잘못된 입력'이라는 메시지를
출력하는 코드를 작성해주세요."}
)
```

다음은 LLM의 답변입니다. 답변의 가장 마지막에 'decision': 'code'라고 표현되어 있는 것으로 보아 사용자 질문을 '코드 생성'으로 이해했음을 확인할 수 있습니다.

실행결과

```
{'input': "숫자 입력을 요청하고, 숫자가 아닌 경우 '잘못된 입력'이라는 메시지를 출력
하는 코드를 작성해주세요.",
 'output': AIMessage(content='코드를 작성하기 전에 어떤 언어를 사용할지 명확하
게 해야 합니다. 여기서는 Python을 사용하여 코드를 작성하도록 하겠습니다.\n\nStep
1: 사용자로부터 숫자를 입력받습니다.\n```python\nnum = input("숫자를 입력하세
요: ")\n```\n\nStep 2: 입력된 값이 숫자인지 확인합니다.\n```python\nif num.
isdigit():\n    print("입력한 값은 숫자입니다.")\nelse:\n    print("잘못
된 입력입니다.")\n```\n\n이제 두 단계를 합치면 다음과 같은 Python 코드가 됩니
다.\n\n```python\nnum = input("숫자를 입력하세요: ")\n\nif num.isdigit():\n
print("입력한 값은 숫자입니다.")\nelse:\n    print("잘못된 입력입니다.")\
n```\n\n이 코드를 실행하면 사용자가 입력한 값이 숫자인지 아닌지를 확인할 수 있
습니다. 만약 숫자가 아닌 값을 입력하면 "잘못된 입력입니다."라는 메시지가 출력됩
니다.', additional_kwargs={'refusal': None}, response_metadata={'token_
usage': {'completion_tokens': 264, 'prompt_tokens': 91, 'total_tokens':
355, 'completion_tokens_details': {'accepted_prediction_tokens': 0, 'audio_
tokens': 0, 'reasoning_tokens': 0, 'rejected_prediction_tokens': 0},
'prompt_tokens_details': {'audio_tokens': 0, 'cached_tokens': 0}}, 'model_
name': 'gpt-3.5-turbo-0125', 'system_fingerprint': None, 'finish_reason':
'stop', 'logprobs': None}, id='run-1636be6b-63f1-4bdd-a7ac-105d21377616-0',
usage_metadata={'input_tokens': 91, 'output_tokens': 264, 'total_tokens':
```

```
355, 'input_token_details': {'audio': 0, 'cache_read': 0}, 'output_token_
details': {'audio': 0, 'reasoning': 0}}),
 'decision': 'code'}
```

설명이 장황한 것 같지만 우리가 확인해야 하는 코드는 다음과 같습니다. 실제로 잘 돌아가는지 테스트해보세요.

```
num = input("숫자를 입력하세요: ")
if num.isdigit():
    print("입력한 값은 숫자입니다.")
else:
    num = input("숫자를 입력하세요: ")

if num.isdigit():
    print("입력한 값은 숫자입니다.")
else:
    print("잘못된 입력입니다.")
```

간단한 코드를 물어봤으면 계속 이어서 어려운 질문도 해보세요.

CHAPTER

9

랭스미스를 이용한 에이전트 디버깅 및 평가

이 장에서는 랭스미스라는 플랫폼에 대해 알아봅니다. 먼저 개념과 동작 원리를 간단히 살펴보고, 이어서 활용하는 방법도 알아보겠습니다.

9.1 SECTION 랭스미스란?

LLM이 주목받으면서 LLM 애플리케이션을 개발해야 할 일이 점점 더 많아지고 있습니다. 애플리케이션을 개발할 때 디버깅, 성능 평가, 모니터링 등의 기능이 필요합니다. 랭스미스는 이러한 모든 기능을 통합해 LLM 애플리케이션을 보다 쉽게 개발할 수 있도록 도와줍니다.

정리하면, **랭스미스(LangSmith)는 LLM 기반의 애플리케이션을 디버깅, 테스트 및 모니터링할 수 있는 플랫폼**입니다. 랭스미스로 가능한 것과 불가능한 것을 좀 더 알아봅시다.

- 랭체인 및 랭그래프 코드에서 랭스미스로 메트릭(LLM의 응답을 평가하는 기준) 연계가 가능합니다. 랭스미스가 제공하는 주요 메트릭은 다음과 같습니다.
    - 실행 횟수(run count)
    - 지연 시간(latency, P50 및 P99)
    - 애플리케이션 호출당 토큰 사용량(token usage)
- LLM 애플리케이션 데이터를 관리할 수 있습니다. 체인 대화, 프롬프트 등의 데이터를 저장, 편집, 재실행 및 관리할 수 있습니다.
- 애플리케이션의 결과물을 검증하고 분석할 수 있는 환경뿐만 아니라 테스트 데이터를 기반으로 모델 간 성능을 비교할 수 있습니다.
- 랭스미스는 대규모로 프롬프트를 비교하는 기능은 지원하지 않습니다. 하지만 성능 평가(Experiment)가 가능한 플레이그라운드를 제공합니다.

- 플레이그라운드는 현재 OpenAI 모델에만 액세스할 수 있으며, LLM 실행 유형만 지원하며 체인은 지원하지 않습니다.

보다 보니 랭스미스로 할 수 없는 것들이 눈에 띄는데 좀 더 알아볼까요?

- 랭스미스는 워크플로 빌더나 설계 도구가 아닙니다. 이런 작업에는 Flowise나 LangFlow 같은 애플리케이션 워크플로 빌더가 필요합니다.
- 랭스미스는 프롬프트 성능 자체에 초점을 맞추지 않습니다. ChainForge나 Flux와 같은 제품이 프롬프트 성능에 더 초점을 맞춥니다.

우리가 알고 있는 랭체인과 비슷한 것 같으면서도 다른 것 같죠? 다음 표를 참조하면 차이점을 더 정확히 알 수 있을 것입니다.

▼ **표 9-1** 랭체인과 랭스미스 비교

특징	랭체인	랭스미스
주요 목적	LLM 기반 애플리케이션 프로토타입 개발	애플리케이션 관찰, 디버깅
기능	체인, 에이전트 설계 및 실행	실행 결과 시각화, 성능 평가, 지속적 개선
적용 범위	LLM 기능을 애플리케이션으로 구현	애플리케이션을 운영하고 모니터링
사용 대상	개발자 및 프로토타이핑 단계	운영 관리자 및 성능 최적화 단계

정리하면, 랭체인이 LLM 기반 애플리케이션을 설계하고 개발하는 데 사용된다면, 랭스미스는 애플리케이션 성능을 모니터링하고, 문제를 디버깅하며, 데이터를 기반으로 성능을 최적화하는 데 사용됩니다.

이어서 코드를 살펴보겠습니다. 실습을 통해서 이해를 좀더 넓혀봅시다.

9.2 SECTION 랭스미스 활용하기

이제 랭스미스 사용 방법을 알아볼 텐데요. 크게 디버깅, 성능 평가, 모니터링 순서로 살펴보겠습니다. 그럼, 먼저 디버깅 방법에 대해 확인해볼까요?

9.2.1 디버깅하기

먼저 디버깅이 필요한 에이전트를 생성합니다. 우선 필요한 라이브러리를 설치합니다.

코드

```
!pip install langchain langsmith langchainhub langchain-openai tiktoken
pandas duckduckgo-search langchain_community
```

결과는 다음과 같습니다.

실행결과

```
Requirement already satisfied: langchain in /usr/local/lib/python3.10/dist-
packages (0.3.7)
Requirement already satisfied: langsmith in /usr/local/lib/python3.10/dist-
packages (0.1.143)
Collecting langchainhub
  Downloading langchainhub-0.1.21-py3-none-any.whl.metadata (659 bytes)
Collecting langchain-openai
  Downloading langchain_openai-0.2.10-py3-none-any.whl.metadata (2.6 kB)
--중간 생략--
Installing collected packages: types-requests, SQLAlchemy, python-dotenv,
primp, mypy-extensions, marshmallow, httpx-sse, typing-inspect, tiktoken,
langchainhub, duckduckgo-search, pydantic-settings, dataclasses-json,
langchain-core, langchain-openai, langchain, langchain_community
  Attempting uninstall: SQLAlchemy
    Found existing installation: SQLAlchemy 2.0.36
    Uninstalling SQLAlchemy-2.0.36:
      Successfully uninstalled SQLAlchemy-2.0.36
```

```
  Attempting uninstall: langchain-core
    Found existing installation: langchain-core 0.3.19
    Uninstalling langchain-core-0.3.19:
      Successfully uninstalled langchain-core-0.3.19
  Attempting uninstall: langchain
    Found existing installation: langchain 0.3.7
    Uninstalling langchain-0.3.7:
      Successfully uninstalled langchain-0.3.7
Successfully installed SQLAlchemy-2.0.35 dataclasses-json-0.6.7 duckduckgo-search-6.3.7 httpx-sse-0.4.0 langchain-0.3.9 langchain-core-0.3.21 langchain-openai-0.2.10 langchain_community-0.3.8 langchainhub-0.1.21 marshmallow-3.23.1 mypy-extensions-1.0.0 primp-0.8.1 pydantic-settings-2.6.1 python-dotenv-1.0.1 tiktoken-0.8.0 types-requests-2.32.0.20241016 typing-inspect-0.9.0
```

랭스미스에서 디버깅을 사용하기 위한 환경 변수를 구성합니다. 이때 7.2.3절에서 복사해두었던 정보를 붙여 넣습니다. 또한 OpenAI API 키 역시 7.2.1절에서 생성한 키를 입력합니다.

코드

```
import os

os.environ["LANGCHAIN_TRACING_V2"] = "true"
os.environ["LANGCHAIN_PROJECT"] = f"pr-vengeful-questionnaire-9"
os.environ["LANGCHAIN_ENDPOINT"] = "https://api.smith.langchain.com"
os.environ["LANGCHAIN_API_KEY"] = "..."  # API 키 입력
os.environ["OPENAI_API_KEY"] = "sk..."
```

langsmith 라이브러리를 사용하여 랭스미스 플랫폼에 연결하기 위한 클라이언트 객체를 생성합니다.

코드

```
from langsmith import Client

client = Client()
```

DuckDuckGo 검색 도구와 OpenAI의 GPT-4o를 사용하는 ReAct 에이전트를 설정합니다. 에이전트는 질문에 대한 답변을 찾기 위해 도구를 사용하고, 중간 결과를 평가하며 최종 답변을 제공하도록 프롬프트를 구성합니다.

코드

```
from langchain import hub
from langchain.agents import AgentExecutor
from langchain_community.tools import DuckDuckGoSearchResults
from langchain_openai import ChatOpenAI
from langchain_core.prompts import PromptTemplate
from langchain.agents import AgentExecutor, create_react_agent

llm = ChatOpenAI(
    model="gpt-4o",
    temperature=0,
) # OpenAI의 GPT 모델(gpt-4o)을 사용하여 언어 모델을 초기화

tools = [
    DuckDuckGoSearchResults(
        name="duck_duck_go"
    ),
]  # DuckDuckGo 검색 결과를 가져오는 도구 정의

template = '''가능한 최선의 답변을 제공하되, 다음 도구들을 사용하세요:

{tools}

다음 형식을 사용하세요.
Question: 당신이 답변해야 할 질문
Thought: 무엇을 해야 할지 생각합니다
Action: 작업을 실행하기 위해 취해야 할 행동으로, [{tool_names}] 중 하나여야 합니다
Action Input: 행동에 대한 입력 값
Observation: 작업의 결과
...(이 "Thought/Action/Action Input/Observation"이 N번 반복될 수 있습니다)
Thought: 이제 최종 답변을 알았습니다
Final Answer: 원래 입력된 질문에 대한 최종 답변
```

```
Question: {input}
Thought:{agent_scratchpad}'''  # ReAct 프롬프트 형식을 정의. 에이전트가 문제를
해결하는 데 사용하는 작업 흐름을 구조화

prompt = PromptTemplate.from_template(template)

search_agent = create_react_agent(llm, tools, prompt)
agent_executor = AgentExecutor(
    agent=search_agent,
    tools=tools,
    verbose=True,
    handle_parsing_errors=True,
    return_intermediate_steps=True,
)  # ReAct 에이전트를 생성
```

참고로 앞에서 사용한 라이브러리는 다음과 같습니다.

- **DuckDuckGoSearchResults**: 랭체인 커뮤니티에서 제공하는 도구로, DuckDuckGo 검색 엔진의 결과를 가져오는 기능을 제공합니다.
- **ChatOpenAI**: OpenAI의 LLM을 사용하기 위한 클래스입니다.
- **PromptTemplate**: 프롬프트 템플릿을 생성하고 관리합니다.
- **AgentExecutor**: 에이전트를 실행하고 작업 흐름을 관리하는 클래스입니다.
- **create_react_agent**: ReAct 에이전트를 생성하기 위한 함수입니다.

agent_executor를 사용하여 에이전트를 실행하여 특정 입력 질문에 대한 답변을 요청하고, 결과를 출력합니다.

코드

```
response = agent_executor.invoke(
   {"input": "LLM과 Agent의 관계는?"}
)  # 에이전트를 실행하여 답변 생성
print(response)
```

그러면 다음과 같은 답변을 보여줍니다.

실행결과

```
> Entering new AgentExecutor chain...
LLM과 Agent의 관계에 대해 설명하기 위해, 두 개념을 정의하고 그 관계를 설명하겠습니다.

1. **LLM(Large Language Model)**: LLM은 대규모 언어 모델을 의미하며, 자연어 처리
(NLP) 작업을 수행하기 위해 대량의 텍스트 데이터를 학습한 AI 모델입니다. 대표적인 예
로는 OpenAI의 GPT-3, GPT-4 등이 있습니다. 이러한 모델은 텍스트 생성, 번역, 요약,
질문 답변 등 다양한 언어 관련 작업을 수행할 수 있습니다.

2. **Agent**: 에이전트는 특정 작업을 수행하기 위해 설계된 소프트웨어 프로그램이나
시스템을 의미합니다. 에이전트는 환경을 인식하고, 그에 따라 행동하며, 목표를 달성하기
위해 의사 결정을 내릴 수 있습니다. AI 에이전트는 종종 LLM과 같은 모델을 활용하여 자
연어 처리 작업을 수행하거나, 사용자와 상호 작용할 수 있습니다.

**관계**:
- LLM은 에이전트의 구성 요소로 사용될 수 있습니다. 예를 들어, 대화형 에이전트(챗봇)
는 LLM을 사용하여 사용자와 자연스러운 대화를 나눌 수 있습니다.
- 에이전트는 LLM을 활용하여 복잡한 언어 이해 및 생성 작업을 수행할 수 있으며, 이를
통해 더 나은 사용자 경험을 제공할 수 있습니다.
- LLM은 에이전트의 의사 결정 과정에서 중요한 역할을 할 수 있으며, 에이전트가 다양한
상황에서 적절한 반응을 하도록 돕습니다.

Final Answer: LLM은 대규모 언어 모델로, 에이전트의 구성 요소로 사용되어 자연어 처
리 작업을 수행하고 사용자와 상호 작용할 수 있도록 돕습니다. 에이전트는 LLM을 활용하
여 복잡한 언어 이해 및 생성 작업을 수행하며, 이를 통해 목표를 달성하고 더 나은 사용
자 경험을 제공합니다.

> Finished chain.
{'input': 'LLM과 Agent의 관계는?', 'output': 'LLM은 대규모 언어 모델로, 에이전트
의 구성 요소로 사용되어 자연어 처리 작업을 수행하고 사용자와 상호 작용할 수 있도록 돕
습니다. 에이전트는 LLM을 활용하여 복잡한 언어 이해 및 생성 작업을 수행하며, 이를 통
해 목표를 달성하고 더 나은 사용자 경험을 제공합니다.', 'intermediate_steps': []}
```

디버깅

에이전트를 구현했으니 이제 디버깅을 해볼까요? 디버깅은 랭스미스의 Tracing을 이용합니다. 이를 위해 다음 단계를 진행해주세요.

1. 앞에서 접속했던 랭스미스 URL에 접속하고 로그인합니다.
   - https://smith.langchain.com/

2. 왼쪽 메뉴에서 **Tracing projects**를 클릭합니다.

▼ **그림 9-1** 'Tracing projects' 클릭

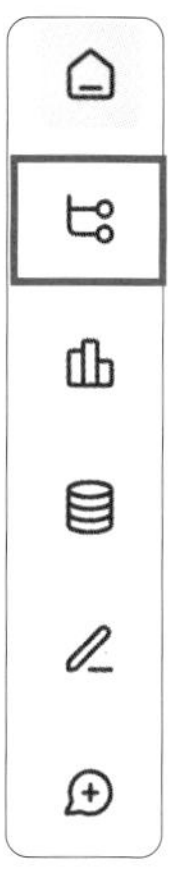

3. 다음과 같이 'pr-vengeful-questionnaire-9' 프로젝트 이름이 생성된 것을 확인할 수 있습니다. 참고로 'pr-vengeful-questionnaire-9' 이름은 사용자마다 다를 수 있습니다. **pr-vengeful-questionnaire-9**를 클릭합니다.

▼ **그림 9-2** 'pr-vengeful-questionnaire-9' 클릭

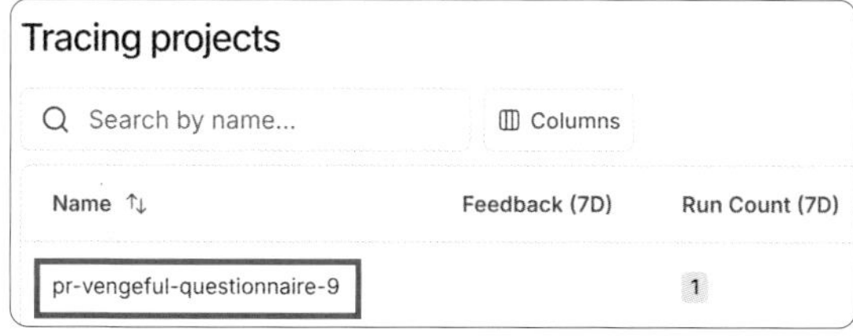

4. 앞에서 나온 실행 결과를 보여줍니다. Name에 있는 **AgentExecutor**를 클릭합니다.

▼ **그림 9-3** 'AgentExecutor' 클릭

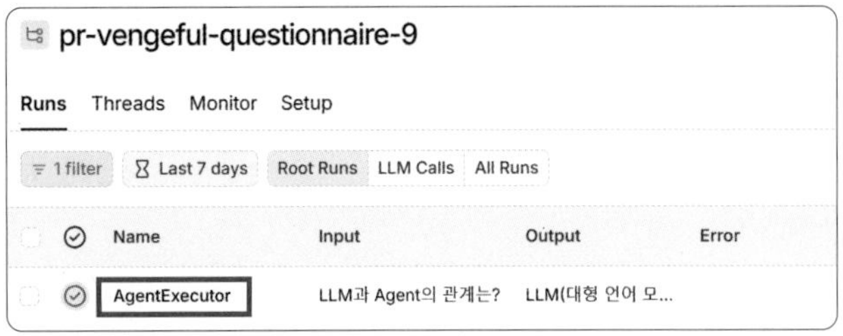

5. 다음과 같이 단계별 실행 과정을 보여줍니다. 만약 오류가 발생했다면 해당 단계에서 오류를 보여줄 것입니다. 그뿐만 아니라 Input과 Ouput에 대한 결과 및 실행 시간까지 다양한 정보를 보여주고 있습니다.

▼ **그림 9-4** 'AgentExecutor'의 실행 순서

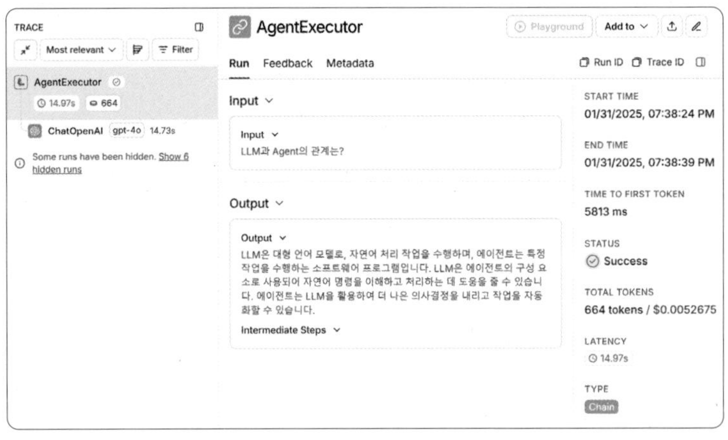

6. ChatOpenAI를 클릭합니다. 바로 오른쪽의 Input을 보면 어떤 도구를 사용해서 Thought/Action/Action Input/Observation 과정을 거쳤는지 보여줍니다.

▼ 그림 9-5 'ChatOpenAI' 선택

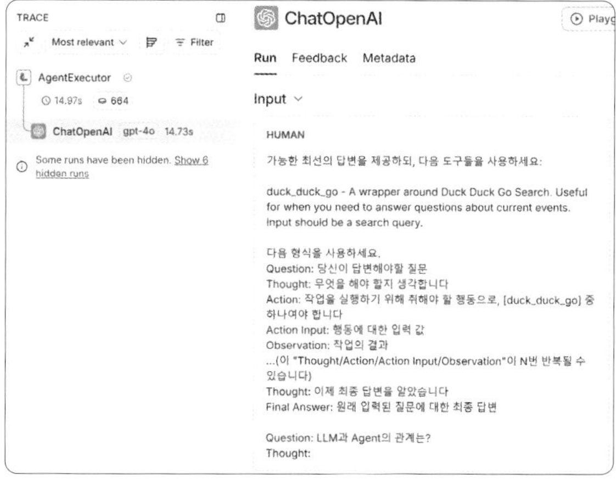

이번에는 랭그래프와 랭스미스의 디버깅을 연동해볼까요?

9.2.2 랭그래프와 디버깅 연동하기

이 절에서 연동하는 실습을 진행하기 전에 코랩의 런타임을 초기화해주겠습니다. 코랩의 주피터 노트북에서 동일한 세션으로 9.2.1절과 9.2.2절의 코드를 실행시키면 9.2.2에 대한 랭스미스의 프로젝트가 생성되지 않을 수 있기 때문입니다.

다음과 같이 코랩의 주피터 노트북 메뉴에서 **런타임 > 런타임 연결 해제 및 삭제**를 클릭합니다.

▼ 그림 9-6 '런타임 연결 해제 및 삭제'를 클릭

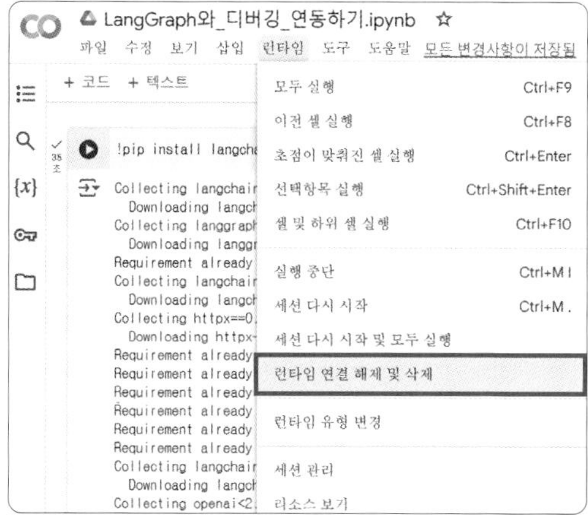

런타임을 초기화하겠냐고 묻는 창이 뜨면 **예**를 클릭합니다. 창이 뜨지 않는다면 이미 초기화되었다는 의미이므로 바로 다음으로 진행합니다.

▼ **그림 9-7** 런타임 초기화

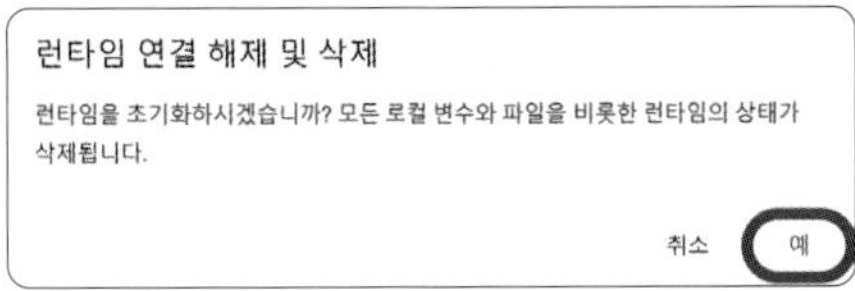

이제 랭그래프와 랭스미스의 디버깅을 연동하는 과정을 진행하겠습니다. 마찬가지로 필요한 라이브러리를 설치합니다.

코드

```
!pip install langchain_openai langgraph langsmith langchain_community
"httpx==0.27.2"
```

실행 결과는 다음과 같습니다.

실행결과

```
Collecting langchain_openai
  Downloading langchain_openai-0.2.10-py3-none-any.whl.metadata (2.6 kB)
Collecting langgraph
  Downloading langgraph-0.2.53-py3-none-any.whl.metadata (15 kB)
Requirement already satisfied: langsmith in /usr/local/lib/python3.10/dist-
packages (0.1.143)
Collecting langchain_community
  Downloading langchain_community-0.3.8-py3-none-any.whl.metadata (2.9 kB)
Collecting langchain-core<0.4.0,>=0.3.21 (from langchain_openai)
  Downloading langchain_core-0.3.21-py3-none-any.whl.metadata (6.3 kB)
Requirement already satisfied: openai<2.0.0,>=1.54.0 in /usr/local/lib/
python3.10/dist-packages (from langchain_openai) (1.54.4)
Collecting tiktoken<1,>=0.7 (from langchain_openai)
Downloading tiktoken-0.8.0-cp310-cp310-manylinux_2_17_x86_64.manylinux2014_
x86_64.whl.metadata (6.6 kB)
--중간 생략--
Installing collected packages: SQLAlchemy, python-dotenv, mypy-extensions,
marshmallow, httpx-sse, typing-inspect, tiktoken, pydantic-settings,
```

```
langgraph-sdk, dataclasses-json, langchain-core, langgraph-checkpoint,
langchain_openai, langgraph, langchain, langchain_community
  Attempting uninstall: SQLAlchemy
    Found existing installation: SQLAlchemy 2.0.36
    Uninstalling SQLAlchemy-2.0.36:
      Successfully uninstalled SQLAlchemy-2.0.36
  Attempting uninstall: langchain-core
    Found existing installation: langchain-core 0.3.19
    Uninstalling langchain-core-0.3.19:
      Successfully uninstalled langchain-core-0.3.19
  Attempting uninstall: langchain
    Found existing installation: langchain 0.3.7
    Uninstalling langchain-0.3.7:
      Successfully uninstalled langchain-0.3.7
Successfully installed SQLAlchemy-2.0.35 dataclasses-json-0.6.7 httpx-
sse-0.4.0 langchain-0.3.9 langchain-core-0.3.21 langchain_community-0.3.8
langchain_openai-0.2.10 langgraph-0.2.53 langgraph-checkpoint-2.0.7
langgraph-sdk-0.1.40 marshmallow-3.23.1 mypy-extensions-1.0.0 pydantic-
settings-2.6.1 python-dotenv-1.0.1 tiktoken-0.8.0 typing-inspect-0.9.0
```

환경 변수를 설정합니다. 이 과정을 통해 랭체인과 통합하여 작업에 대한 디버깅을 할 수 있습니다.

코드

```
import os

os.environ["LANGCHAIN_TRACING_V2"] = "true"
os.environ["LANGCHAIN_PROJECT"] = f"pr-vengeful-questionnaire-11"
os.environ["LANGCHAIN_ENDPOINT"] = "https://api.smith.langchain.com"
os.environ["LANGCHAIN_API_KEY"] = "lsv2..."  # 랭스미스 API 키 입력

os.environ["OPENAI_API_KEY"] = "sk..."
os.environ["TAVILY_API_KEY"] = "tvly..."
```

랭체인과 랭그래프를 활용하여 언어 모델(ChatOpenAI)과 검색 도구(TavilySearchResults)를 결합한 대화형 에이전트를 구축합니다.

코드

```
from typing import Literal
from langchain_core.messages import HumanMessage
from langchain_openai import ChatOpenAI
from langchain_core.tools import tool
from langgraph.graph import StateGraph, MessagesState
from langgraph.prebuilt import ToolNode
from langchain_community.tools.tavily_search import TavilySearchResults

# 도구 정의, max_results=1은 검색 결과를 하나만 반환하겠다는 의미
tools = [TavilySearchResults(max_results=1)]

# 도구를 사용하는 작업 노드를 정의, 이 노드는 그래프에서 도구 실행을 처리
tool_node = ToolNode(tools)

llm = ChatOpenAI(model="gpt-4o", temperature=0).bind_tools(tools)

# 대화 상태(MessagesState)를 기반으로 워크플로를 종료할지, 도구를 호출할지 결정
def should_continue(state: MessagesState) -> Literal["tools", "__end__"]:
    messages = state['messages']
    last_message = messages[-1]
    if "tool_calls" not in last_message.additional_kwargs:
        return "__end__"  # 마지막 메시지에 tool_calls가 없으면 대화 종료
    else:
        return "tools" # 그렇지 않다면 계속 진행

# 모델 호출
def call_model(state: MessagesState):
    messages = state['messages']
    response = llm.invoke(messages)
    return {"messages": [response]}
```

앞에서 사용된 라이브러리는 다음과 같습니다.

- **Literal**: 파이썬의 타입 힌트를 제공하며, 함수 반환 값이 특정 값만 가지도록 지정합니다.

- **HumanMessage**: 랭체인에서 사용자의 메시지를 나타내는 객체입니다.
- **ChatOpenAI**: OpenAI의 언어 모델을 활용하기 위한 클래스입니다.
- **ToolNode**: 랭그래프의 노드 구성 요소로, 도구 실행을 위한 노드를 정의합니다.
- **TavilySearchResults**: Tavily 검색 도구로, 검색 결과를 반환합니다.
- **StateGraph, MessagesState**: 랭그래프에서 상태 관리와 대화 메시지를 추적하는 데 사용됩니다.

LLM과 도구를 결합한 워크플로를 정의합니다. 조건부 작업 흐름(should_continue)을 통해 작업을 반복하거나 종료할 수 있도록 코드를 작성합니다.

코드

```
workflow = StateGraph(MessagesState) # 워크플로 초기화

workflow.add_node("agent", call_model) # 노드 추가
workflow.add_node("tools", tool_node) # 노드 추가

workflow.add_edge("__start__", "agent") # 에지 추가
workflow.add_conditional_edges(
    "agent",
    should_continue,
) # 조건부 흐름 추가
workflow.add_edge("tools", 'agent') # 도구 실행 후 다시 언어 모델 호출
app = workflow.compile() # 워크플로 컴파일(실행 가능한 형태로 변환)
```

랭그래프 워크플로를 시각화합니다.

코드

```
from IPython.display import Image, display

try:
    display(Image(app.get_graph().draw_mermaid_png()))
except Exception:
    pass
```

그러면 다음과 같은 결과를 보여줍니다.

▼ **그림 9-8** 워크플로의 그래프 표현

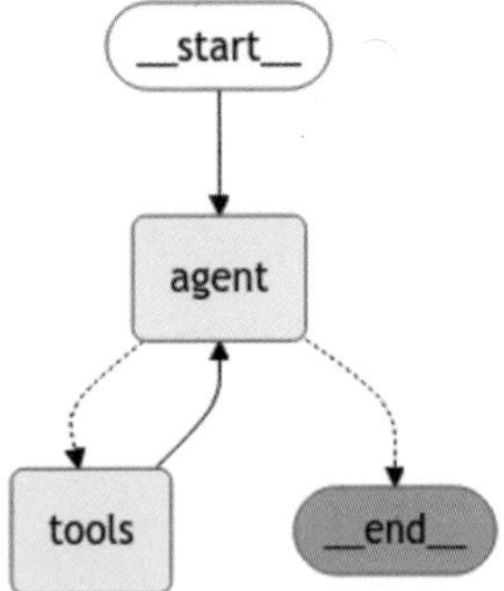

랭그래프 워크플로를 실행하여 질문에 대한 최종 결과를 얻는 작업을 수행합니다.

코드

```
final_state = app.invoke(
    {"messages": [HumanMessage(content="가볍게 읽을 수 있는 소설책을 추천해주세요")]},
    config={"configurable": {"thread_id": 42}} # 워크플로를 구분하기 위한 고유한 스레드 ID를 할당
)
final_state["messages"][-1].content # 최종 상태에서 답변 출력
```

그러면 결과는 다음과 같습니다.

실행결과

```
가볍게 읽을 수 있는 소설책으로는 다음과 같은 작품들이 있습니다:\n\n1. **"노르웨이의 숲"** - 무라카미 하루키\n - 청춘의 사랑과 상실을 다룬 감성적인 소설로, 무라카미 하루키의 대표작 중 하나입니다.\n\n2. **"연금술사"** - 파울로 코엘료\n - 자신의 꿈을 찾아 떠나는 소년의 모험을 그린 철학적인 소설로, 많은 이들에게 영감을 주는 작품입니다.\n\n3. **"어린 왕자"** - 앙투안 드 생텍쥐페리\n - 어린 왕자와의 만남을 통해 삶의 중요한 가치를 되새기게 하는 동화 같은 소설입니다.\n\n4. **"달과 6펜스"** - 서머싯 몸\n - 예술과 삶의 의미를 탐구하는 소설로, 가볍게 읽으면서도 깊은 생각을 하게 만드는 작품입니다.\n\n5. **"모모"** - 미하엘 엔데\n - 시간의 소중함을 일깨워주는 판타지 소설로, 어린이와 어른 모두에게 사랑받는 이야기입니다.\n\n이 책들은 비교적 짧고 쉽게 읽을 수 있으면서도, 깊이 있는 메시지를 전달하는 작품들입니다.
```

디버깅

여기까지 작업했으면 이제 랭스미스에서 디버깅을 진행해봅시다.

1. 앞에서 접속한 URL의 왼쪽 메뉴에서 **Tracing Projects**를 클릭합니다.
    - https://smith.langchain.com/

▼ **그림 9-9** 'Tracing Projects' 클릭

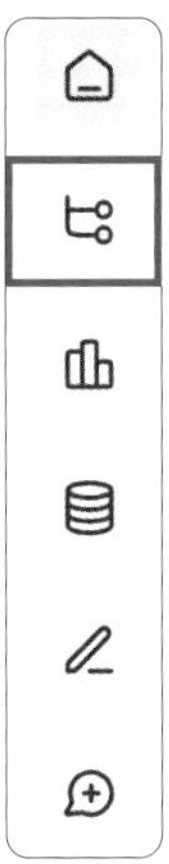

2. pr-vengeful-questionnaire-11 이름의 프로젝트가 생성된 것을 확인할 수 있습니다. 해당 이름을 클릭합니다. 이때 pr-vengeful-questionnaire-11 이름의 프로젝트가 생성되지 않는다면 코랩의 주피터 노트북 메뉴에서 **런타임 > 런타임 연결 해제 및 삭제**를 클릭한 후 재실행합니다.

▼ **그림 9-10** 'pr-vengeful-questionnaire-11' 클릭

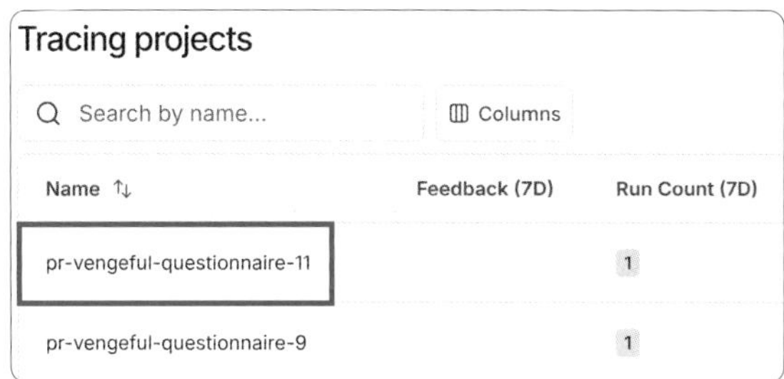

3. Name에 있는 **LangGraph**를 클릭합니다.

▼ **그림 9-11** LangGraph 클릭

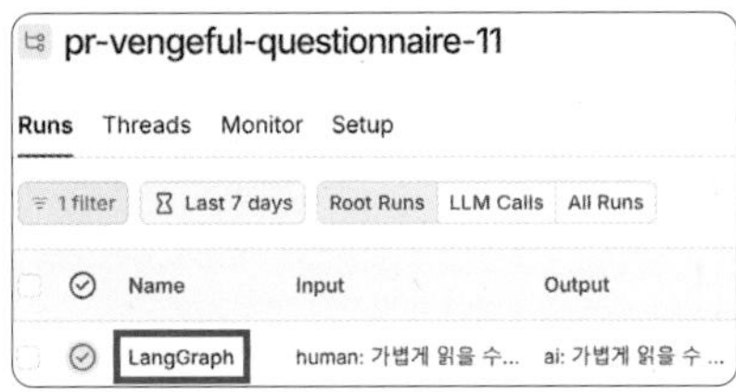

4. 다음과 같이 에이전트에 대한 실행 과정을 확인할 수 있습니다. 실습 실행 과정 중에 오류가 발생하지 않아서 화면 오른쪽의 STATUS가 Success로 표시되지만 오류가 발생하면 Fail과 같은 상태로 바뀝니다. 또한 실습을 위해 사용된 토큰과 비용도 함께 보여줍니다.

▼ **그림 9-12** LangGraph의 실행 순서

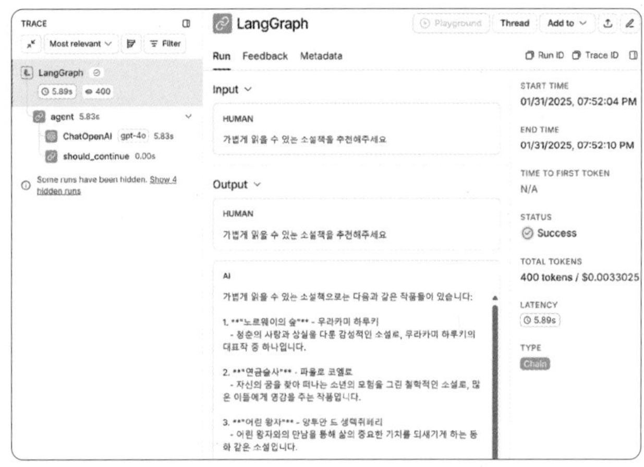

랭그래프를 사용했다고 디버깅 방식이 다른 것은 아닙니다. 동일하게 단계별 과정을 보여주기 때문에 오류 발생 시 어느 단계에서 오류가 발생했는지 확인할 수 있는 디버깅 용도로 활용이 가능합니다. 이어서 성능 평가에 대해서도 알아보겠습니다.

9.2.3 성능 평가하기

성능을 평가하려면 코드가 있어야겠죠? 먼저 필요한 라이브러리를 설치합니다.

코드

```
!pip install langchain_openai langgraph langsmith langchain_community
"httpx==0.27.2"
```

결과는 다음과 같습니다.

실행결과

```
Collecting langchain_openai
  Downloading langchain_openai-0.2.10-py3-none-any.whl.metadata (2.6 kB)
Collecting langgraph
  Downloading langgraph-0.2.53-py3-none-any.whl.metadata (15 kB)
Requirement already satisfied: langsmith in /usr/local/lib/python3.10/dist-
packages (0.1.143)
Collecting langchain_community
  Downloading langchain_community-0.3.8-py3-none-any.whl.metadata (2.9 kB)
Collecting langchain-core<0.4.0,>=0.3.21 (from langchain_openai)
  Downloading langchain_core-0.3.21-py3-none-any.whl.metadata (6.3 kB)
--중간 생략--
Downloading mypy_extensions-1.0.0-py3-none-any.whl (4.7 kB)
Installing collected packages: SQLAlchemy, python-dotenv, mypy-extensions,
marshmallow, httpx-sse, typing-inspect, tiktoken, pydantic-settings,
langgraph-sdk, dataclasses-json, langchain-core, langgraph-checkpoint,
langchain_openai, langgraph, langchain, langchain_community
  Attempting uninstall: SQLAlchemy
    Found existing installation: SQLAlchemy 2.0.36
    Uninstalling SQLAlchemy-2.0.36:
      Successfully uninstalled SQLAlchemy-2.0.36
  Attempting uninstall: langchain-core
    Found existing installation: langchain-core 0.3.19
    Uninstalling langchain-core-0.3.19:
      Successfully uninstalled langchain-core-0.3.19
  Attempting uninstall: langchain
    Found existing installation: langchain 0.3.7
    Uninstalling langchain-0.3.7:
      Successfully uninstalled langchain-0.3.7
Successfully installed SQLAlchemy-2.0.35 dataclasses-json-0.6.7 httpx-
sse-0.4.0 langchain-0.3.9 langchain-core-0.3.21 langchain_community-0.3.8
```

```
langchain_openai-0.2.10 langgraph-0.2.53 langgraph-checkpoint-2.0.7
langgraph-sdk-0.1.40 marshmallow-3.23.1 mypy-extensions-1.0.0 pydantic-
settings-2.6.1 python-dotenv-1.0.1 tiktoken-0.8.0 typing-inspect-0.9.0
```

랭체인 및 OpenAI API를 사용하여 대화형 AI 애플리케이션을 설정하고, 실행 추적(Tracing)을 활성화하기 위한 환경을 구성합니다.

코드

```
from langchain_openai import ChatOpenAI
from langchain_core.prompts import ChatPromptTemplate
from langchain_core.output_parsers import StrOutputParser
from langsmith import Client
import os

os.environ["LANGCHAIN_TRACING_V2"] = "true"
os.environ["LANGCHAIN_API_KEY"] = "lsv2..."
os.environ["OPENAI_API_KEY"] = "sk..."
```

ChatPromptTemplate 클래스를 사용하여 대화형 프롬프트 템플릿을 정의합니다.

코드

```
prompt = ChatPromptTemplate.from_messages(
    [
        ("system", "당신은 질문에 답변하는 봇입니다"),
        ("user", "Question:{question}\nContext:{context}")
    ]
) # 대화형 템플릿 정의
```

프롬프트, 모델, 출력 파서를 체인으로 연결하여 데이터를 순차적으로 처리하도록 코드를 구현합니다. 이때 모델의 출력을 문자열 형식으로 파싱하기 위한 설정도 해둡니다.

코드

```
model = ChatOpenAI(model="gpt-4o")

# 출력을 파싱(구문 분석)하여 특정 형식으로 변환
output_parser = StrOutputParser()

# 프롬프트 → 모델 → 출력 파서로 이어지는 작업 흐름을 정의
chain = prompt | model | output_parser
```

LLM에 전달할 질문과 관련된 추가 정보(context)를 정의합니다. 추가 정보가 필요하지 않은 경우, context 변수를 빈 문자열("")로 설정합니다.

코드

```
question = ["AI Agent란?", "AI Agent의 역할은?", "AI Agent 사용 방법은?"]
context = ""
```

question 리스트의 각 질문을 랭체인의 체인(chain)에 전달하여 응답을 생성하고, 이를 출력합니다.

코드

```
# question 리스트에 포함된 질문들을 순회하며 하나씩 처리
for q in question:
    print(chain.invoke(
        {"question": q, "context": context})
    ) # 입력 데이터(질의)를 처리
    print("\n")
```

그러면 결과는 다음과 같습니다. 세 가지 질문에 대한 답변을 보여줍니다.

실행결과

```
AI 에이전트란 AI 기술을 활용하여 특정 작업이나 문제를 해결하도록 설계된 소프트웨어
프로그램이나 시스템을 말합니다. AI 에이전트는 주어진 환경 내에서 데이터를 수집하고,
이를 바탕으로 의사 결정을 내리며, 그 결과에 따라 행동을 수행합니다. 이러한 에이전트는
```

종종 머신러닝 알고리즘을 사용하여 학습하고 적응하며, 자동화된 방식으로 작업을 수행할 수 있습니다.
AI 에이전트는 다양한 형태로 존재할 수 있으며, 챗봇, 가상 비서, 자율 주행 차량, 게임 캐릭터, 로봇 등이 그 예입니다. 이들은 모두 특정 목표를 달성하기 위해 사용자와 상호 작용하거나 환경을 탐색하면서 지속적으로 학습하고 최적의 결과를 추구하도록 설계되었습니다.
AI 에이전트의 역할은 여러 가지가 있으며, 이는 주로 해당 에이전트가 설계된 목적과 사용되는 분야에 따라 달라집니다. 일반적인 AI 에이전트의 역할은 다음과 같습니다:

1. **자동화**: 반복적이거나 시간이 많이 소요되는 작업을 자동화하여 인간의 부담을 줄입니다. 예를 들어 챗봇은 고객 서비스에서 사용되어 간단한 문의를 처리합니다.
2. **데이터 분석**: 대량의 데이터를 분석하여 패턴을 찾고, 이를 기반으로 예측이나 의사 결정을 지원합니다. 예를 들어 금융 분야에서는 거래 데이터를 분석하여 투자 전략을 수립합니다.
3. **추천 시스템**: 사용자 행동을 분석하여 개인화된 추천을 제공합니다. 예를 들어 온라인 쇼핑몰이나 스트리밍 서비스에서 사용자에게 맞춤형 콘텐츠를 추천합니다.
4. **의사 결정 지원**: 복잡한 시나리오에서 최적의 결정을 내릴 수 있도록 지원합니다. 예를 들어 의료 분야에서는 환자의 증상과 기록을 분석하여 진단을 돕습니다.
5. **로봇 및 자율 시스템**: 물리적 환경에서 작업을 수행하거나 자율적으로 움직이는 시스템을 운영합니다. 예를 들어 자율주행차나 로봇 청소기 등이 있습니다.
6. **창의적 작업**: 예술, 음악, 글쓰기 등 창의적인 분야에서 새로운 작품을 생성하거나 아이디어를 제안합니다.

이외에도 AI 에이전트는 교육, 보안, 헬스케어 등 다양한 분야에서 특정한 역할과 기능을 수행할 수 있습니다. AI 에이전트의 목표는 일반적으로 인간의 능력을 보완하거나 향상시키고, 효율성을 높이기 위한 것입니다.
AI 에이전트를 사용하는 방법은 특정 에이전트의 유형과 목적에 따라 다를 수 있지만, 일반적인 단계는 다음과 같습니다:

1. **목적 정의**: 무엇을 달성하고자 하는지를 명확히 설정합니다. 예를 들어 고객 서비스, 데이터 분석, 자동화된 작업 등.
2. **적절한 AI 에이전트 선택**: 목적에 맞는 AI 에이전트를 선택합니다. 상용 솔루션이나 오픈소스 옵션이 있으며, 특정 작업에 특화된 에이전트도 있습니다.
3. **설치 및 설정**: 선택한 AI 에이전트를 설치하고 초기 설정을 합니다. 이는 소프트웨어 설치, 환경 설정, 권한 부여 등을 포함할 수 있습니다.
4. **데이터 준비**: AI 에이전트가 학습하고 작업을 수행할 수 있도록 필요한 데이터를 준비합니다. 데이터가 충분하고 품질이 높은지 확인하는 것이 중요합니다.
5. **학습 및 훈련**: AI 에이전트가 데이터를 기반으로 학습할 수 있도록 훈련합니다. 이는 모델을 학습시키는 과정으로, 사용자 정의 모델을 개발해야 하는 경우도 있을 수 있습니다.

```
6. **테스트 및 검증**: AI 에이전트의 성능을 테스트하고, 결과가 기대에 부합하는지 검증합니다. 필요 시 조정을 통해 성능을 개선합니다.
7. **배포**: AI 에이전트를 실사용 환경에 배포합니다. 이는 시스템과의 통합, 사용자 접근성 확보 등을 포함할 수 있습니다.
8. **모니터링 및 유지보수**: 에이전트가 올바르게 작동하는지 지속적으로 모니터링하고, 필요할 경우 업데이트 및 유지보수를 수행합니다.
9. **피드백 및 개선**: 사용자 피드백을 받아 지속적으로 에이전트를 개선합니다. 새로운 데이터와 요구사항에 맞춰 업데이트를 반복합니다.

이 과정은 AI 에이전트의 복잡성과 적용 분야에 따라 다소 달라질 수 있지만, 일반적으로 이러한 단계들이 포함됩니다.
```

이제 성능 평가를 위해 정답을 구성해야 합니다. LLM의 답변으로 정답을 만듭니다. 이 과정이 필요한 이유는, 성능 평가를 위해서는 질문에 대한 정답도 함께 제공해야 하기 때문입니다.

코드

```
correct_answers = (
"AI Agent란 AI 시스템에서 자율적으로 특정 작업을 수행할 수 있는 소프트웨어 엔티티를 의미합니다. AI 에이전트는 주어진 환경에서 다양한 입력을 받아들이고, 이러한 입력을 바탕으로 특정 목표를 달성하기 위해 행동을 결정하고 실행합니다. 이러한 에이전트는 머신러닝 알고리즘, 특히 강화 학습을 통해 환경과의 상호 작용에서 학습할 수 있습니다. AI 에이전트는 다음과 같은 특성을 가질 수 있습니다: 1. **자율성**: 인간의 개입 없이 스스로 결정을 내리고 행동할 수 있습니다. 2. **적응성**: 환경의 변화에 따라 행동 방식을 조정할 수 있습니다. 3. **상호 작용성**: 주어진 환경이나 다른 에이전트와 상호 작용할 수 있습니다. 4. **목표 지향성**: 특정 목표를 달성하기 위해 설계됩니다. AI 에이전트는 다양한 분야에서 사용될 수 있으며, 예를 들어 자동화된 고객 서비스, 게임에서의 NPC(Non-Player Character), 로봇 공학, 자율 주행 차량 등이 포함됩니다.",
"AI 에이전트의 역할은 다양한 분야와 상황에서 다양하게 적용될 수 있습니다. 일반적인 AI 에이전트의 역할은 다음과 같습니다: 1. **자동화**: 반복적이거나 시간이 많이 소요되는 작업을 자동화하여 인간의 시간을 절약합니다. 예를 들어 데이터 입력, 일정 관리, 고객 서비스 등에서 사용됩니다. 2. **정보 처리 및 분석**: 대량의 데이터를 빠르게 처리하고 분석하여 유용한 인사이트를 제공합니다. 이는 비즈니스 인텔리전스, 의료 진단, 금융 분석 등에서 활용됩니다. 3. **의사 결정 지원**: 복잡한 문제에 대한 최적의 결정을 내리는 데 도움을 줍니다. 예를 들어 추천 시스템, 투자 전략, 물류 최적화에 사용됩니다. 4. **자연어 처리**: 인간의 언어를 이해하고 처리하여 대화형 인터페이스를 제공합니다. 챗
```

```
봇, 가상 비서, 번역 서비스 등이 이에 해당합니다. 5. **예측 및 예보**: 기계 학습 알
고리즘을 사용하여 미래의 트렌드나 이벤트를 예측합니다. 이는 날씨 예보, 시장 예측, 수
요 예측에 사용됩니다. 6. **문제 해결**: 복잡한 문제를 해결하기 위한 솔루션을 개발합
니다. 이는 로봇 공학, 게임 AI, 최적화 문제 해결에서 활용됩니다. 이러한 역할들은 AI
에이전트가 특정 도메인에 맞춰 조정될 수 있으며, 기술의 발전에 따라 그 범위와 능력은
계속해서 확장되고 있습니다.",
"AI 에이전트를 사용하는 방법은 주로 사용하려는 에이전트의 종류와 목적에 따라 다릅니
다. 그러나 일반적으로 AI 에이전트를 사용하는 기본적인 단계는 다음과 같습니다: 1. **
목적 정의**: AI 에이전트를 사용하여 해결하려는 문제나 달성하려는 목표를 명확히 정의
합니다. 예를 들어 고객 서비스 자동화, 데이터 분석, 개인 비서 역할 등이 있을 수 있습
니다. 2. **적절한 AI 에이전트 선택**: 다양한 AI 플랫폼과 도구가 있습니다. Google
Assistant, Amazon Alexa, Microsoft Azure Bot, IBM Watson 등 다양한 에이전트를
비교하여 목적에 맞는 것을 선택합니다. 3. **설정 및 구성**: 에이전트를 선택한 후, 자
신의 필요에 맞게 설정하고 구성합니다. 이 단계에서는 주로 에이전트의 언어, 대화 흐름,
사용자 인터페이스 등을 설정합니다. 4. **데이터 수집 및 학습**: 많은 AI 에이전트는
특정한 데이터 세트로 학습하여 더 나은 성능을 발휘합니다. 필요한 데이터를 수집하고, 에
이전트가 학습할 수 있도록 준비합니다. 5. **통합 및 테스트**: 에이전트를 기존 시스템
이나 애플리케이션과 통합합니다. 통합 후에는 다양한 시나리오를 통해 에이전트를 테스트
하고, 예상치 못한 문제나 오류를 수정합니다. 6. **배포 및 모니터링**: 최종적으로 에이
전트를 실제 환경에 배포합니다. 배포 후에는 성능을 지속적으로 모니터링하고, 필요에 따
라 업데이트나 개선 작업을 수행합니다. 7. **피드백 및 개선**: 사용자로부터 피드백을
받아 에이전트를 개선합니다. 이는 에이전트를 더 효율적이고 사용자 친화적으로 만드는 데
도움이 됩니다. 각 단계에서 사용할 수 있는 도구와 방법은 다양하므로, 사용하려는 에이전
트의 문서나 가이드를 참고하는 것이 좋습니다."
)
```

랭스미스 클라이언트를 초기화하여 랭체인 애플리케이션의 실행 상태를 추적하고 분석할 준비를 합니다.

코드

```
client = Client() # 클라이언트 초기화
```

랭스미스를 활용하여 질문-답변 데이터셋을 생성하고, 각 질문과 정답 쌍을 데이터셋에 추가합니다.

코드

```
inputs = [
    (question[0], correct_answers[0]),
    (question[1], correct_answers[1]),
    (question[2], correct_answers[2])
] # 질문-정답 쌍 생성

dataset_name = "qanda" # 데이터셋의 이름을 지정
dataset = client.create_dataset(
    dataset_name=dataset_name, description="Questions and Answers",
) # 랭스미스 클라이언트를 사용해 새로운 데이터셋을 생성

# 랭스미스 클라이언트를 사용해 데이터셋에 새로운 예제
# (앞에서 생성한 '질문-정답 쌍')를 추가
for input_prompt, output_answer in inputs:
    client.create_example(
        inputs={"question": input_prompt},
        outputs={"answer": output_answer},
        dataset_id=dataset.id
    )
```

노트

데이터셋 오류가 발생한다면?

만약 9.2.3절의 코드를 두 번 이상 실행할 경우 다음과 같이 dataset에서 오류가 발생할 수 있습니다. 'qanda'라는 이름의 데이터셋이 이미 만들어졌기 때문입니다. 이 경우에는 이미 만들어져 있는 'qanda'를 삭제하거나 이름을 변경해주세요.

코드

```
LangSmithConflictError: Conflict for /datasets. HTTPError('409 Client
Error: Conflict for url: https://api.smith.langchain.com/datasets',
'{"detail":"Dataset with this name already exists."}')
```

성능 평가

성능 평가도 랭스미스에 접속하여 진행합니다.

1. 앞에서 접속한 URL의 왼쪽 메뉴에서 **Datasets & Experiments**를 클릭합니다.

   - https://smith.langchain.com/

▼ **그림 9-13** 'Datasets & Experiments' 클릭

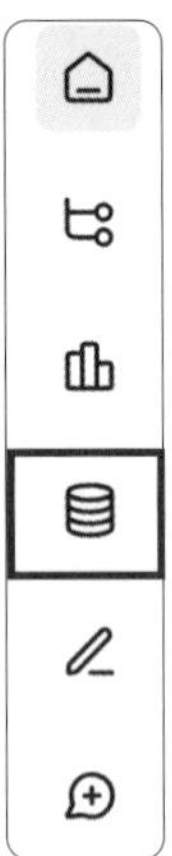

2. 'qanda' 데이터셋이 생성된 것을 확인할 수 있습니다. **qanda**를 클릭합니다.

▼ **그림 9-14** 'qanda' 클릭

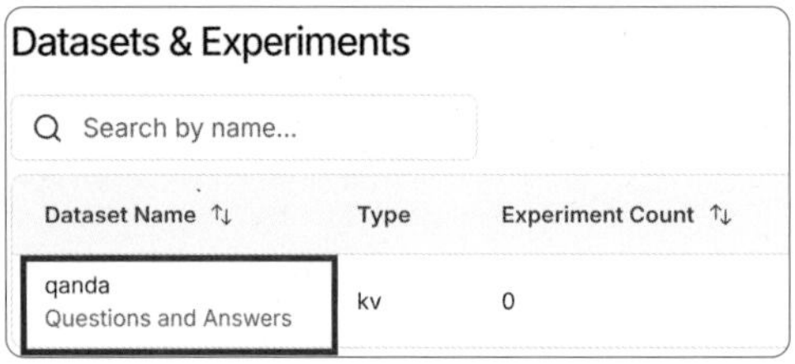

Datasets & Experiments

Search by name...

Dataset Name	Type	Experiment Count
qanda Questions and Answers	kv	0

3. qanda에는 앞에서 실행했던 세 개의 질문과 답변이 있습니다.

▼ **그림 9-15** 질문과 답변

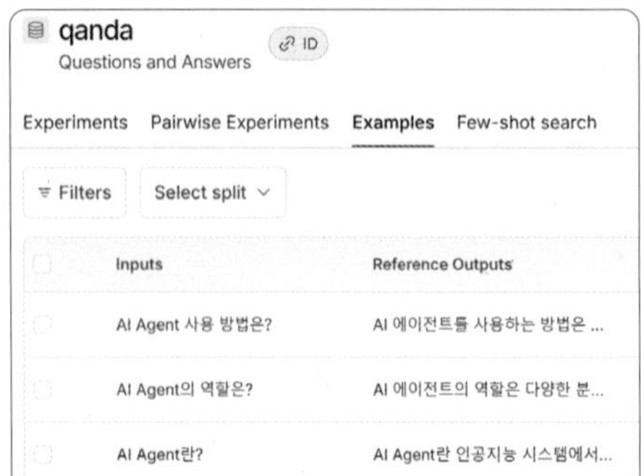

4. 이제 평가를 진행해볼까요? 오른쪽 상단의 **Add Auto-Evaluator**를 클릭합니다.

▼ **그림 9-16** 'Add Auto-Evaluator' 클릭

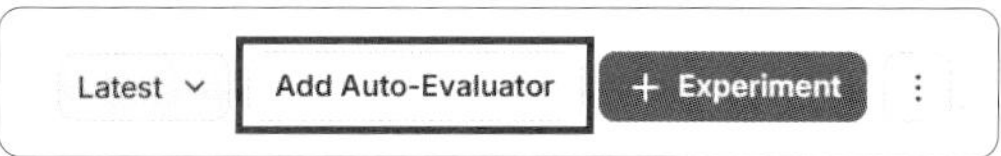

5. Auto-Evaluators 화면이 뜨면 상단의 **Add Auto-Evaluator**를 클릭합니다.

▼ **그림 9-17** 'Add Auto-Evaluator' 클릭

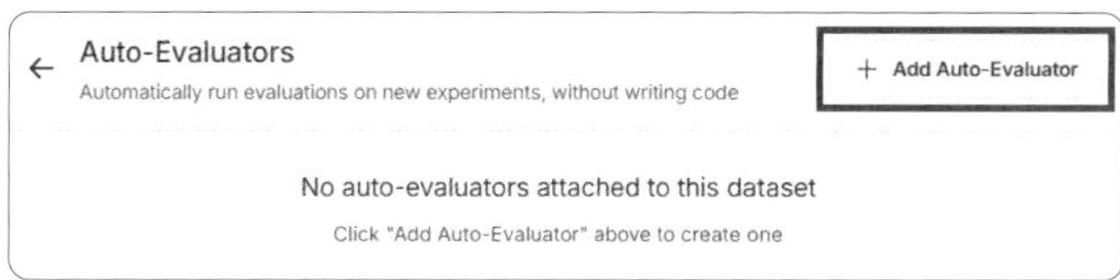

6. **LLM-as-a-Judge**를 클릭합니다.

▼ **그림 9-18** 'LLM-as-a-Judge' 클릭

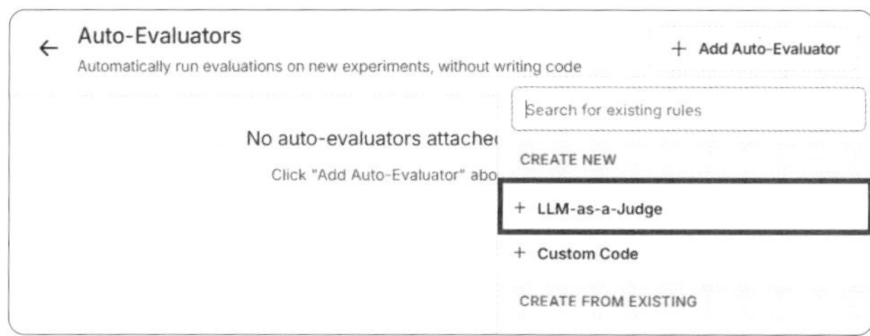

7. Add Auto-Evaluator 창이 나오면 Auto-Evaluator Name에 **qanda-evaluator**를 입력합니다. Provider는 'OpenAI', Model은 'gpt-4o', Temperature는 0으로 설정합니다.

▼ **그림 9-19** Judge 설정

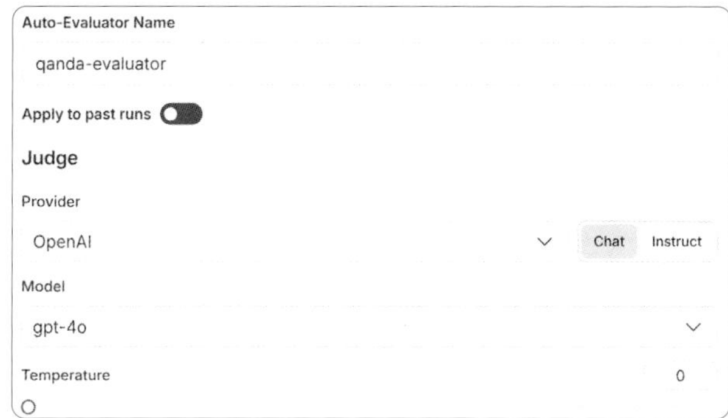

8. 같은 화면 아래에 있는 Prompt에서 **Create a prompt from scratch**를 선택합니다.

▼ **그림 9-20** 'Create a prompt from scratch' 선택

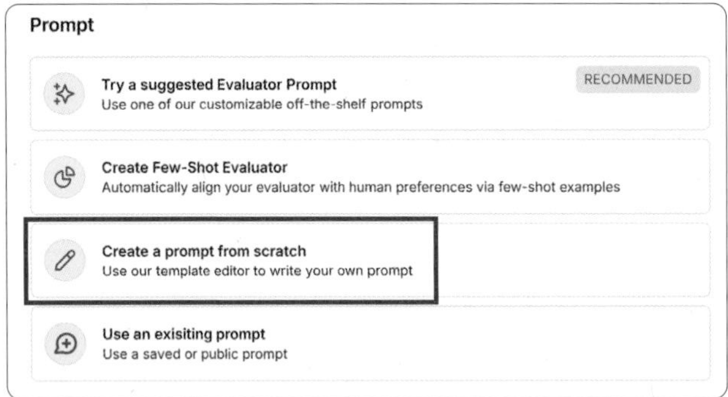

9. Variable Mapping 화면이 나오면 붉은 상자를 각각 클릭하여 다음과 같이 매핑시킨 후 **Save**를 클릭합니다.

▼ **그림 9-21** 값 매핑

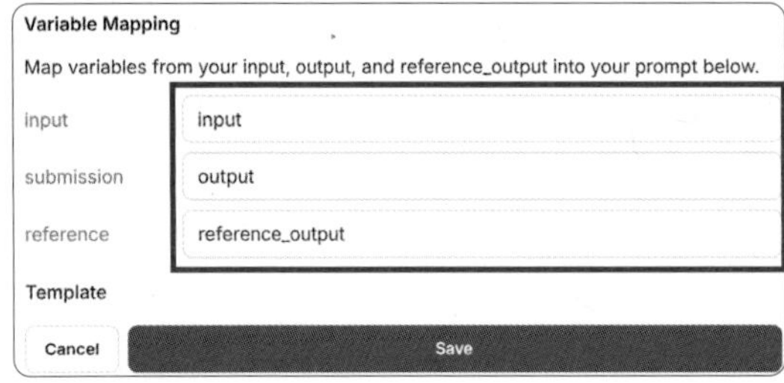

10. 다음과 같이 OPENAI_API_KEY를 입력하라는 창이 뜨면, 키를 입력한 후 **Save**를 클릭합니다.

▼ **그림 9-22** OpenAI 키 입력

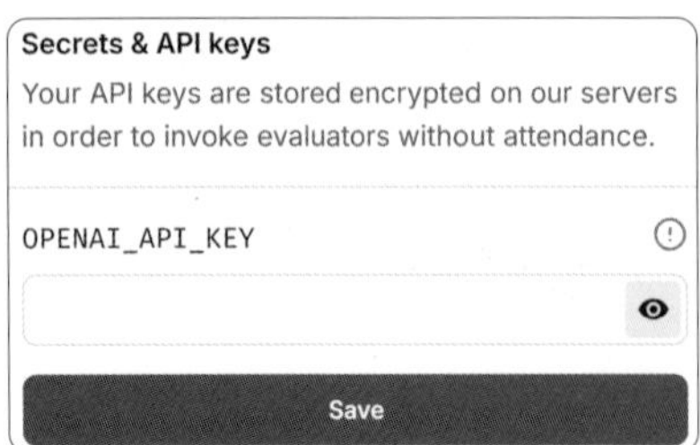

11. 다시 **Save**를 클릭합니다.

▼ **그림 9-23** 'Save' 클릭

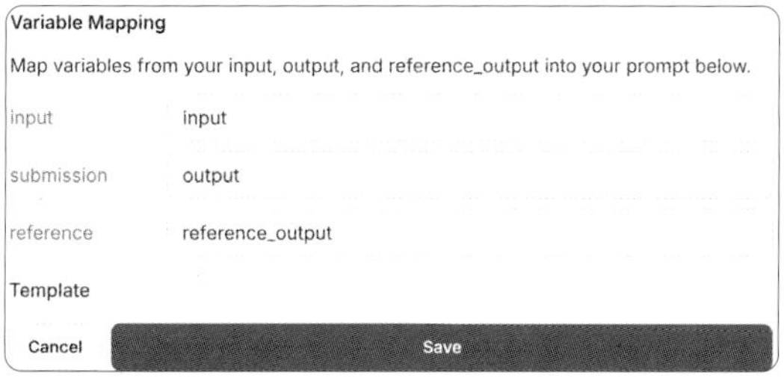

Variable Mapping

Map variables from your input, output, and reference_output into your prompt below.

input	input
submission	output
reference	reference_output

Template

Cancel　Save

12. 다음과 같이 새로운 평가가 생성됩니다.

▼ **그림 9-24 새로운 평가 생성**

qanda-evaluator

LLM-as-a-Judge Evaluator　See Logs

13. 이제 실제로 평가를 해보겠습니다. 왼쪽 메뉴의 **Prompts**를 클릭합니다.

▼ **그림 9-25** 'Prompts' 클릭

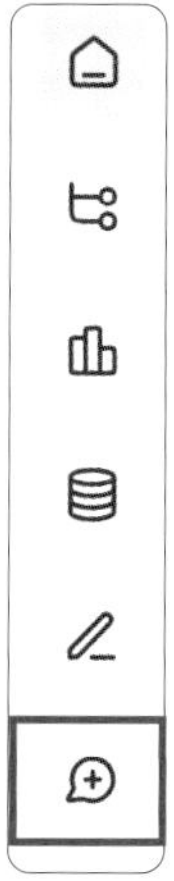

14. **New Prompt**를 클릭합니다.

▼ **그림 9-26** 'New Prompt' 클릭

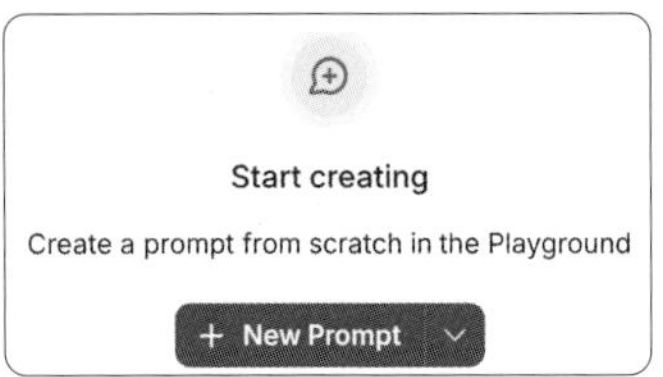

15. 왼쪽 상단에 있는 **Test over dataset**을 클릭합니다.

▼ **그림 9-27** 'Test over dataset...' 클릭

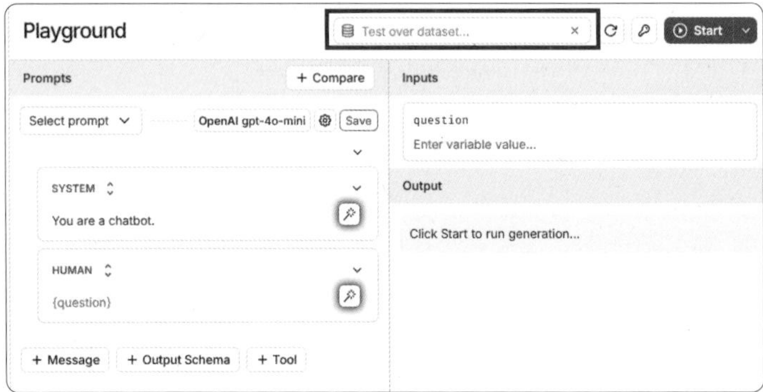

16. **qanda**를 선택합니다.

▼ **그림 9-28** 'qanda' 클릭

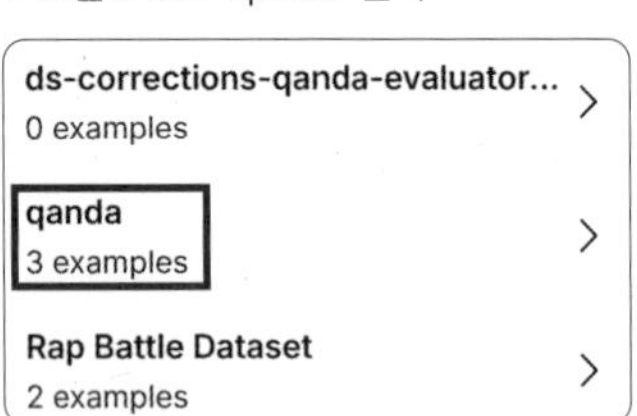

17. **Start**를 클릭합니다.

▼ **그림 9-29** 'Start' 클릭

18. 다시 OPENAI_API_KEY 입력창이 뜨면, 키를 입력한 후 Enter를 누릅니다.

▼ 그림 9-30 OpenAI 키 입력

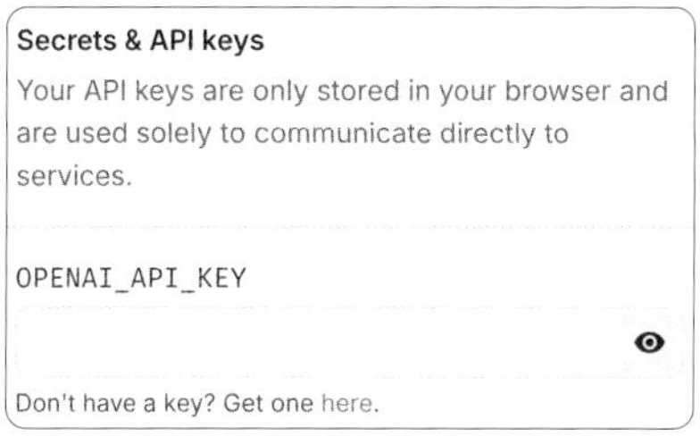

Secrets & API keys

Your API keys are only stored in your browser and are used solely to communicate directly to services.

OPENAI_API_KEY

Don't have a key? Get one here.

19. **Start**를 클릭합니다.

▼ 그림 9-31 'Start' 클릭

20. 다시 왼쪽 메뉴의 **Datasets & Experiments**를 클릭합니다.

▼ 그림 9-30 'Datasets & Experiments' 클릭

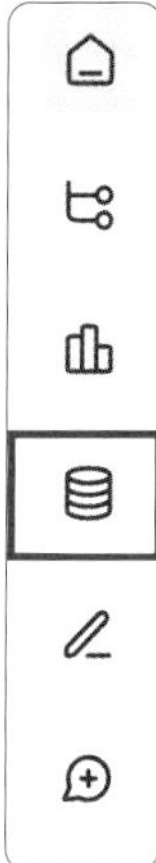

21. qanda라는 이름이 보입니다. 여기서 'Experiment Count'는 실행 횟수를 의미합니다. 한 번 실행했다면 1로 보입니다.

▼ **그림 9-32** 실행 횟수 확인

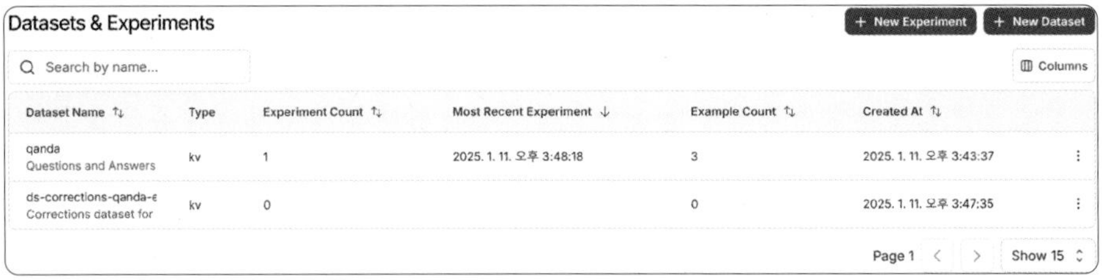

Datasets & Experiments

+ New Experiment | + New Dataset

Search by name... | Columns

Dataset Name ↑↓	Type	Experiment Count ↑↓	Most Recent Experiment ↓	Example Count ↑↓	Created At ↑↓	
qanda Questions and Answers	kv	1	2025. 1. 11. 오후 3:48:18	3	2025. 1. 11. 오후 3:43:37	⋮
ds-corrections-qanda-ε Corrections dataset for	kv	0		0	2025. 1. 11. 오후 3:47:35	⋮

Page 1 < > Show 15

22. qanda를 클릭하면 실행 횟수에 따른 'Correctness'를 보여줍니다. 1에 가까울수록 정확도가 높고, 0에 가까울수록 정확도가 낮다는 의미입니다.

▼ **그림 9-33** 'Correctness' 확인

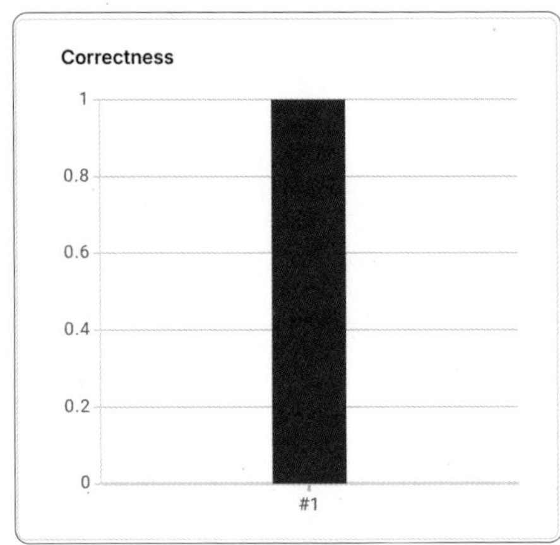

23. 하단에는 correctness를 보여주는데, 이것은 LLM의 응답이 얼마나 올바르고 기대한 답변과 일치하는지를 평가하는 지표입니다. 1로 표시되었다는 것은 보통 모델의 응답이 기대한 정답과 완전히 일치하거나, 매우 정확하다는 의미입니다. **Playground**를 클릭합니다.

▼ **그림 9-34** Playground 클릭

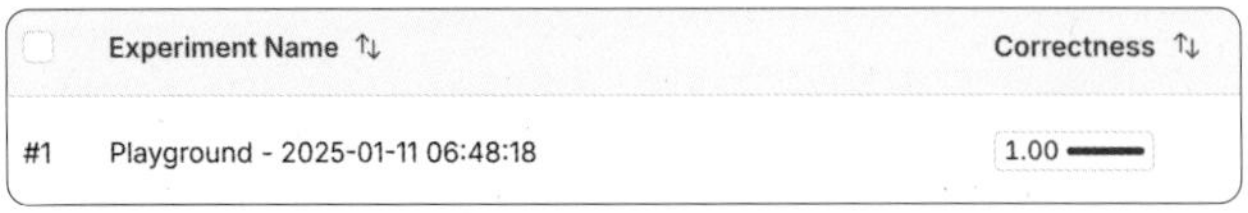

	Experiment Name ↑↓	Correctness ↑↓
#1	Playground - 2025-01-11 06:48:18	1.00

24. **Playground**를 클릭하면 각각의 input에 대한 정확도를 보여줍니다. 아래와 같이 각 질문에 대해 모두 1입니다. 이는 성능이 우수하다는 것을 의미합니다. 그도 그럴 것이 LLM이 알려준 답변으로 정답을 구성했기 때문에 성능이 좋을 수밖에 없습니다. 하지만 우리가 가지고 있는 정답이 모두 정확한 정답만 있는 것은 아니므로 일반적으로 1이 나오는 경우는 드뭅니다.

▼ **그림 9-35** 항목별 'Correctness' 확인

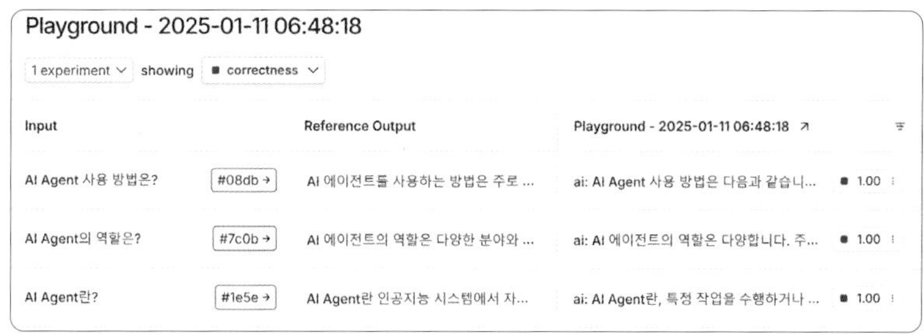

이어서 마지막으로 랭스미스의 모니터링에 대해 알아보겠습니다.

9.2.4 모니터링하기

모니터링은 관찰하고자 하는 항목들을 선택해서 대시보드를 만드는 것을 의미합니다. 나만의 대시보드를 한번 만들어볼까요?

1. 왼쪽 메뉴에서 **Dashboards**를 클릭합니다.

▼ **그림 9-36** 'Dashboards' 클릭

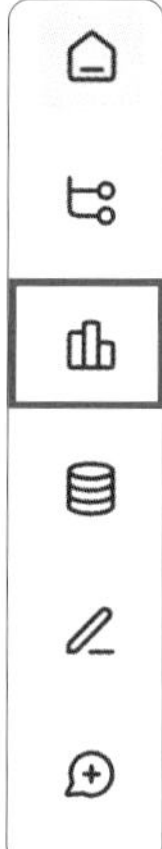

2. **+Dashboard**를 클릭합니다.

▼ **그림 9-37** '+Dashboard' 클릭

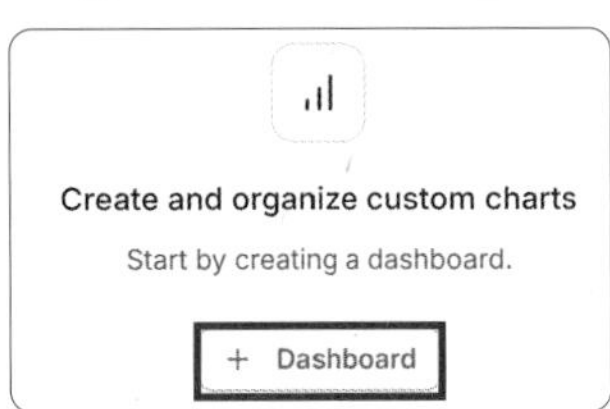

3. New Dashboard 창이 뜨면 'Dashboard Name'에 **Dashboard**를 입력하고 **Create**를 클릭합니다.

▼ **그림 9-38** 'Create' 클릭

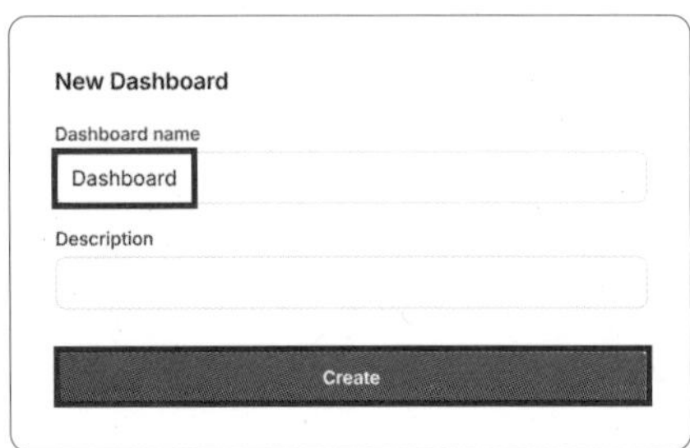

4. 다음과 같이 'Dashboard'라는 이름으로 생성됩니다. **Dashboard**를 클릭합니다.

▼ **그림 9-39** 생성된 대시보드

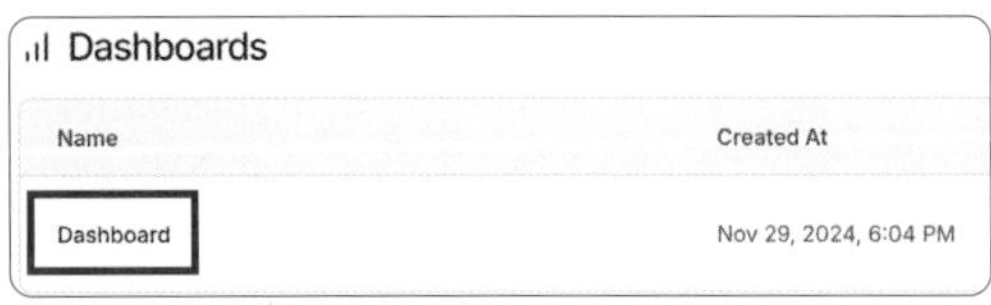

5. 오른쪽 상단의 **Chart**를 클릭합니다.

▼ **그림 9-40** 'Chart' 클릭

6. New Chart 화면이 뜨면 'Chart name'에 'Trace'라고 입력합니다. 'Select Project(s)'에서 **Project**를 선택할 수 있는데, 참고로 프로젝트는 생성된 수만큼 보입니다. **pr-vengeful-questionaire-9**를 선택합니다.

▼ **그림 9-41** Project 선택

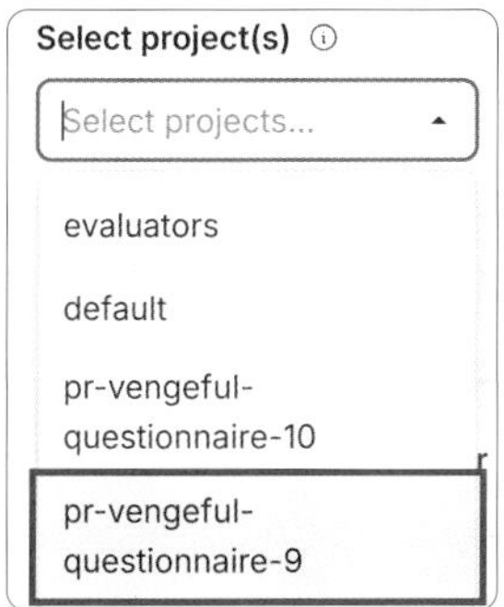

7. 마우스 스크롤을 내려서 'Choose metric'에서 **Total Cost**를 선택합니다. 항목은 필요에 따라 선택하면 됩니다.

▼ **그림 9-42** 'Total Cost' 선택

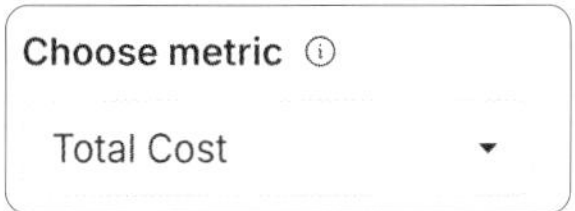

8. 하단에 있는 **Create**를 클릭합니다.

▼ **그림 9-43** 'Create' 클릭

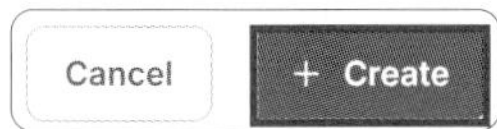

9. 다음과 같이 Total Cost를 보여주는 대시보드가 만들어집니다.

▼ **그림 9-44** Total Cost를 보여주는 대시보드

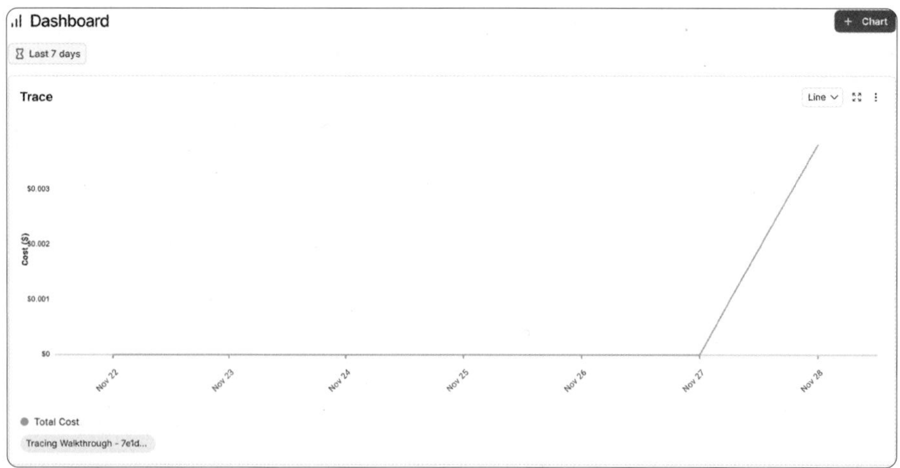

필요에 맞춰 다른 항목에 대해서도 나만의 대시보드를 만들 수 있습니다. 앞에서 구성했던 비용(Cost)은 내가 현재 얼마를 사용 중인지 확인할 수 있어서 유용합니다.

이 외에도 대표적인 항목으로는 다음과 같은 것들이 있습니다.

- **실행 횟수(Run Count)**: 애플리케이션이 실행된 총 횟수를 나타냅니다.
- **지연 시간(Latency)**: 응답 시간이 얼마나 걸리는지를 측정하여 성능 최적화에 도움을 줍니다.
- **비용(Cost)**: 모델 호출이나 API 사용에 따른 비용을 추적하여 예산 관리에 활용할 수 있습니다.
- **성능 평가 지표(Performance Metrics)**: 정확도, 유용성, 관련성 등 애플리케이션의 품질을 평가하는 다양한 지표를 포함합니다.
- **사용자 피드백(User Feedback)**: 사용자로부터 수집된 만족도나 평가 점수를 통해 애플리케이션의 개선 방향을 파악할 수 있습니다.
- **오류율(Error Rates)**: LLM 애플리케이션 내에서 발생하는 오류를 모니터링하여 신속한 문제 해결과 수정이 가능하도록 합니다.

4부

M365 코파일럿 에이전트

CHAPTER

10

M365 코파일럿과 M365 코파일럿 에이전트

ChatGPT 외에 마이크로소프트의 코파일럿(Copilot)이라는 도구도 한 번은 들어봤을 것입니다. 이 장에서는 간략하게 Microsoft 365 Copilot(이하, M365 코파일럿: Microsoft Office 애플리케이션(워드, 엑셀, 파워포인트, 아웃룩 등)에 통합된 AI 기반의 가상 어시스턴트)의 개념과 M365 코파일럿 에이전트에 대해 소개하겠습니다. 참고로 M365 코파일럿은 개인 혹은 기업에서 별도로 구매해야 사용 가능한 기능입니다. 따라서 별도로 구매하지 않았다면 코파일럿 기능이 보이지 않으므로 눈으로만 확인해주세요.

10.1 SECTION M365 코파일럿

M365 코파일럿은 GPT-4와 같은 LLM을 활용해 사용자가 업무 생산성을 향상시킬 수 있도록 돕는 도구입니다. 쉽게 말해 워드, 엑셀, 파워포인트, 아웃룩 등 오피스(Office) 프로그램에 ChatGPT와 같은 AI 기능을 추가한 것입니다. 따라서 사용자의 지시에 따라 문서 작성, 데이터 분석, 이메일 작성, 일정 관리 등 다양한 업무를 자동화할 수 있습니다.

10.1.1 M365 코파일럿의 기능

오피스 프로그램에 추가된 M365 코파일럿을 어디에 활용하면 좋을지 하나씩 알아봅시다.

(1) 워드

문서 초안을 작성하거나, 문서의 요약 작성 등이 가능합니다. 예를 들어 '마케팅 보고서를 작성해줘'라고 요청하면 다음과 같은 내용으로 초안을 생성해줍니다.

▼ **그림 10-1** 워드를 이용한 문서 초안 작성

마케팅 보고서

2024년 4분기 마케팅 전략 및 성과

11.1 개요

2024년 4분기 마케팅 캠페인은 브랜드 인지도 상승과 매출 증대를 목표로 진행되었습니다. 이번 보고서는 주요 전략과 성과를 요약한 것입니다.

11.1.1 주요 마케팅 전략

- 디지털 마케팅 캠페인: 소셜 미디어, 이메일 마케팅, 검색 엔진 최적화(SEO)를 포함한 다양한 디지털 채널을 활용했습니다.
- 콘텐츠 마케팅: 블로그, 동영상, 웹 세미나 등을 통해 고객과의 소통을 강화했습니다.
- 이벤트 마케팅: 제품 론칭 이벤트와 프로모션 행사를 통해 고객 참여를 유도했습니다.

11.1.2 성과 분석

- 브랜드 인지도: 소셜 미디어 팔로워 수가 25% 증가했습니다.
- 웹사이트 트래픽: 월간 방문자 수가 40% 증가했습니다.
- 매출: 전년 대비 30% 상승한 매출을 기록했습니다.
- 고객 참여: 이메일 오픈율이 35% 증가했고, 클릭률이 20% 상승했습니다.

11.1.3 결론 및 향후 계획

이번 4분기 마케팅 활동은 성공적이었으며, 향후에도 현재 전략을 기반으로 한 지속적인 개선과 혁신을 통해 더 큰 성과를 기대합니다. 특히, 데이터 분석을 강화하여 고객의 니즈를 더 잘 이해하고, 개인화된 마케팅 전략을 더욱 구체화할 예정입니다.

(2) 엑셀

엑셀 데이터를 기준으로 데이터를 분석하거나, 차트를 생성할 수 있습니다. 예를 들어 미국의 각 주에서 벌의 개체수 증가/감소에 대한 데이터가 있다고 가정해봅시다. 이때 'lost_colonies와 added_colonies 칼럼에 대해 차트를 생성해줘'와 같은 요청을 하면 코파일럿은 다음과 같이 피벗 테이블과 함께 차트를 생성해줍니다.

▼ **그림 10-2** 벌의 개체수 변화

state	합계 : lost_colonies	합계 : added_colonies
Alabama	40550	40150
Arizona	159400	177860
Arkansas	100920	104070
California	4098000	3682000
Colorado	109080	95400
Connecticut	7630	10490
Florida	1161000	1369000
Georgia	566500	664200
Hawaii	20740	32450
Idaho	409700	357550
Illinois	49530	51260
Indiana	44490	48920
Iowa	100150	136510
Kansas	38650	36230

차트 제목
state
Alabama
Florida
Iowa
Massachusetts
Nebraska
Ohio
South Dakota
Virginia
0
4
8
12
백만
■ 합계 : lost_colonies ■ 합계 : added_colonies

(3) 파워포인트

새로운 슬라이드를 제작하거나, 시각 자료 및 디자인 개선 등의 작업이 가능합니다. 예를 들어 'AI 기술에 대한 발표 자료를 만들어줘'라고 요청하면 다음과 같은 목차로 발표 자료를 자동으로 생성해줍니다.

▼ **그림 10-3** 코파일럿이 생성해준 목차

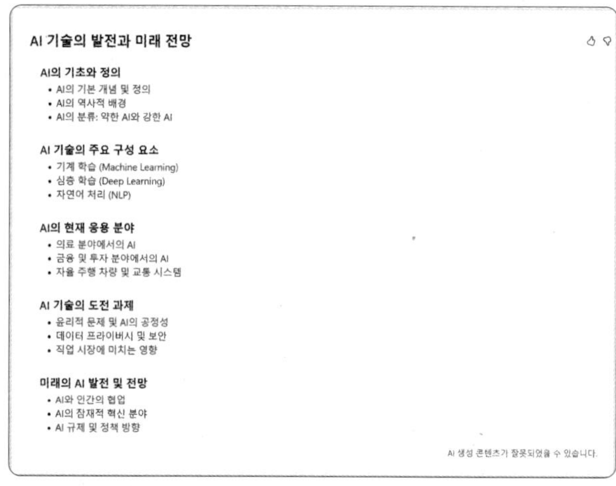

(4) 아웃룩

신규 이메일을 작성하거나, 기존 메일에 회신할 때 어떤 내용으로 작성해야 할지 제안을 해줍니다. 예를 들어 '이메일로 미팅 일정을 잡아줘'라고 간단히 입력하면 다음과 같이 그럴듯한 초안을 작성해줍니다.

▼ **그림 10-4** 아웃룩 초안 생성

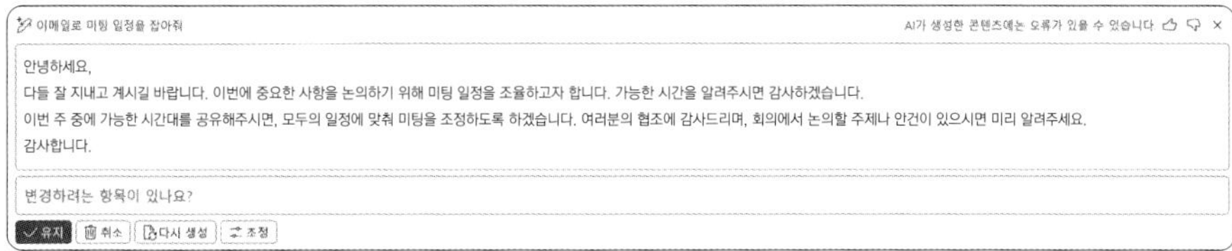

(5) 팀즈

회의 내용을 요약하거나, 대화 기록 요약, 내가 담당할 업무 등을 확인할 수 있습니다. 예를 들어 회의가 끝난 후 '오늘 회의 요약해줘'라고 요청하면 코파일럿이 자동으로 요약본을 제공해줍니다.

10.1.2 코파일럿의 동작 방식

코파일럿은 어떤 방식으로 동작할까요? 간단합니다.

1. 사용자가 명령어(질의)를 입력합니다. 이때 사용자는 자연어를 사용합니다. 예를 들어 '마케팅 보고서의 첫 번째 단락을 요약해줘.'와 같은 명령을 내릴 수 있습니다.
2. 코파일럿이 사용자의 명령을 분석하고, 필요한 정보를 오피스 문서나 데이터에서 가져옵니다.
3. 코파일럿은 명령에 맞게 문서, 차트, 이메일 등을 자동으로 생성합니다.

우리가 흔히 사용하는 ChatGPT와 동일하죠? 차이점은 단지 사용자가 사용하는 화면이 웹이 아닌 오피스 프로그램이라는 것뿐입니다.

10.2 SECTION M365 코파일럿 에이전트

M365 코파일럿이 무엇인지 간단히 알아봤습니다. 이제 M365 코파일럿 에이전트에 대해서도 확인해봅시다. 이 책에서 다루고 있는 주제는 에이전트이므로, M365 코파일럿이 아닌 에이전트에 집중해서 다루겠습니다.

M365 코파일럿으로도 에이전트를 간단히 구현할 수 있습니다. 한번 직접 만들어보겠습니다.

1. 먼저 에이전트 이름과 설명을 적습니다.

▼ **그림 10-5** 에이전트 이름과 설명 추가

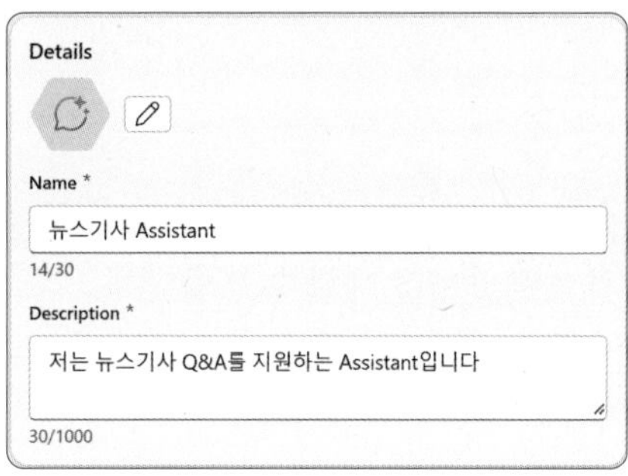

2. 어시스턴트의 역할을 기입합니다. 시스템 메시지와 같은 역할이라고 이해하면 됩니다.

▼ **그림 10-6** 시스템 메시지 추가

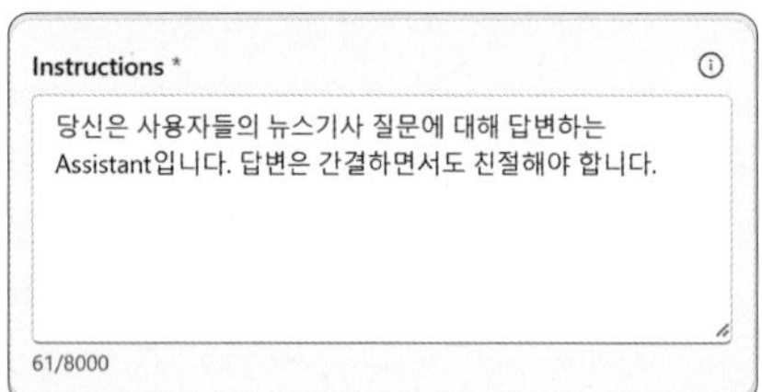

3. 데이터 소스 위치를 지정합니다. 생성하려는 에이전트가 뉴스 기사 검색과 관련된 것이므로 'Web content' 토글 버튼을 활성화합니다.

▼ **그림 10-7** M365 코파일럿 에이전트 데이터 소스 구성

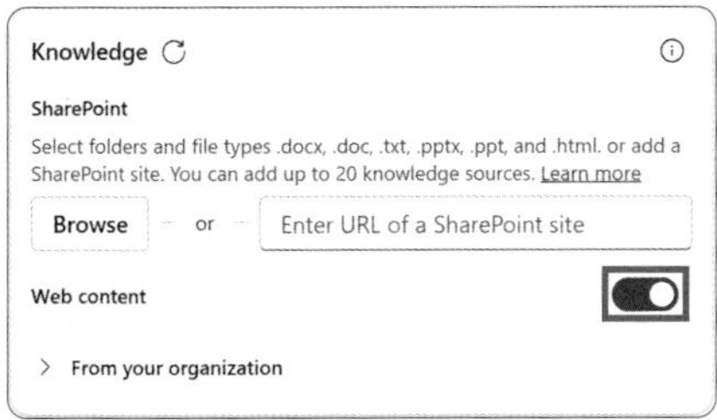

4. 추가로 코드 생성 용도로도 함께 사용하고자 한다면 아래와 같이 'Code interpreter' 토글 버튼도 활성화합니다. 단, 현재 기준으로 Image generator는 지원하지 않습니다.

▼ **그림 10-8** 코드 생성 기능 추가

5. 이후 **Create** 버튼만 클릭하면 다음과 같은 Assistant가 생성됩니다.

▼ **그림 10-9** 완성된 Assistant

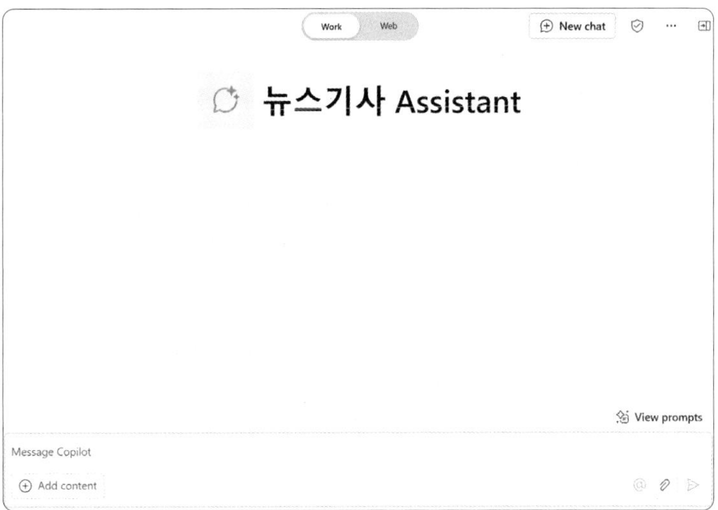

6. 이제 '한강의 노벨 문학상 수상 소감에 대해 알려줘'라고 질문해보죠. 그러면 다음과 같은 답변을 줍니다. 하단에는 웹 문서 링크도 함께 제시해줍니다.

▼ **그림 10-10** Assistant에 질의

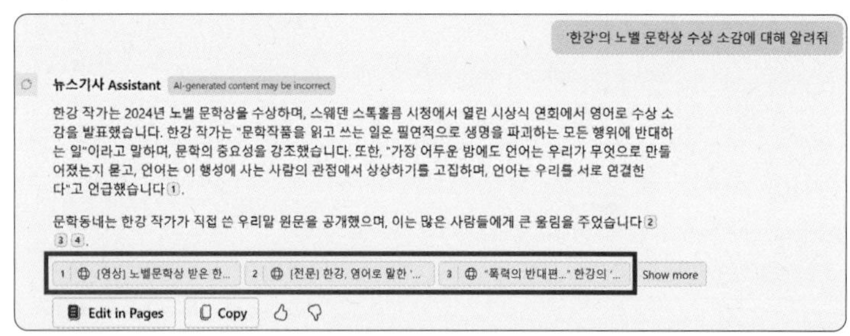

CHAPTER

11

M365 코파일럿 에이전트와 AI 에이전트 비교

우리가 사용할 수 있는 에이전트 종류는 많습니다. 앞에서 소개한 여러 프레임워크에서 에이전트를 구현할 수도 있고, M365 코파일럿 에이전트를 사용할 수도 있습니다. M365 코파일럿 에이전트와 AI 에이전트, 두 에이전트의 차이를 알아보면서 무엇을 선택해야 할지 생각해봅시다.

11.1 SECTION M365 코파일럿 에이전트의 한계

M365 코파일럿 에이전트는 사용이 편리하지만 한계도 있습니다. 두 가지 측면에서 한계를 짚어보겠습니다.

데이터 소스 위치

앞에서 M365 코파일럿 에이전트 사용 방법에 대해 알아보면서, 웹에서 데이터를 검색하는 쉬운 예제를 살펴봤습니다. 만약 우리 회사와 같이 특정 기업의 데이터를 검색해야 하는 RAG를 구성한다면 어떨까요? 다음의 구성으로 다시 이동해보겠습니다. 데이터 소스가 'SharePoint'로 되어 있죠? 기업 데이터는 'SharePoint'라는 곳으로 데이터를 옮겨 놔야 구성이 가능하다는 의미입니다.

▼ 그림 11-1 M365 코파일럿 에이전트 데이터 소스 구성

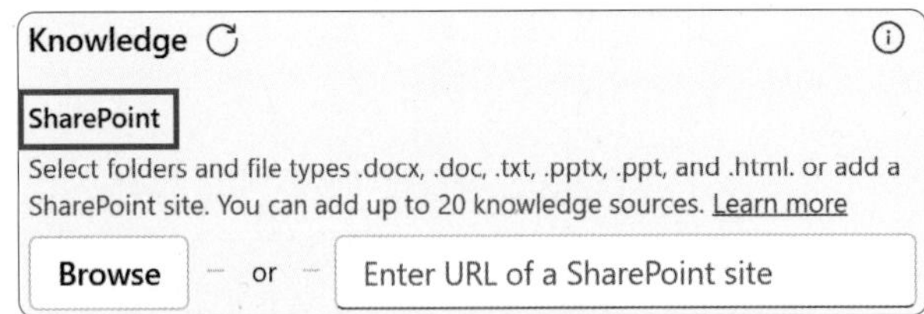

이 SharePoint는 무엇이고, 데이터는 최종적으로 어디에 있어야 한다는 것일까요? SharePoint는 마이크로소프트에서 제공하는 협업 및 문서 관리 플랫폼입니다. 이 도구를 사용하면 회사의 팀원들이 파일, 문서, 일정, 업무 등을 한곳에서 관리하고, 함께 협력할 수 있습니다. 그리고 SharePoint는 문서 저장 위치를 클라우드로 지정하고 있습니다. 따라서 M365 코파일럿 에이전트로 RAG를 구성하고자 한다면 모든 데이터는 클라우드로 이관되어야 합니다.

확장성 및 통제 가능성

M365 코파일럿 자체는 마이크로소프트에서 제공하는 SaaS(Software as a Service)[1] 서비스입니다. M365 코파일럿에서 에이전트를 간편하게 만들 수 있는 환경을 제공하지만 지금까지 살펴봤던 AI 에이전트 프레임워크와는 성격이 다릅니다.

AI 에이전트 프레임워크는 개발자들이 에이전트를 구현할 수 있는 환경(예 라이브러리)을 제공합니다. 즉, 개발자들이 도구를 선택하거나 워크플로를 자유자재로 변형할 수 있는 환경입니다. 이를 통해 AI 에이전트의 기능을 확장하거나 축소하는 것이 어렵지 않습니다.

하지만 M365 코파일럿 에이전트를 사용하면 도구를 추가하거나 워크플로를 변경하는 작업이 불가능합니다. 언급했듯이 SaaS 서비스로 제공되기 때문에 내장된 워크플로대로 동작하기 때문입니다.

이와 같은 차이를 고려하여 적절한 에이전트를 선택해야 사용해야 합니다.

1 소프트웨어를 직접 설치하지 않고, 인터넷으로 접속해서 사용하는 소프트웨어입니다.

11.2 SECTION M365 코파일럿 에이전트 vs. AI 에이전트

마지막으로 M365 코파일럿 에이전트와 AI 에이전트를 비교해봅시다. M365 코파일럿 에이전트와 AI 에이전트는 AI 기술을 활용해 업무 자동화와 생산성 향상을 돕는다는 공통점이 있지만 사용 목적, 기능, 적용 범위가 다릅니다.

먼저 일반적인 측면에서 비교해보겠습니다.

▼ **표 11-1** AI 에이전트와 M365 코파일럿 에이전트의 일반 비교

구분	AI 에이전트	M365 코파일럿 에이전트
정의	일반적인 AI 기반 도우미로 다양한 플랫폼에서 사용자와 상호 작용	M365 내에서 작동하는 특화된 AI 비서
주요 기능	챗봇, 가상 비서, 고객 서비스, 추천 시스템 등 범용 AI 서비스	워드, 엑셀, 파워포인트 등과 연계해 문서 작성, 일정 관리, 자동화 등을 지원
활용 영역	고객 서비스, 챗봇, 가상 비서, 데이터 분석, AI 추천 시스템 등 범용적	M365의 오피스 환경에 맞춤화된 AI 비서
기술 스택	OpenAI GPT, Google BARD, IBM Watson 등 다양한 AI 기술	GPT(예 GPT-4) 기술에 기반한 AI 기술 활용
데이터 소스	고객 데이터, 내부 데이터, 웹 데이터 등 다양한 외부 소스 사용	M365 내부의 데이터(팀즈 채팅, 문서, 이메일)와 연동

M365 코파일럿 에이전트가 오피스 문서와 연동하기 때문에 사용에 제약이 많을 수도 있지만, 우리가 다루는 문서는 대체로 오피스로 작성된 것이 많습니다. 가지고 있는 데이터가 주로 어떤 것인지 확인하고 선택하는 것도 좋습니다.

이어서 둘의 장단점을 비교해볼까요?

▼ **표 11-2** AI 에이전트와 M365 코파일럿 에이전트의 장단점 비교

구분	AI 에이전트	M365 코파일럿 에이전트
장점	다양한 업무에 범용으로 사용 가능	M365와 완벽하게 통합됨
보안	보안 수준은 제공업체에 따라 다름	마이크로소프트의 보안 표준 준수
생산성	고객 서비스, 문서 작성, 자동화에 활용	업무 생산성에 특화된 작업 수행
사용자 접근성	앱, 웹, 플랫폼에 따라 다름	M365 사용자에게만 제한
커스터마이징	기업의 요구에 맞게 커스터마이징 가능	제한적(M365에만 작동)

언제 AI 에이전트를 사용하면 좋을지, 혹은 언제 M365 코파일럿 에이전트를 사용하면 안 되는지 더 명확해졌죠?

AI 에이전트는 범용 AI 비서로, 여러 앱과 플랫폼에서 사용할 수 있고 고객 서비스, 챗봇, 데이터 분석에 적합합니다. 반면에 M365 코파일럿 에이전트는 M365 환경에 특화된 도구로 워드, 엑셀, 팀즈, 아웃룩과 강력하게 통합되어 문서 작업, 협업, 데이터 분석에 최적화되어 있습니다.

현재 필요한 요구 사항에 따라 범용 AI 에이전트와 특화된 M365 코파일럿 에이전트 중 적절한 도구를 선택하면 됩니다.

M365 코파일럿 에이전트를 마지막으로 AI 에이전트에 대한 전반적인 내용에 대해 알아봤습니다.

개념부터 간단한 예시를 이용한 활용 방법까지 두루 살펴보았고, 특히 개념 부분은 한번 훑어보면 쉽게 이해할 수 있도록 작성되었기 때문에 짧은 시간에 AI 에이전트가 무엇인지 이해할 수 있을 것입니다. 코드 또한 '아, 이런 식으로 사용하면 되겠군' 정도로 기초적이고 간단하면서 필요한 내용에 대해서만 다루고 있으므로, 초보자도 쉽게 AI 에이전트를 구현할 수 있을 것입니다.

또한 AI 에이전트를 다루는 여러 유형의 프레임워크에 대해 설명하여 다양한 환경에서 AI 에이전트를 구현해볼 수 있을 것입니다. 내가 편리하게 사용하는 프레임워크가 있더라도 현실에서는 프로젝트에서 결정된 프레임워크를 사용해야 할테니까요.

이 책은 개념 및 프레임워크에서의 AI 에이전트 구현에 대한 상당히 기초적인 내용만 다루므로 이 책을 통해 기본기를 확실히 다진 후 더 복잡한 코드를 학습하거나 실전에서 구현해보는 연습이 필요합니다. 개발 실력은 눈으로 훑어보고 이해하는 것이 아닌 직접 손으로 타이핑을 해보는 훈련을 통해 향상됩니다. 따라서 아무리 쉬운 코드라도 직접 구현하고 실행하면서 익혀두기를 권합니다. 이를 위해 이 책의 예제 코드에는 한 줄 한 줄 모두 자세한 주석을 달아두었습니다.

이 책이 AI 에이전트에 대한 이해의 폭을 넓히는 데 도움이 되었으면 하는 바람입니다.

ㄱ

ㄴ

ㄷ

ㄹ

ㅁ

ㅂ

ㅅ

P

Q

R

S

T